Vos premiers pas avec SAP® Finance (FI)

Ann Cacciottoli

Merci d'avoir acheté ce livre d'Espresso Tutorials !

Telle une tasse de café, un expresso bien sûr, les livres sur SAP d'Espresso Tutorials sont concentrés et agissent sur la performance. Nous comprenons que le temps vous est compté et mettons ainsi à votre disposition, avec concision et simplicité, ce qu'il vous faut savoir. Nos lecteurs n'ont besoin que de peu de temps pour absorber les concepts de SAP. Nos livres sont reconnus par nos pairs pour leur pédagogie de type tutoriel et leurs vidéos démontrant pas à pas comment bien manier SAP.

Suivez notre chaine YouTube et regardez nos vidéos à :

https://www.youtube.com/user/EspressoTutorials.

Sélection d'ouvrages similaires d'Espresso Tutorials :

- Sydnie McConnell, Martin Munzel : Vos premiers pas avec SAP®
  http://5184.espresso-tutorials.com
- Ashish Sampat : Vos premiers pas avec SAP® Contrôle de gestion (CO)
  http://5186.espresso-tutorials.com
- Dominique Laurent : SAP® Contrôle des coûts par produit (CO-PC)
  http://5189.espresso-tutorials.com

Ann Cacciottoli :
Vos premiers pas avec SAP® Finance (FI)

ISBN : 978-1-5471-2111-3

Édition : Alice Adams

Traduction : ProLinguo

Révisions : Sylvie Pons

Couverture : Philip Esch, Martin Munzel

Photo de couverture : istockphoto # 3356691 © Jacob Wackerhausen

Conception graphique : Johann-Christian Hanke

1ère édition 2017, Gleichen

URL : *www.espresso-tutorials.com*

Commentaires
Nous vous serions reconnaissants de nous adresser vos commentaires sur ce livre. Merci de nous écrire à : *info@espresso-tutorials.com*.

Table des matières

Préface

En 2001, on me proposait de participer à un projet de transformation d'entreprise pour le compte d'un fabricant d'emballages papier, offre que j'acceptai avec grand plaisir.

Ce projet fut à l'origine d'une réorientation professionnelle bienvenue, suite à laquelle je passai de comptable à professionnelle de la technologie, pour finalement m'asseoir en tant que consultante technologique SAP au sein d'une entreprise en conseil des plus renommées.

En chemin, j'ai eu l'occasion non seulement de découvrir par moi-même les difficultés représentées par l'apprentissage de nouvelles applications logicielles, mais également de me trouver face à des utilisateurs finaux tentant non sans difficultés de répondre aux attentes de leurs employeurs à mesure que des nouveaux systèmes étaient installés.

Les formations à l'utilisation de nouveaux logiciels, quand elles sont proposées, ne sont pas toujours planifiées au bon moment. Elles sont souvent dispensées bien des mois avant que l'utilisateur final n'accède à l'application. Quand l'utilisateur final a enfin accès au logiciel, c'est dans un contexte de production qui ne lui offre aucune possibilité de s'entraîner à développer ses nouvelles compétences ou d'explorer les fonctionnalités - ce qui, en revanche, peut se faire au moment de la formation.

Quant aux formations proposées par le fournisseur du logiciel, elles ne conviennent pas non plus nécessairement à tous les utilisateurs finaux : leur coût est élevé, et les intéressés n'ont souvent besoin d'utiliser qu'un nombre restreint de fonctions spécifiques. Investir dans la formation proposée par le fournisseur peut donc ne pas se présenter comme un choix judicieux pour l'entreprise. Dans ce type de cas, la formation destinée à l'utilisateur final sera plutôt pensée et dispensée en interne. Elle pourra prendre la forme d'un document donnant des instructions étape par étape, une solution simple qui permettra certes de réaliser les tâches à accomplir, mais qui n'expliquera pas pourquoi certaines étapes sont nécessaires. Les instructions présentent le défaut de ne pas permettre à l'utilisateur final de comprendre l'impact des données saisies.

Les employés ayant besoin de migrer vers un environnement SAP, avec lesquels je collabore régulièrement, ne sont pas les seuls à me poser des questions sur le logiciel et on me demande souvent dans le cadre extra-professionnel où il est possible « d'apprendre SAP ». Les entreprises travaillant avec des systèmes SAP étant très nombreuses, ces demandes sont souvent formulées par des personnes envisageant de chercher du travail dans un service utilisant SAP, ou cherchant tout simplement à approfondir leurs connaissances du logiciel. Ces personnes n'ont souvent pas envie de se lancer dans une formation coûteuse ou chronophage, optant généralement pour une solution leur permettant d'aller à leur propre rythme.

Structure de l'ouvrage

Cet ouvrage, *Vos premiers pas avec SAP FI*, s'adresse aux personnes ne connaissant pas SAP, voire n'ayant aucune connaissance des environnements de gestion comptable, et cherchant une formule d'apprentissage rapide, économique et sans stress qu'ils peuvent immédiatement mettre en application dans leur travail ou lors d'un entretien d'embauche. Ce livre :

1. a pour vocation de présenter SAP FI aux débutants et/ou à l'utilisateur ponctuel ;
2. fournit des instructions simples pour enregistrer des transactions financières de base à l'aide des codes de transaction SAP les plus usuels ;
3. ancre l'apprentissage à l'aide d'illustrations ;
4. donne l'opportunité au lecteur de s'entraîner à son propre rythme à l'aide d'un système de démonstration et d'apprentissage sur Internet (l'Internet Demonstration and Education System, soit IDES)

Plutôt que d'aborder SAP FI dans le jargon des consultants chevronnés ou des spécialistes de la technologie de l'information, cet ouvrage présente des notions et concepts en se plaçant du point de vue d'un utilisateur issu du monde de l'entreprise. Il a pour objectif de rassurer le lecteur sur la bonne procédure à suivre pour entrer les transactions financières de base et générer les états SAP standard à partir des menus SAP du système IDES.

Le chapitre 1 offre une description générale de SAP Finance (FI) et de la manière dont il s'intègre dans le reste de la suite SAP Enterprise Resource Planning (ERP).

Les chapitres 2 à 4 sont les chapitres piliers de *Vos premiers pas avec SAP FI* : ils s'attardent sur les modules grand livre (General Ledger, soit GL), comptabilité clients (Accounts Receivable, soit AR) et comptabilité fournisseurs (Accounts Payable, soit AP). Chaque chapitre présente tout d'abord les objets données de base nécessaires avant que les transactions ne puissent être enregistrées dans un système SAP. Le lecteur apprendra ensuite comment afficher et créer des comptes généraux, des clients et des fournisseurs. Les chapitres aborderont plusieurs méthodes permettant d'entrer les transactions dans le système SAP. Pour terminer, les divers types de rapports et états disponibles seront présentés.

Le chapitre 5 traite des paramètres de configuration qui étaient d'actualité dans l'environnement IDES au moment de la rédaction du présent ouvrage.

Les différents chapitres sont conçus comme des guides pas à pas permettant de saisir les transactions et pourront servir comme aide-mémoire. Ils devraient rapidement permettre au lecteur de développer les compétences minimales requises pour naviguer dans l'application SAP FI ainsi que de maîtriser la saisie des transactions et l'utilisation des états SAP FI.

Tout au long de l'ouvrage, nous vous recommandons des exercices que le lecteur peut accomplir dans l'environnement IDES. Nous partons du principe que le lecteur sait comment ouvrir une session sur le système SAP, naviguer à l'aide du menu SAP Easy Access ainsi qu'exécuter des codes de transaction SAP en cliquant sur l'item du menu ou en saisissant le code de transaction dans la zone de commande.

Les solutions des exercices vous sont présentées en Annexe.

Nous avons ajouté quelques icônes pour vous permettre d'identifier les informations importantes. En voici quelques-unes :

Conseil

Dans la rubrique des conseils, certaines informations sont mises en évidence, notamment des détails importants sur le sujet décrit et/ ou d'autres informations de caractère général.

Mise en garde

Les mises en garde attirent l'attention sur des informations dont il vous faut tenir compte lorsque vous lisez les exemples proposés dans cet ouvrage en autonomie.

Dernièrement, une remarque concernant les droits d'auteur : toute capture d'écran publiée dans ce livre est la propriété de SAP SE. Tous les droits sont réservés par SAP SE. Les droits d'auteur s'étendent à toute image SAP dans cette publication. Dans un but de simplification, nous ne mentionnerons pas spécifiquement ces droits sous chaque capture d'écran.

1 Qu'est-ce que SAP FI ?

Dans ce chapitre, nous vous présentons SAP. Nous y décrirons SAP FI dans les grandes lignes et vous expliquerons comment naviguer vers les transactions les plus utilisées à l'aide du menu Easy Access du module Comptabilité financière.

1.1 Qu'est-ce que SAP ?

Fondé au début des années 1970, cet éditeur de logiciels allemand est parvenu à se hisser à la place de leader mondial dans le secteur de l'édition de logiciels de gestion d'entreprise. Son produit principal est connu sous le nom d'ERP (Enterprise Resource Planning). ERP est une suite logicielle qui a pour vocation d'aider les entreprises à gérer tous les aspects de leurs activités : fabrication des produits, prestations de service, marketing, commercialisation, gestion comptable, reporting, etc...

Tout à l'image de l'entreprise qui a grandi au fil des ans et s'est tenue au fait des avancées technologiques, la suite logicielle a évolué. Le présent ouvrage traite en premier lieu de l'une des applications principales de la suite SAP Business Suite : SAP Finance, abrégé en SAP FI.

1.2 Introduction à la gestion comptable

Avant d'entrer dans le détail de SAP FI, certains lecteurs pourront trouver utile d'avoir quelques éclaircissements concernant certains des aspects élémentaires de la gestion comptable ou de la comptabilité hors du contexte logiciel. L'objectif principal de la comptabilité est de mesurer et de présenter sous forme de rapports et d'états des informations sur l'activité d'une entreprise tout en dressant un tableau de sa santé économique. La gestion comptable moderne remonte déjà au 13e siècle ; cependant, on prête souvent à Luca Pacioli, un moine franciscain proche de Léonard De Vinci, d'avoir publié pour la première fois à la fin du 15e siècle un document définissant la gestion comptable *en partie double*, un procédé utilisé aujourd'hui partout dans le monde.

Le terme « partie double » peut être mal interprété par les personnes étrangères au monde de l'entreprise qui peuvent penser que deux registres différents sont tenus. Dans les faits, la comptabilité en partie double se réfère à la notion de contrepartie, c'est-à-dire que chacune des opérations commerciales est enregistrée à l'aide de deux écritures de valeur égale, une portée au débit d'un compte et une au crédit d'un autre. Les opérations commerciales sont enregistrées dans des *comptes*. On peut imaginer les comptes comme des bacs de tri dans lesquels on classerait les opérations commerciales de façon à les regrouper dans le cadre d'un reporting ou d'une analyse. Imaginez un commerçant qui enregistre un paiement en liquide pour un article. Selon le principe de la partie double, on comptabilise cette opération en inscrivant un débit dans le bac ou compte *Caisse* et un crédit dans celui des *Ventes*. À la fin de la journée (ou de la semaine, ou du mois), le commerçant peut faire la somme de toutes les écritures passées dans le compte des *Ventes* afin de calculer le revenu total réalisé. Lorsque le commerçant doit payer des charges, par exemple la location de son magasin, il porte une somme au crédit de son compte *Caisse* et la même au débit de son compte *Locations*. Lorsqu'il comptabilise toutes les écritures du compte Caisse, il obtient la situation de sa trésorerie. En soustrayant tous les débits des locations ou d'autres comptes de charges du compte du chiffre d'affaires, il peut se faire une idée du bénéfice réalisé par l'exploitation de son magasin.

Bien entendu, il s'agit ici d'un exemple très simple. En réalité, les entreprises tiennent à jour des dizaines de comptes, et les grandes sociétés de capitaux peuvent en compter des centaines. Le nombre de comptes nécessaire est dicté par la nature de l'entreprise ainsi que par les exigences imposées par la législation et les autorités fiscales.

Le principe le plus fondamental de la comptabilité en partie double peut se résumer à la *formule* suivante (normes IFRS) : actifs – passifs = capitaux propres. Au terme de toute période comptable, le net de toutes les écritures passées dans les comptes de produits et de charges correspond à une augmentation des capitaux propres du propriétaire, ou à une diminution si les charges sont plus importantes que les produits. La hausse ou la diminution nette de tous les comptes de charges et de produits cumulés donne une image des résultats de l'activité de l'entreprise. La somme de tous les actifs à laquelle on soustrait le passif fournit elle une image de la valeur nette de l'entreprise. Les résultats de l'activité de l'entreprise sont présentés dans un format quelque peu standardisé, connu sous le nom de *compte de résultat* ou encore *pertes et profits*. La valeur nette d'une entreprise est présentée dans un état appelé *bilan*. Il existe d'autres types d'états et rapports souhaités par les entreprises, et parfois nécessaires à leur bon fonctionnement, mais les deux présentés ci-dessus sont l'essence même du reporting financier.

Afin de faciliter la préparation du compte de résultat et du bilan, tous les comptes de l'entreprise peuvent être classés dans l'un des types de compte suivants : immobilisations, dettes, produits, charges ou capitaux propres. Une fois encore, il n'est pas inutile de répéter que toute transaction d'une entreprise est constituée d'au moins une écriture passée au débit et d'une écriture passée au crédit d'un ou plusieurs comptes.

1.3 Pourquoi SAP FI ?

Le volume d'activité de la plupart des entreprises rend essentielle l'utilisation d'un logiciel dédié à l'enregistrement et au regroupement des opérations des entreprises. SAP FI constitue la solution idéale pour gérer ce type de volume.

Bien entendu, les exigences légales et fiscales ne sont pas les seules raisons incitant les entreprises à enregistrer et à préparer des rapports sur les transactions. Les entreprises sont motivées par les détails des opérations qui les aideront à gagner en efficacité et en rentabilité. Par exemple, elles peuvent être intéressées par une comparaison des coûts de production de différents sites si elles comptent capitaliser sur les performances d'une division spécifique. Elles peuvent analyser la rentabilité de certains produits ou clients pour les aider lors de prises de décisions sur les marchandises à produire ou sur les clients à conserver. Le système ERP édité par SAP est une suite logicielle intégrée dont SAP FI ne constitue certes qu'une petite partie, mais une partie importante. La suite comprend d'autres applications couvrant d'autres domaines tels que le contrôle de gestion (reporting managérial), la gestion des articles (contrôle de l'inventaire et calcul du coût de revient des produits), l'administration des ventes, ainsi que les ressources humaines, pour n'en nommer que quelques-unes. Comme toutes les autres applications engendrent des opérations commerciales, SAP FI se présente comme indispensable pour chacune d'entre elles.

1.4 Menu SAP FI

L'application SAP FI compte également plusieurs modules ; cependant, tous ne sont pas couverts dans cet ouvrage. La Figure 1.1 montre les modules pouvant être sélectionnés sous la catégorie COMPTABILITÉ FINANCIÈRE du menu SAP EASY ACCESS.

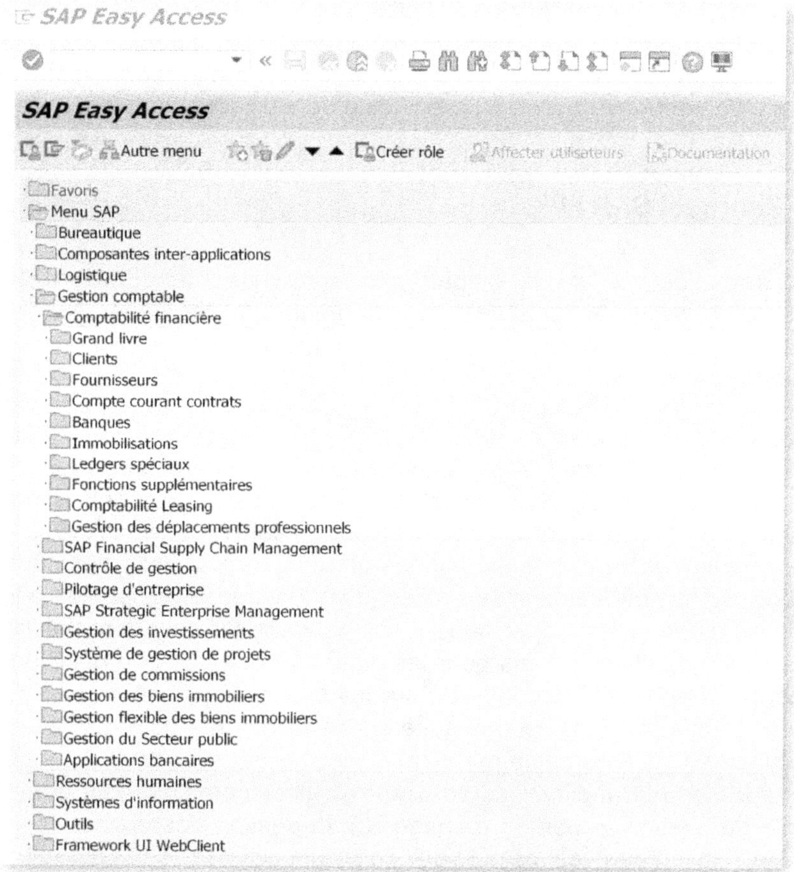

Figure 1.1 : COMPTABILITÉ FINANCIÈRE du menu SAP EASY ACCESS

Sur les nombreux modules existants, seuls ceux traitant du grand livre (General Ledger), de la comptabilité clients (Accounts Receivable) et de la comptabilité fournisseurs (Accounts Payable) sont couverts dans cet ouvrage. Chacun de ces modules s'accompagne de codes de transaction que vous pouvez exécuter pour comptabiliser des pièces dans le système SAP. Par exemple, on peut voir Figure 1.2 des sections du menu Comptabilité fournisseurs détaillé faisant figurer des codes de transaction à gauche de la description du menu. Il existe deux méthodes pour exécuter les transactions, quelles qu'elles soient :

1. Développer le menu jusqu'à voir apparaître la transaction souhaitée puis la sélectionner par un double clic ;
2. Saisir le code de transaction dans la zone de commande située en haut à gauche de l'écran SAP EASY ACCESS puis cliquer sur l'icône ENTREE (ou appuyer sur la touche `Entrée` de votre clavier).

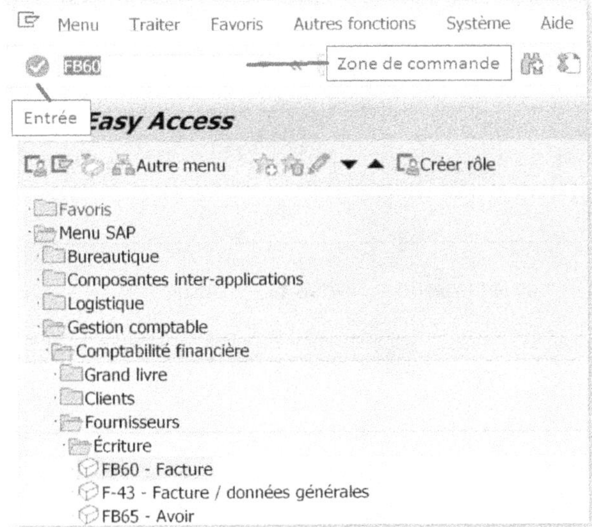

Figure 1.2 : Menu SAP Easy Access – Comptabilité fournisseurs

Que dois-je faire si les codes de transaction ne s'affichent pas ?

Si les codes de transaction ne s'affichent pas, sélectionnez AUTRES FONCTIONS • OPTIONS dans la barre d'outils et vérifiez que AFFICHAGE DES NOMS TECHNIQUES est sélectionné, comme montré Figure 1.3.

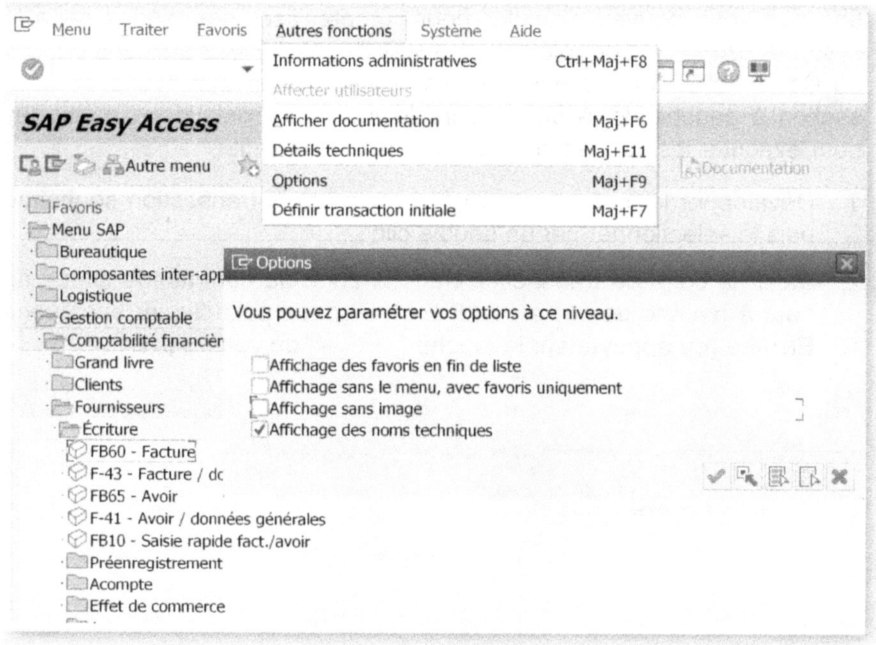

Figure 1.3 : Afficher les noms techniques (codes de transaction)

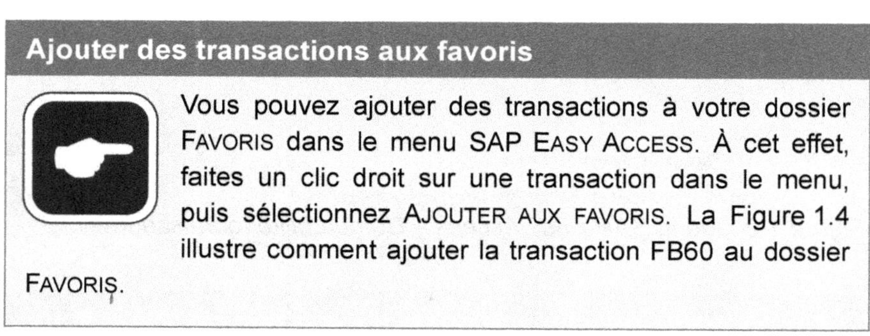

Ajouter des transactions aux favoris

Vous pouvez ajouter des transactions à votre dossier FAVORIS dans le menu SAP EASY ACCESS. À cet effet, faites un clic droit sur une transaction dans le menu, puis sélectionnez AJOUTER AUX FAVORIS. La Figure 1.4 illustre comment ajouter la transaction FB60 au dossier FAVORIS.

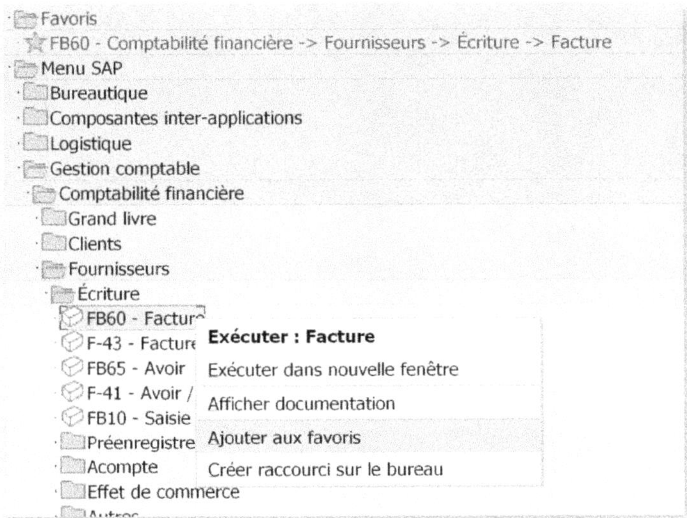

Figure 1.4 : Ajouter des transactions aux favoris

1.5 Pièces SAP

Comme vous pouvez le voir Figure 1.4, il existe plusieurs transactions spécifiques aux pièces. Avant de passer au chapitre traitant du grand livre, affichons une pièce SAP. Comme nous l'avons dit plus haut, toutes les transactions commerciales se traduisent au minimum par une somme portée au débit ET par une somme portée au crédit d'un compte grand livre. Une pièce SAP FI présente le cumul des sommes débitées et créditées relatives aux transactions commerciales enregistrées et conservées dans la base de données SAP.

Dans le menu Grand livre, sélectionnez FB03 – AFFICHER, comme montré Figure 1.5.

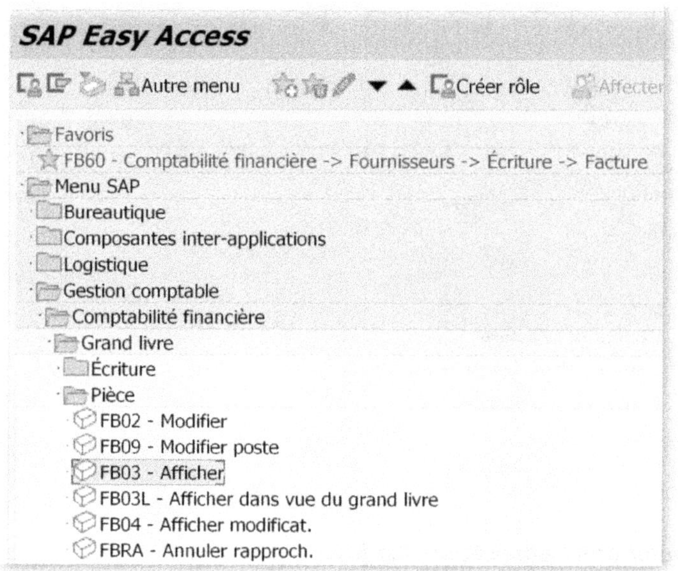

Figure 1.5 : FB03 – Afficher

Comme illustré Figure 1.6, nous sélectionnons la pièce ayant pour référence le n° 1800000046, créée tout spécialement pour montrer à quoi ressemble une pièce FI. Une fois le numéro de pièce, la société et l'exercice comptable saisis, il faut cliquer sur l'icône ENTRÉE (✔) ou appuyer sur la touche Entrée de votre clavier pour récupérer le document.

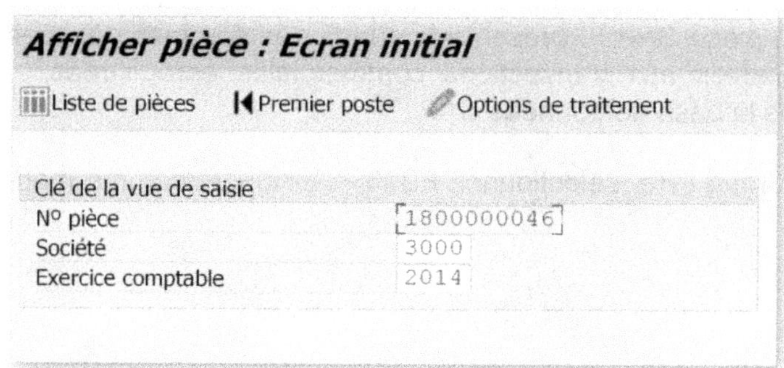

Figure 1.6 : Critères permettant de sélectionner une pièce à afficher

Le système SAP affiche un aperçu de la pièce, comme illustré Figure 1.7.

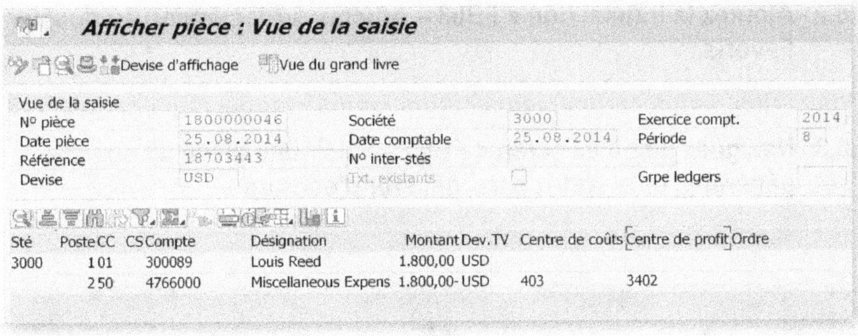

Afficher pièce : Vue de la saisie

Devise d'affichage Vue du grand livre

Vue de la saisie

N° pièce	1800000046	Société	3000	Exercice compt.	2014
Date pièce	25.08.2014	Date comptable	25.08.2014	Période	8
Référence	18703443	N° inter-stés			
Devise	USD	Txt. existants		Grpe ledgers	

Sté	Poste	CC	CS	Compte	Désignation	Montant	Dev.TV	Centre de coûts	Centre de profit	Ordre
3000	1	01		300089	Louis Reed	1.800,00	USD			
	2	50		4766000	Miscellaneous Expens	1.800,00-	USD	403	3402	

Figure 1.7 : Affichage d'une pièce SAP

Remarquez que l'écran est subdivisé en deux sections. La section supérieure renferme les informations de l'en-tête de la pièce. Elle s'applique à la fois aux parties débit et crédit de la pièce. La section inférieure représente le détail du poste. Nous voyons ici que l'un des comptes présente une somme portée au débit (dans ce cas un compte client) et MISCELLANEOUS EXPENSE (« Autres frais »), une somme au crédit, comme mis en évidence par le signe « moins » suivant la somme.

Nous approfondirons le sujet de l'affichage des pièces au chapitre 3.

1.6 Exercices

Les solutions des exercices vous sont présentées en Annexe.

1.6.1 Connectez-vous au client IDES, développez le menu, puis répondez aux questions suivantes :

1. Indiquez trois codes de transaction permettant de comptabiliser une pièce de compte général.
2. Indiquez trois codes de transaction permettant de comptabiliser une pièce comptable dans la comptabilité fournisseurs (AP).
3. Indiquez trois codes de transaction permettant de comptabiliser une pièce comptable dans la comptabilité clients (AR).

1.6.2 Ajoutez la transaction « FB03 – Afficher » (document) au dossier Favoris

1.6.3 Naviguez jusqu'à l'écran « FB50 – Saisir une pièce de compte général », puis sortez sans générer d'écriture

Comment puis-je quitter une fenêtre de transaction sans enregistrer ?

Pour quitter la fenêtre d'une transaction sans enregistrer l'information saisie, déplacez la souris au-dessus des icônes de la barre d'outils afin de faire apparaître les textes, puis sélectionnez l'icône TERMINER.

2 Premiers pas dans le module Grand Livre SAP

Avant d'entrer des transactions dans le grand livre dans un système SAP, il vous faut d'abord comprendre quelles sont les données de base nécessaires au traitement de ces écritures. Dans ce chapitre, vous trouverez une comparaison des données de base et des données de mouvement. Vous y apprendrez à créer ou tout simplement à consulter les données de base. Ce chapitre décrit et compare également les versions *Classic GL* et *New GL* de SAP. En dernier lieu, il présente un grand nombre des codes de transaction qui vous permettent de saisir des comptabilisations réelles.

2.1 Que sont les données de base FI ?

Par un beau matin, je me rends à la banque pour y déposer un chèque que je viens de recevoir. Malheureusement, j'ai oublié de prendre un bordereau de dépôt et je ne me souviens plus de mon numéro de compte. La personne au guichet doit se connecter au système de la banque et retrouver mon numéro de compte. Les données enregistrées dans le système de la banque, c'est-à-dire mon nom, mon adresse, toutes les autres informations me concernant et mon numéro de compte, sont ce qu'on appelle les *données de base*. Les données de base sont des informations (plutôt) statiques à mon sujet, et elles ne reflètent aucunement l'activité passée ou à venir de mon compte. Quand la personne au guichet enregistre mon dépôt, des données complémentaires sont inscrites dans le système de la banque : les *données de mouvement*. Sans mes données de base, la transaction de dépôt ne pourrait pas être enregistrée dans le système. En revanche, mes données de base peuvent exister longtemps dans le système de la banque en l'absence de transaction. Ainsi, l'on peut donc considérer les données de base comme des informations descriptives, et les données de mouvement comme des informations renseignant sur l'activité.

De nombreux objets données de base, dépendants de la configuration spécifique de l'environnement SAP, sont requis pour passer une écriture dans le grand livre, le plus courant étant un compte général.

2.1.1 Comptes généraux

La section 1.2 présente la notion de *compte*. Si l'on s'intéresse plus en détail aux types de compte, un compte général est un exemple de données de base spécifiquement en lien avec le grand livre. Pour que les transactions puissent être enregistrées, il faut qu'un compte général ait été créé. Quand on inscrit une transaction dans le grand livre, elle doit comporter le numéro de compte général et une somme. La nature du compte n'est pas indiquée dans l'enregistrement de l'opération ; celle-ci est en effet renseignée dans le *fichier de base* du grand livre, où l'on trouve une liste des numéros de comptes généraux et leurs descriptions.

Pour nous représenter ce qu'est un fichier de base, nous pouvons nous imaginer une série de fiches. Chaque fiche porte le numéro de compte ainsi qu'une description du compte. Bien entendu, dans le système SAP, il n'existe aucune fiche physique. Ces fiches, ou données enregistrées, sont rassemblées dans des fichiers de données. Le fichier de base renseigne également sur d'autres attributs du compte. Par exemple, le fichier de base grand livre renferme des informations sur le type de compte (bilan ou compte de résultats), la devise du compte, etc.

Un *plan comptable* est un document répertoriant des comptes. SAP fournit des plans comptables types, et il est très courant que les entreprises les copient pour les modifier en fonction de leurs besoins particuliers. En outre, tout au long de la vie de l'entreprise, il est souvent nécessaire d'y apporter des modifications ou de créer de nouveaux comptes.

Dans cette section, nous allons explorer la création des comptes généraux dans le plan comptable.

Parmi les transactions utilisées pour afficher et/ou modifier le plan comptable, nous nous attarderons sur les suivantes :

- Afficher, créer ou modifier un compte dans le plan comptable (**FSP0**) ;

- Afficher, créer ou modifier un compte attribué à une société (**FSS0** ou **FS00**).

Pour modifier un compte existant, nous nous rendons dans le compte général à partir du menu SAP Easy Access :

GESTION COMPTABLE • COMPTABILITÉ FINANCIÈRE • GRAND LIVRE • DONNÉES DE BASE • COMPTES GÉNÉRAUX • TRAITEMENT INDIVIDUEL • DANS PLAN COMPTABLE (FSP0)

Transaction de gestion de compte dans le plan comptable

Plutôt que d'utiliser le menu, vous pouvez également entrer la commande **FSP0** dans la zone de commande, puis appuyer sur `Entrée` pour accéder directement à l'écran permettant de modifier les plans comptables.

Affichons à présent les données du compte 474240 dans le plan comptable INT1. Nous entrons le numéro de compte dans la zone COMPTE GÉNÉRAL et le plan comptable dans la zone PLAN COMPTABLE, puis cliquons sur 👓 pour afficher les données.

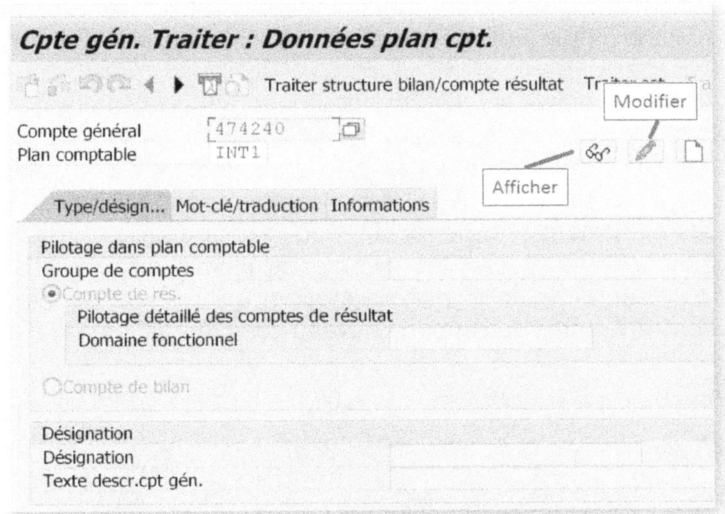

Figure 2.1 : Afficher/modifier un compte général dans un plan comptable

Les informations sur le compte 474240 du plan comptable INT1 sont à présent affichées. Sur la Figure 2.2, nous voyons qu'il s'agit d'un compte de charge ou de produit servant à enregistrer les frais de déplacement divers. Si nous avions sélectionné l'icône de modification, nous aurions pu modifier les attributs de ce compte.

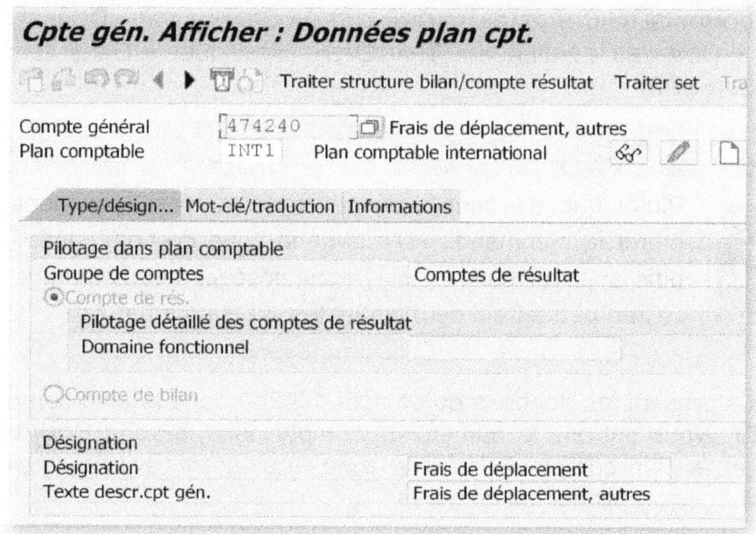

Figure 2.2 : Afficher un compte général dans un plan comptable

Créons un nouveau compte, le 474245, pour les frais de déplacement des voitures de location, dans le plan comptable INT1. Nous entrons **474245** dans la zone COMPTE GÉNÉRAL, **INT1** dans la zone PLAN COMPTABLE, puis cliquons sur avec modèle comme montré Figure 2.3. Nous pourrions également sélectionner l'option pour créer le compte, mais il est plus facile de copier les paramètres d'un compte existant (c'est-à-dire d'utiliser un modèle), puis de modifier uniquement les informations qui sont différentes dans notre nouveau compte.

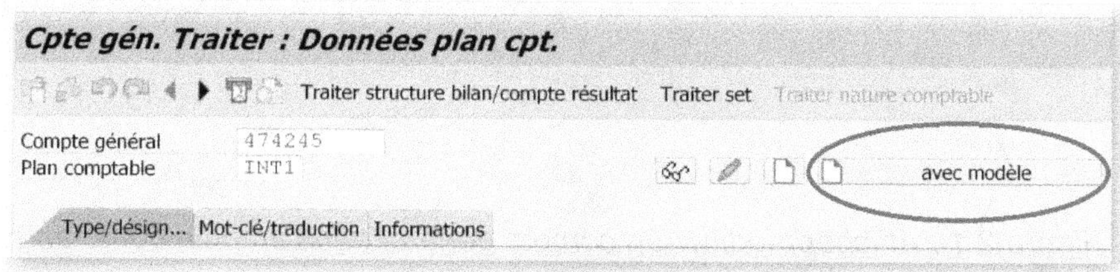

Figure 2.3 : Créer un compte général à l'aide d'un modèle

Le système SAP vous demande à présent de saisir le compte de référence (modèle) à utiliser pour créer le compte. Saisissez **474240** et le plan comptable **INT1**, puis cliquez sur ☑ pour poursuivre (Figure 2.4).

Figure 2.4 : Saisie du compte de référence

Le texte du compte à créer devra être modifié puisqu'il affiche le texte du compte 474240 (Figure 2.5) :

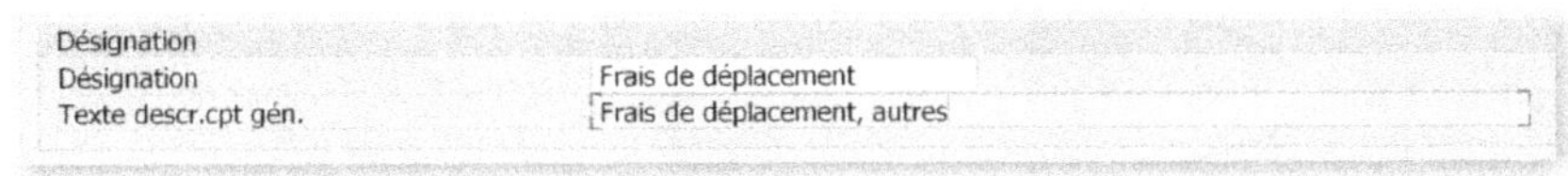

Figure 2.5 : Description d'un compte général

Modifiez le texte, puis cliquez sur 💾 dans la barre d'outils en haut de l'écran pour enregistrer les modifications. À la Figure 2.6, vous pouvez voir le texte modifié.

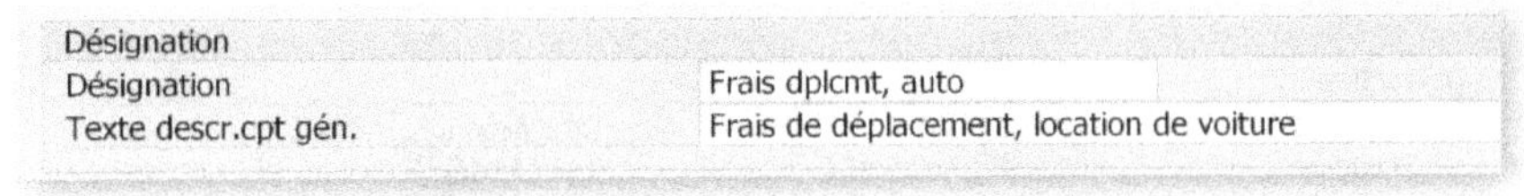

Figure 2.6 : Description modifiée du compte général

Un message confirme que le compte a bien été enregistré (Figure 2.7) :

Figure 2.7 : Message informant que les données ont été enregistrées

Si le plan comptable comporte des intitulés dans une autre langue, le système affiche un message vous demandant de les contrôler (Figure 2.8). Enregistrez les données en cliquant sur ☑.

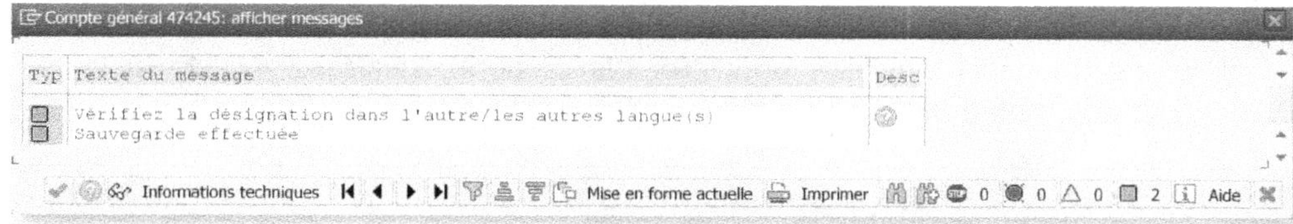

Figure 2.8 : Messages affichés

Si vous le souhaitez, vous pouvez naviguer vers l'onglet TRADUCTION depuis la fenêtre du compte et modifier le texte (Figure 2.9).

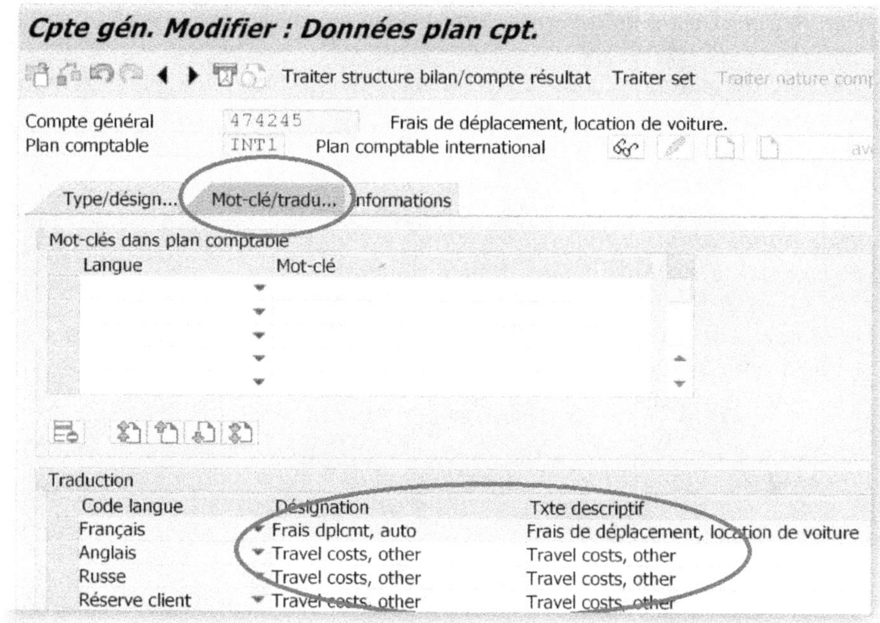

Figure 2.9 : Modifier la traduction d'un texte

Cliquez sur 💾 en haut de l'écran ; un message vous informant que les modifications ont été enregistrées apparaît.

Ajouter un compte général à une société

Nous venons d'ajouter un nouveau compte, le 474245, à notre plan comptable INT1 ; cependant, il n'est disponible dans aucune des sociétés. Nous pouvons ajouter des comptes individuels aux sociétés en passant la transaction FSS0 permettant de modifier les comptes généraux dans une société.

Pour ce faire, nous nous rendons dans la fenêtre du compte général depuis le menu SAP Easy Access :

GESTION COMPTABLE • COMPTABILITÉ FINANCIÈRE • GRAND LIVRE • DONNÉES DE BASE • COMPTES GÉNÉRAUX• TRAITEMENT INDIVIDUEL • SOCIÉTÉ (FSS0)

Plutôt que de naviguer jusqu'à la transaction en passant par le menu, vous pouvez saisir **FSS0** dans la zone de commande, puis appuyer sur `Entrée` pour accéder directement à l'écran permettant de modifier les sociétés.

Entrez le nouveau compte général **474245** et la société **5401,** puis cliquez sur ☐ pour créer le compte dans la société (Figure 2.10).

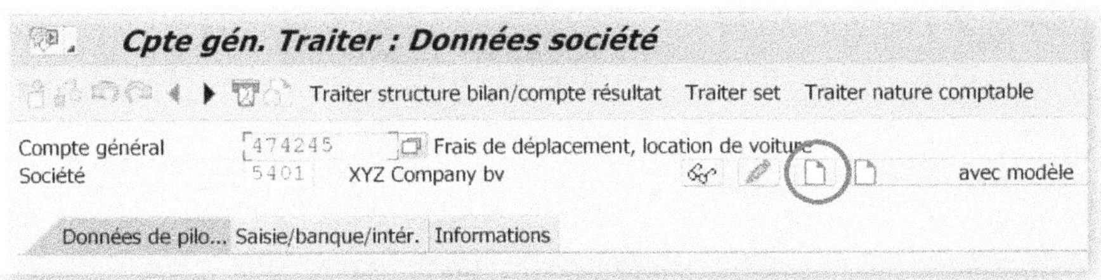

Figure 2.10 : Créer un compte dans une société

Remarquez que le numéro de compte est affiché. Avant de pouvoir créer le compte, nous devons entrer un groupe de statuts de zone. Les groupes de statuts de zone renferment des paramètres déterminant quelles zones sont obligatoires, facultatives ou supprimées quand nous enregistrons dans les comptes. Pour la société 5401, nous utiliserons le même groupe de statuts de zone que pour le compte 474240. Comme illustré Figure 2.11, sélectionnez l'onglet BLOQUÉ POUR COMPTABILISATION, puis entrez **G069** dans la zone du statut des groupes de zones. Enregistrez ce que vous avez saisi en cliquant sur 🖫.

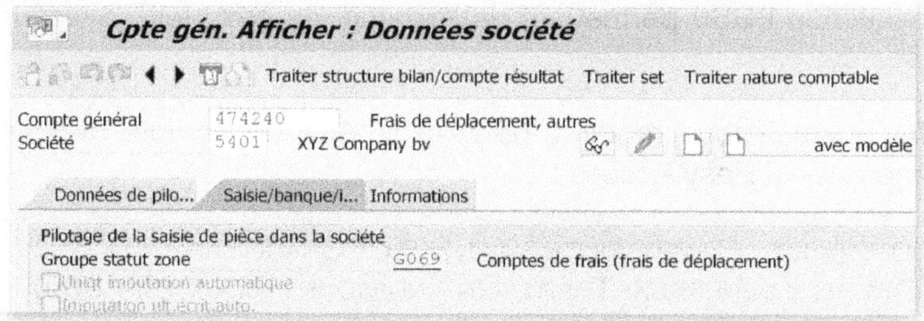

Figure 2.11 : Ajouter un compte général à une société, groupe de statuts de zone

Nous voudrons peut-être également créer notre compte dans les autres sociétés. Plutôt que de répéter les opérations décrites auparavant, nous pouvons décider de réaliser cette procédure à l'aide d'un modèle. Saisissez le numéro de compte, **474245**, et la société (dans notre exemple, nous créons à présent le compte dans la société **5402**), puis cliquez sur avec modèle (Figure 2.12).

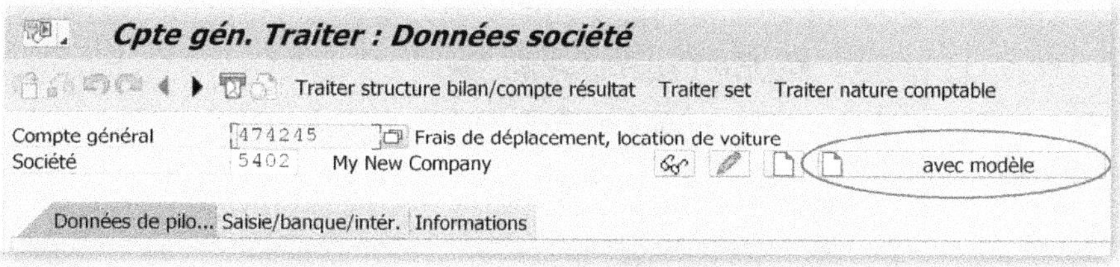

Figure 2.12 : Ajouter un compte général dans une société à l'aide d'un modèle

Lorsque le système vous demande le compte de référence à utiliser, saisissez le compte **474270** de la société **5401,** puis cliquez sur ✔ pour poursuivre (Figure 2.13).

Figure 2.13 : Saisie du compte de référence

Remarquez que les informations relatives au compte de la société 5401 ont été copiées dans les données de la société 5402 (Figure 2.14). Cliquez sur 💾 pour enregistrer ce que vous avez saisi.

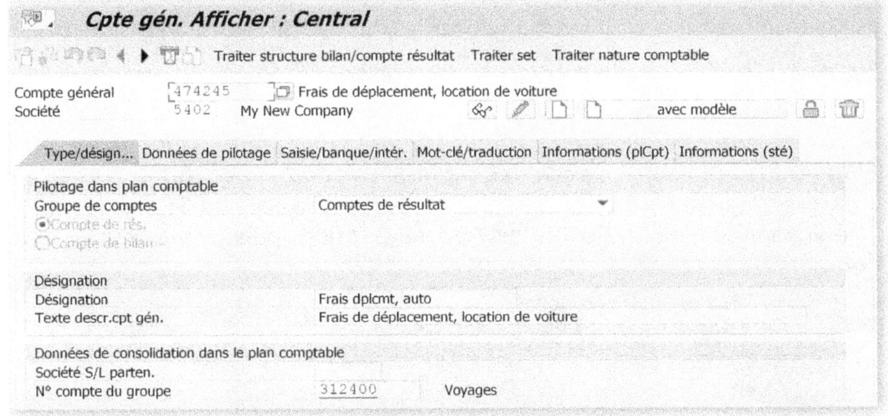

Figure 2.14 : Créer un compte général dans une autre société

Modifier un compte général existant

Vous aurez souvent besoin d'apporter des modifications aux comptes existants. L'une des modifications les plus courantes est le blocage d'un compte en écriture quand l'entreprise décide de ne plus utiliser le compte en question. Partons de l'hypothèse que l'entreprise a décidé de ne plus utiliser le compte 474290 pour la société 5402.

Pour bloquer ce compte, nous nous rendons dans la fenêtre du compte général depuis le menu SAP Easy Access :

GESTION COMPTABLE • COMPTABILITÉ FINANCIÈRE • GRAND LIVRE • DONNÉES DE BASE • COMPTES GÉNÉRAUX • TRAITEMENT INDIVIDUEL • SOCIÉTÉ (FSS0)

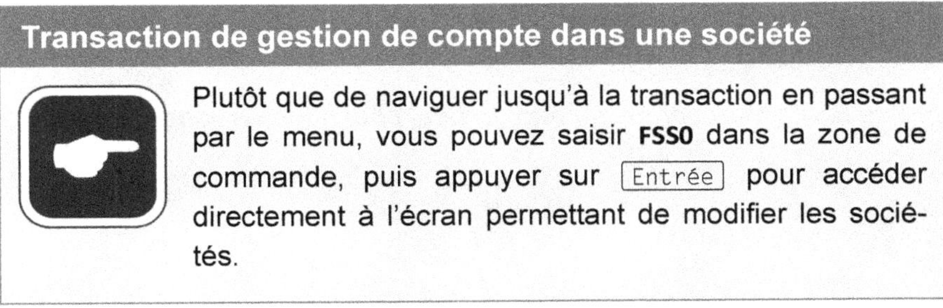

Transaction de gestion de compte dans une société

Plutôt que de naviguer jusqu'à la transaction en passant par le menu, vous pouvez saisir **FSS0** dans la zone de commande, puis appuyer sur `Entrée` pour accéder directement à l'écran permettant de modifier les sociétés.

Saisissez le compte et la société, puis cliquez sur 🔒 pour bloquer le compte (Figure 2.15).

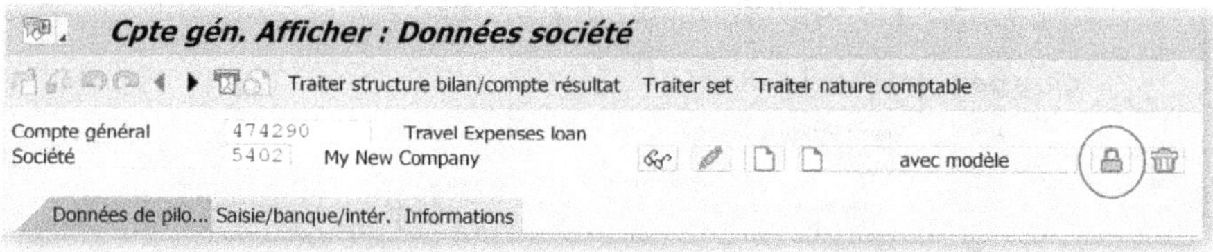

Figure 2.15 : Modifier un compte général existant

Sélectionnez l'option BLOCAGE COMPTABILISATION, puis cliquez sur 💾 pour enregistrer les données saisies (Figure 2.16).

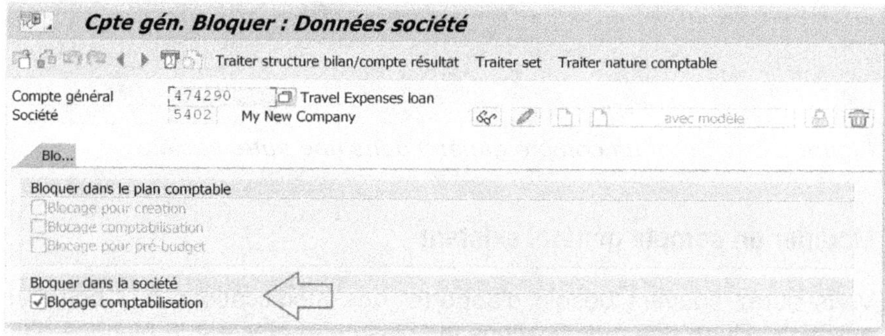

Figure 2.16 : Bloquer un compte général en écriture

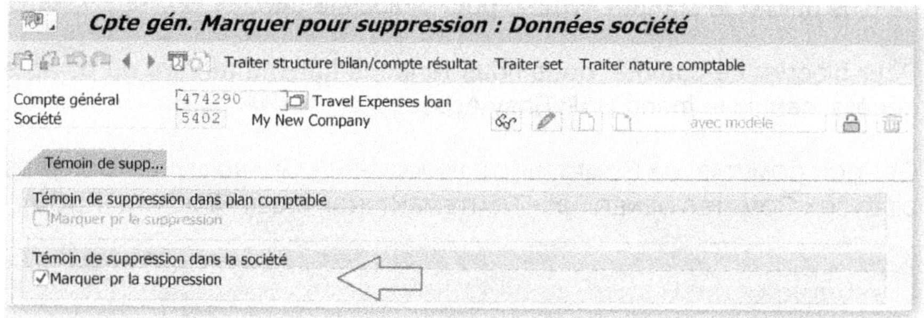

Figure 2.17 : Marquer un compte général pour suppression

Nous pouvons également décider de marquer le compte pour suppression en sélectionnant (Figure 2.17).

Sélectionnez l'option MARQUER PR LA SUPRESSION, puis cliquez sur pour enregistrer les modifications.

Modifier un compte général dans un plan comptable

Il existe de nombreux autres paramètres permettant de gérer l'utilisation d'un compte dans un compte général. Certains servent ainsi à définir les types de données pouvant être saisies dans le compte. Nous pouvons accéder à tous ces paramètres en nous rendant dans le compte général depuis le menu SAP Easy Access :

GESTION COMPTABLE • COMPTABILITÉ FINANCIÈRE • GRAND LIVRE • DONNÉES DE BASE • COMPTES GÉNÉRAUX • TRAITEMENT INDIVIDUEL • PLAN COMPTABLE (FS00)

Transaction de gestion de compte dans le plan comptable

Plutôt que de naviguer jusqu'à la transaction en passant par le menu, vous pouvez saisir **FS00** dans la zone de commande, puis appuyer sur `Entrée` pour accéder directement à l'écran permettant de modifier les plans comptables.

Comme nous l'avons vu au moment de créer et de modifier les comptes sur les pages précédentes, la fenêtre de gestion de compte comporte de nombreux onglets. Les zones affichées sur ces onglets dépendent du type de compte à modifier, à savoir s'il s'agit d'un compte de bilan ou d'un compte de charge ou de produit. La figure 2.18 permet de comparer les données de contrôle pour tous les types de compte.

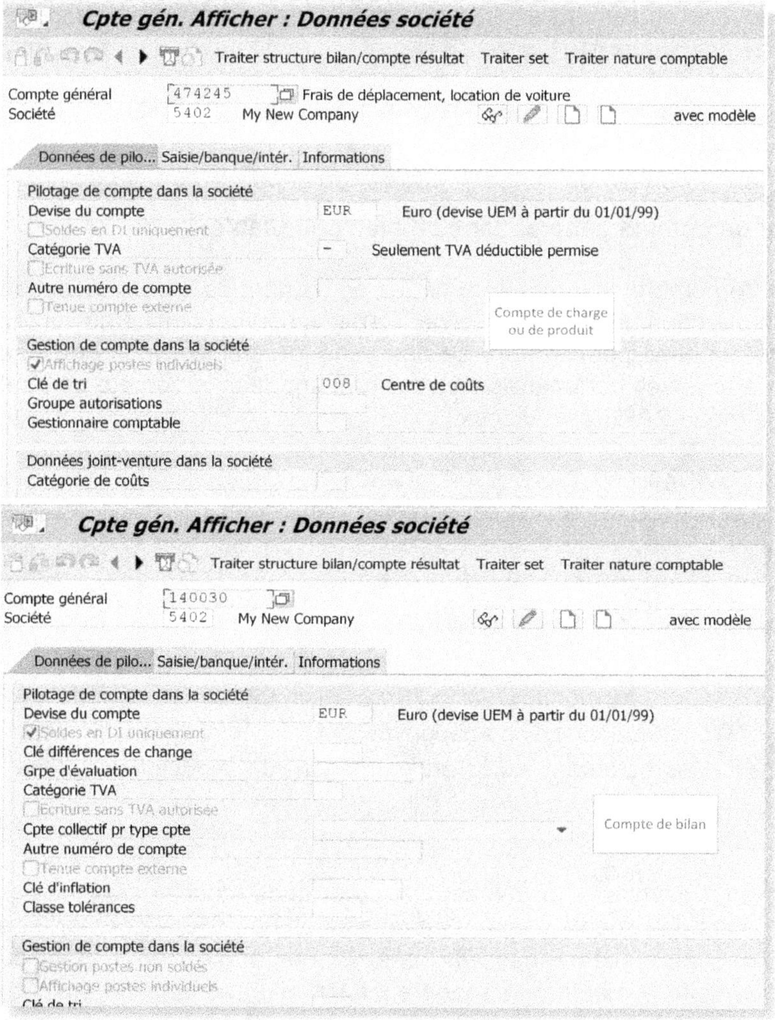

Cpte gén. Afficher : Données société

Traiter structure bilan/compte résultat Traiter set Traiter nature comptable

Compte général 474245 Frais de déplacement, location de voiture
Société 5402 My New Company avec modèle

Données de pilo... Saisie/banque/intér. Informations

Pilotage de compte dans la société
Devise du compte EUR Euro (devise UEM à partir du 01/01/99)
Soldes en DI uniquement
Catégorie TVA - Seulement TVA déductible permise
Ecriture sans TVA autorisée
Autre numéro de compte
Tenue compte externe
Compte de charge ou de produit

Gestion de compte dans la société
Affichage postes individuels
Clé de tri 008 Centre de coûts
Groupe autorisations
Gestionnaire comptable

Données joint-venture dans la société
Catégorie de coûts

Cpte gén. Afficher : Données société

Traiter structure bilan/compte résultat Traiter set Traiter nature comptable

Compte général 140030
Société 5402 My New Company avec modèle

Données de pilo... Saisie/banque/intér. Informations

Pilotage de compte dans la société
Devise du compte EUR Euro (devise UEM à partir du 01/01/99)
Soldes en DI uniquement
Clé différences de change
Grpe d'évaluation
Catégorie TVA
Ecriture sans TVA autorisée
Cpte collectif pr type cpte
Autre numéro de compte
Tenue compte externe
Clé d'inflation
Classe tolérances
Compte de bilan

Gestion de compte dans la société
Gestion postes non soldés
Affichage postes individuels
Clé de tri

Figure 2.18 : Compte de charge ou de produit ; compte de bilan

De nombreux attributs trouvés sur l'écran de gestion de compte servent à paramétrer des fonctionnalités non couvertes par cet ouvrage. Cependant, certaines des zones seront brièvement évoquées ci-dessous.

- GROUPE DE COMPTES
  Un groupe de comptes représente un moyen de classer les comptes. Exemples : bilan, charges et produits, immobilisations, gestion des articles, etc.

- COMPTE DE CHARGE OU DE PRODUIT / COMPTE DE BILAN
  Tous les comptes se voient affectés soit à un compte de charge, soit à un compte de produit, soit à un compte de bilan. Cette option affecte le report de solde en fin d'année.

- TEXTE DESCRIPTIF DU COMPTE GÉNÉRAL
  L'affichage en ligne et les états utilisent deux types de texte. L'espace disponible à l'écran ou dans le rapport ou l'état donné détermine le type de texte autorisé.

- DEVISE DU COMPTE
  Certains comptes peuvent être dans une devise différente de celle de la société. Par exemple, une entreprise américaine peut disposer d'un compte bancaire au Canada, la devise du compte étant alors en CAD. Quand une devise autre que celle de la société est indiquée pour le compte, les pièces comptables peuvent uniquement être enregistrées dans cette devise. Si c'est la devise de la société qui est utilisée, les pièces comptables peuvent être enregistrées dans n'importe quelle devise.

- CE COMPTE EST UN COMPTE COLLECTIF
  Les comptes collectifs sont utilisés pour intégrer des livres auxiliaires dans le grand livre. Ces grands livres auxiliaires sont les comptes fournisseurs, clients et d'immobilisations.

- GESTION POSTES NON SOLDÉS
  Quand cette option est cochée, les inscriptions nécessitent l'enregistrement d'une ou de plusieurs contreparties pour « rapprocher » les postes. Cette opération ne revient pas à utiliser les comptes collectifs, aucun grand livre auxiliaire n'est utilisé ici. Ce paramètre est utilisé pour les comptes de bilan tels que les comptes d'attente.

- AFFICHAGE POSTES INDIVIDUELS
  Cette option détermine si un utilisateur peut afficher des postes individuels pour le compte. Elle ne doit pas être utilisée pour les comptes collectifs.

- GROUPE DU STATUT DE ZONE
  Il est possible de définir des groupes de statuts de zone pour identifier les règles de saisie d'une pièce comptable. Les règles déterminent si les différentes zones sont facultatives, obligatoires ou supprimées au moment de passer les écritures.

- SEULEMENT AUTOMATIQUEMENT
  Si cette option est sélectionnée pour un compte, les écritures peuvent uniquement être passées par le biais de la recherche

de compte (par exemple, à partir d'un programme d'évaluation) ; vous ne pourrez pas passer d'écriture sur le compte à l'aide d'une écriture comptable en ligne.

2.2 Qu'est-ce que SAP New GL ?

Section facultative : SAP New GL

Cette section sur SAP New GL ne revêt pas une importance primordiale pour l'apprentissage des transactions du grand livre présentées dans cet ouvrage.

Un grand livre est un ensemble de données de base et de données de mouvement utilisé par les entreprises pour mesurer leur performance financière et leur valeur nette. Dans notre environnement IDES, nous disposons à présent de données de base pour le grand livre et pouvons commencer à enregistrer des transactions. Mais avant de passer à cette étape, il peut s'avérer utile d'expliquer ce qu'est *New GL*. Plus loin dans cet ouvrage, vous remarquerez que certains chemins de menus mentionneront (NOUVEAU) ou (NOUVELLE) dans leur description. Cette distinction est faite afin d'empêcher toute confusion avec les choix de menus possibles dans la version classique de GL.

Sous l'appellation SAP Classic GL, nous regroupons les versions du logiciel SAP GL sorties avant l'apparition de SAP Enterprise Central Component (ECC) 5.0. SAP New GL a été publié par SAP en 2004 en tant que composant de SAP ECC 5.0. Mais tandis que la mise à niveau vers ECC 5.0 depuis les versions précédentes n'entraînait pas de modifications trop radicales, la migration vers New GL est très complexe en raison de l'importance des modifications apportées aux fonctionnalités et aux structures des tables, et de nombreux clients SAP ont préféré ne pas passer à New GL. SAP continue à prendre en charge *Classic GL*, mais les nouveaux clients doivent implémenter New GL.

Les exemples de cet ouvrage ont tous été créés dans un environnement New GL. Comme traiter New GL dans les détails nécessiterait de lui consacrer un livre entier, nous nous contenterons d'évoquer brièvement quelques-unes de ses fonctions.

2.2.1 Reddition parallèle des comptes

Les grandes entreprises ont souvent la lourde tâche de devoir gérer plusieurs séries de règles comptables, par exemple en raison des différentes législations. Elles peuvent posséder différentes entités dans différents pays, chacun ayant des exigences particulières en matière de reporting. Autre exemple : le secteur des assurances doit suivre des règles pour soumettre ses rapports aux commissions boursières (SEC) qui sont différentes de celles pour les instances de régulation des états.

L'un des moyens que ces entreprises ont à disposition pour gérer les différentes demandes en matière de reporting est d'établir des comptes généraux parallèles distincts afin d'enregistrer les ajustements et satisfaire aux différentes normes de gestion comptable. Dans ce cas, les états sont créés en se basant uniquement sur les comptes soumis aux règles appropriées dans la situation donnée. L'amortissement des immobilisations est un autre exemple dans lequel les règles comptables peuvent varier. L'amortissement tel qu'il est prévu par la réglementation fiscale varie de l'amortissement présenté dans les états financiers d'une entreprise. Les entreprises peuvent paramétrer deux comptes d'amortissement distincts pour enregistrer les différences d'évaluation ou même se servir de tableurs hors du système de comptabilité pour permettre les rapprochements entre les différentes évaluations des amortissements. Dans une grande entreprise comptant de nombreux comptes, gérer les exigences en matière de reporting à l'aide de comptes parallèles ou de tableurs externes peut être un exercice périlleux.

Avec SAP New GL, différents livres (appelés « LIVRE » dans SAP) sont utilisés pour les différentes normes comptables et les comptes parallèles. Le système SAP comprend un ledger principal et un ledger parallèle ou plus qui sont utilisés pour différentes évaluations. Les pièces comptables ne faisant apparaître aucune différence dans l'évaluation sont enregistrées simultanément dans tous les ledgers par le logiciel SAP. Vous pouvez toutefois choisir de ne passer des écritures que dans un seul ledger parallèle. Le reporting peut alors être filtré par ledger de façon à se conformer à des exigences données, vous n'aurez ainsi pas à augmenter le nombre de comptes.

2.2.2 Reporting sectoriel

Les grandes entreprises ont l'obligation de présenter leurs résultats financiers par secteur opérationnel. Un secteur opérationnel peut se définir comme des sections de l'entreprise qui partagent un processus de fabrication, un type de produit ou de service, un groupe de clients communs, ou qui sont soumises par les instances réglementaires à l'obligation de présenter des comptes uniques. Prenons l'exemple d'un fabricant d'emballage papier : il pourra avoir à présenter ses résultats dans trois secteurs, à savoir le recyclage, l'emballage ondulé et l'emballage consommateur. Une société pétrolière et gazière présentera certainement des comptes pour les secteurs amont, aval, pétrochimie et financement.

La version Classic GL mettait à disposition une caractéristique organisationnelle intitulée **Domaine d'activité** pour faciliter le reporting sectoriel dans un système SAP. Cependant, de nombreux clients SAP choisissaient d'utiliser le domaine d'activité pour d'autres raisons. Dans New GL, une caractéristique complémentaire, **Segment,** a été introduite spécifiquement pour le reporting sectoriel.

2.2.3 Ventilation d'une pièce

La *clôture* comptable implique de porter le solde de tous les comptes de résultat dans les capitaux propres. Souvenez-vous de la *formule comptable* vue au chapitre 1 :

Actifs – passifs = capitaux propres

L'algèbre nous donnera également cette formule :

Actifs – passifs – capitaux propres = 0

Avec la version Classic GL, il n'était possible d'obtenir un bilan net de zéro qu'au niveau de la société ou du domaine d'activité. New GL permet aux entreprises de choisir d'autres niveaux tels que le centre de profit ou le secteur pour obtenir un bilan net de zéro.

Partons de l'hypothèse que nous avons une facture fournisseur pour des services fournis à deux centres de profit. L'écriture consiste en une somme portée au crédit d'un compte fournisseur et en deux sommes portées au débit chacune d'un centre de profit. La fonction de ventilation d'une pièce fait en sorte que le montant au crédit soit « divisé » en coulisse entre les deux centres de profit distincts. En outre, au moment où le fournisseur est payé, même si l'écriture consiste en un simple montant au crédit de la caisse et d'un montant au débit du compte fournisseur, le système SAP répartit une fois de plus l'inscription en caisse entre les mêmes centres de profit qu'au moment de l'enregistrement de la facture fournisseur d'origine.

Dans New GL, il existe deux vues pour les écritures comptables : l'une pour la saisie de pièces comptables et l'autre pour la comptabilité. La vue destinée à la comptabilité reflète la ventilation des pièces. La ventilation permet de présenter des bilans nets de zéro au niveau défini par l'entreprise.

2.2.4 Intégration des modules CO et FI

Nous avons précédemment mentionné le module CO (contrôle de gestion) de SAP. Contrairement au module FI, utilisé pour le reporting financier externe, le module de contrôle de gestion sert au reporting interne ou de gestion.

Pour expliquer l'une des fonctions du module de contrôle de gestion, prenons l'exemple de l'imputation de frais généraux de divers centres. Le module de contrôle de gestion permet de cumuler (temporairement) les coûts au niveau de supports de coûts en plus de celui du centre, par exemple au niveau d'un projet ou d'un ordre interne. Ces coûts peuvent ensuite être transférés ou affectés vers un élément du patrimoine ou vers un centre de coûts destinataire.

Dans la version Classic GL, SAP comprenait un ledger de rapprochement distinct permettant les rapprochements entre CO et FI. New GL propose une intégration automatique et en temps réel de CO et FI, rendant le ledger de rapprochement et la procédure obsolètes.

2.2.5 Tables de totaux extensibles

Pour faciliter le reporting, le système SAP fait le bilan des transactions dans des tables de totaux. Dans Classic GL, la table de totaux (GLT0) contenait un nombre limité de caractéristiques destinées au reporting.

Afin d'améliorer le reporting, SAP avait créé une application mettant à disposition des ledgers spéciaux. Cette application était très longue à configurer et nécessitait d'être régulièrement maintenue à jour pour rester synchronisée avec le module FI.

Dans New GL, les tables de totaux (FAGLFLEXT) offrent non seulement plus de caractéristiques, mais permettent également d'inclure des zones spécifiques pour les clients. Les ledgers spéciaux restent utilisables, mais ils peuvent ne plus présenter d'intérêt pour un grand nombre d'entreprises.

2.2.6 Comparaison des versions Classic GL et New GL

Le Tableau 2.1 compare les versions Classic GL et New GL.

Fonctionnalité	Classic GL	New GL
Reddition parallèle des comptes	Comptes de reddition parallèle utilisés pour les différences d'évaluation	Ledgers parallèles disponibles pour les différences d'évaluation
Reporting sectoriel	Domaine d'activité utilisé pour le reporting sectoriel	Introduction de la zone segment spécifique au reporting sectoriel
Ventilation d'une pièce	Bilan zéro disponible uniquement au niveau de la société et du domaine d'activité	Bilan zéro disponible aux niveaux définis par l'utilisateur
Intégration de FI et CO	Gestion d'un ledger de rapprochement et nécessité de rapprocher FI et CO en fin de mois	Intégration de FI et CO en temps réel
Table des totaux pour le reporting	GLT0 Caractéristiques limitées pour le reporting Ledgers spéciaux nécessaires pour les reportings approfondis	FAGLFLEXT Caractéristiques complémentaires incluses Possibilité d'inclure des caractéristiques définies par l'utilisateur

Tableau 2.1 : Comparaison des versions Classic GL et New GL

2.3 Transactions grand livre

Forts de nos connaissances en gestion comptable et des données de base saisies dans le système SAP, nous pouvons à présent apprendre comment enregistrer des transactions dans le système SAP !

Comme nous le verrons dans les sections suivantes, SAP propose de nombreuses options pour enregistrer des transactions dans le grand livre. Nous couvrirons les plus utilisées.

2.3.1 F-02/FB01L : Comptabiliser une pièce de compte général

Vous vous demandez peut-être pourquoi deux codes vous sont proposés pour comptabiliser une simple pièce de compte général. Nous vous avons présenté New GL dans la section 2.2. F-02 correspond à la transaction Classic GL pour les pièces comptables, et FB01L à la transaction New GL. F-02 peut également s'utiliser dans New GL, la différence entre les deux étant que FB01L permet à l'utilisateur d'entrer dans un ledger ou un groupe de ledgers. La Figure 2.19 illustre la différence entre les deux transactions.

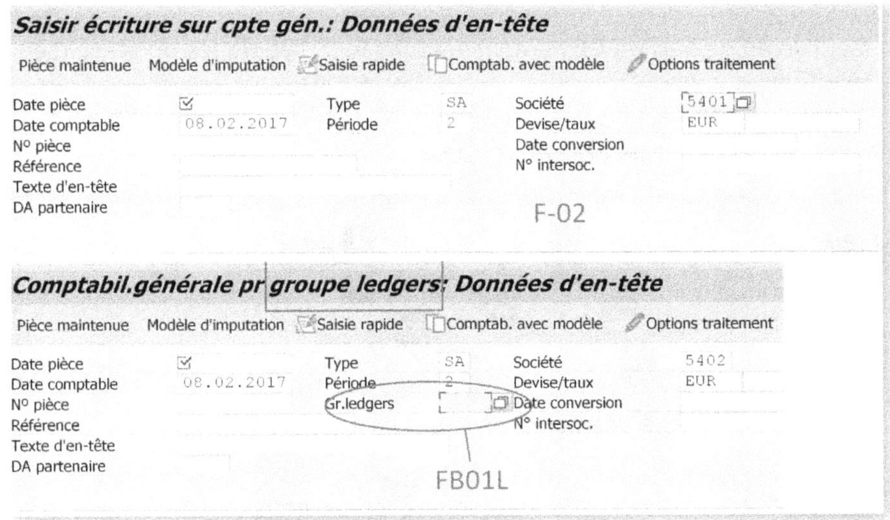

Figure 2.19 : Comparaison entre F-02 et FB01L

Avec New GL, nous pouvons enregistrer dans un ledger ou dans un groupe de ledgers. Si aucun ledger n'est spécifié dans une transaction grand livre, la transaction est enregistrée dans tous les ledgers.

Utilisons la transaction FB01L pour comptabiliser une pièce de compte général dans le système SAP et procéder à la correction suivante :

Débit	Frais sur les véhicules de société	1 000 $
Crédit	Compte fournisseurs – succursales	1 000 $

À l'aide du menu SAP Easy Access, suivez le chemin suivant :

GESTION COMPTABLE • COMPTABILITÉ FINANCIÈRE • GRAND LIVRE • ÉCRITURE • SAISIR ÉCRITURE GÉNÉRALE POUR GROUPE LEDGERS (FB01L)

Passer des écritures générales dans un groupe de ledgers

Plutôt que d'utiliser le menu, vous pouvez saisir **FB01L** dans la zone de commande, puis appuyer sur [Entrée] pour accéder directement à l'écran SAISIR ECRITURE GENERALE POUR GROUPE LEDGERS.

Sur l'écran de saisie FB01L, nous entrons tout d'abord les données d'en-tête (Figure 2.20) :

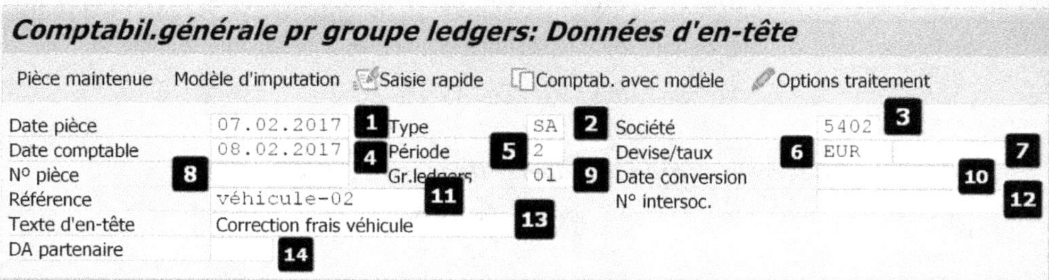

Figure 2.20 : Saisie des données d'en-tête pour une inscription au grand livre

❶ DATE DE LA PIECE : la date d'une pièce comptable d'origine (par exemple, la date figurant sur une facture fournisseur).

❷ TYPE : les types de pièces sont préconfigurés dans SAP et servent à définir les règles de comptabilisation. La configuration des types de pièce n'est pas couverte par cet ouvrage. Remarquez que chacun des types de pièces du système SAP se voit affecter une tranche de numéros appliquée au moment de l'enregistrement de la pièce.

❸ SOCIETE : code de la société dans laquelle la pièce est enregistrée.

❹ DATE COMPTABLE : date à laquelle la transaction a été enregistrée dans le système de comptabilité ; elle peut être différente de la date de la pièce. Dans notre exemple, nous utilisons le dernier jour de la période comptable en tant que date d'enregistrement. Remarquez que le système SAP enregistre également une date de saisie correspondant à la date système le jour où l'entrée a été effectivement créée dans SAP.

❺ PERIODE : période comptable durant laquelle la transaction est enregistrée. La configuration des périodes comptables n'est pas couverte par cet ouvrage ; cependant, remarquons que la date d'enregistrement doit se situer dans une période comptable définie.

Périodes comptables

Les périodes comptables sont définies selon des *versions d'exercice*. SAP propose plusieurs versions d'exercice, la plus courante étant K4, définissant une année civile de 12 périodes comptables correspondant aux mois du calendrier civil et de 4 périodes spéciales pouvant être utilisées pour les ajustements. Vous pouvez utiliser la transaction **OB29** pour afficher les versions d'exercice et les périodes comptables.

La transaction **OB52** sert à ouvrir et à fermer les périodes comptables, permettant ou empêchant toute activité lors de la période donnée.

❻ DEVISE : la devise dans laquelle la transaction est enregistrée. Elle peut être différente de la devise configurée pour la société, auquel cas le système SAP applique à la transaction des taux de change paramétrés. Les enregistrements de transactions peuvent refléter au minimum trois devises dans SAP : celle de la transaction (la devise de la pièce comptable), la devise locale (de la société), et la devise du groupe (du reporting).

❼ TAUX : peut être utilisé en lieu et place des tables de taux de change normalement appliquées aux transactions. Cette zone est facultative ; si aucun taux n'est saisi, ce sont les tables de taux du système SAP qui sont utilisées. Les taux de conversion sont en général chargés lors du téléchargement d'un service. Le détail de la gestion des taux de change ne sont pas couverts par cet ouvrage.

❽ NUMERO DE PIECE : en général, attribué par le système SAP à l'aide d'une tranche de numéros configurée pour chaque type de pièce ; vous pouvez cependant saisir des numéros de pièces manuellement. Nous recommandons d'utiliser les numéros de pièces attribués par SAP.

❾ GROUPE DE LEDGERS : peut être entré pour spécifier le ledger ou groupe de ledgers dans lequel la transaction doit être enregistrée. La configuration des ledgers et des groupes de ledger, fonctionnalité proposée par SAP New GL, n'est pas couverte par cet ouvrage. Si aucun groupe de ledgers n'est entré, la transaction est enregistrée dans tous les ledgers affectés à cette société. Dans notre exemple, nous indiquons 0L, qui fait référence au ledger principal ; la transaction est donc enregistrée uniquement dans le ledger principal.

❿ DATE DE CONVERSION : zone utilisée pour convertir une transaction enregistrée dans une devise autre que celle de la société. Il s'agit d'une zone facultative : si aucune date n'est entrée, la conversion utilise le taux en vigueur à la date de la saisie de la pièce.

⓫ REFERENCE : un modèle utilisateur pouvant être utilisé plus tard pour rechercher des pièces à afficher ou à modifier.

⓬ NUMERO D'UNE OPERATION DE COMPTABILISATION INTER-SOCIETES : généralement attribué à chaque société SAP pour les pièces comportant des postes dans deux sociétés. Il s'agit d'entrer une concaténation des tranches de numéros configurées pour chaque type de pièce et du code de la société en question. À l'instar du numéro de pièce, vous pouvez entrer des numéros de pièces manuellement ; cependant, nous recommandons l'utilisation des numéros de pièces portant les codes inter-sociétés attribués par SAP.

⓭ TEXTE D'EN-TETE : une explication courte de la pièce comptable dans son intégralité.

⓮ DOMAINE D'ACTIVITE DU PARTENAIRE : une zone utilisée par le système SAP avec éliminations intra-groupes.

Une fois l'en-tête renseigné, commencez à saisir des données (Figure 2.21) dans la première ligne de détail de la pièce, puis cliquez sur l'icône ENTRÉE située en haut à gauche de la barre d'outils pour enregistrer l'écriture.

Figure 2.21 : Saisie des informations sur le premier poste de la pièce

❶ CC : une abréviation signifiant *clé de comptabilisation*. Les clés de comptabilisation déterminent de quelle manière les écritures sont comptabilisées. Il existe des clés de comptabilisation pour les transactions des comptes généraux, des comptes clients, des comptes d'immobilisations, etc. En plus de déterminer si l'écriture doit être passée au débit ou au crédit, la clé de comptabilisation sert également à appliquer d'autres règles d'imputation. Les clés de comptabilisation peuvent être configurées ; la plupart d'entre elles sont cependant fournies par SAP. Les clés de comptabilisation proposées les plus courantes que nous retrouverons dans cet ouvrage sont celles reprises dans le Tableau 2.2.

Clés de comptabilisation	Désignation
40	Écriture passée au débit d'un compte général
50	Écriture passée au crédit d'un compte général
01	Facture client (débit)
11	Crédit client (crédit)
25	Paiement fournisseur (débit)
31	Facture fournisseur (crédit)

Tableau 2.2 : Clés de comptabilisation

❷ COMPTE : le compte général pour le premier poste.

Utiliser les menus déroulants SAP

À droite de nombreuses zones, vous trouverez l'icône qui vous permet de rechercher des valeurs de saisie.

❸ CDE CGS : abréviation de *Code compte général spécial.* Cette zone est utilisée pour des types de transaction spécifiques tels que les acomptes, en général pour les transactions fournisseurs ou clients. Dans notre exemple, nous laisserons la zone SGL IND non renseignée, comme nous comptabilisons une écriture simple pour le grand livre.

❹ CMVT : abréviation signifiant *type de transaction.* Les types de transaction sont utilisés pour les mouvements d'immobilisation. Dans notre exemple, nous laisserons la zone TYPE non renseignée, comme nous n'enregistrons pas de mouvement d'immobilisation.

❺ NOUV. SO : n'apparaît pas au premier poste. Ce code apparaît sur les postes suivants pour permettre les opérations impactant plus d'une société.

Après avoir cliqué sur l'icône ENTRÉE, saisissez des informations complémentaires relatives au poste. Dans notre exemple, les éléments qui nous importent le plus sont la somme portée en regard du poste et le texte. Si la configuration l'exige pour la société, vous pouvez entrer d'autres informations, telles que le centre de coûts. Si vous cliquez sur l'icône d'affectation complémentaire, vous pouvez saisir des données supplémentaires.

Dans notre exemple (Figure 2.22), nous saisissons uniquement une somme et un texte pour décrire le poste. De plus, nous commençons à entrer des informations pour le deuxième poste en saisissant la clé de comptabilisation et le compte.

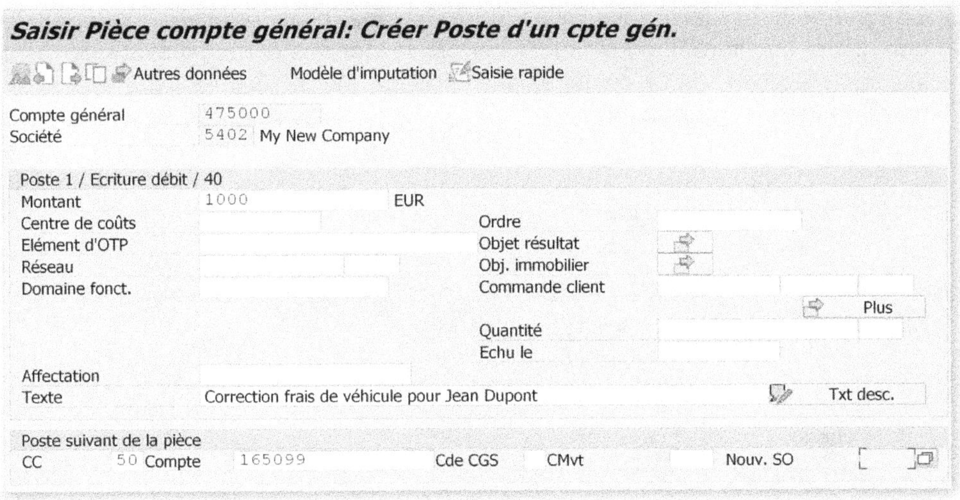

Saisir Pièce compte général: Créer Poste d'un cpte gén.

Autres données Modèle d'imputation Saisie rapide

Compte général 475000
Société 5402 My New Company

Poste 1 / Ecriture débit / 40
Montant 1000 EUR
Centre de coûts
Elément d'OTP
Réseau
Domaine fonct.
Ordre
Objet résultat
Obj. immobilier
Commande client
Plus
Quantité
Echu le
Affectation
Texte Correction frais de véhicule pour Jean Dupont Txt desc.

Poste suivant de la pièce
CC 50 Compte 165099 Cde CGS CMvt Nouv. SO

Figure 2.22 : Détails du premier poste

Tout comme pour le premier poste de notre pièce de compte général, nous pouvons entrer des détails complémentaires relatifs au deuxième poste (Figure 2.23). Vu que nous créons une écriture dans un compte de bilan spécifique, la zone DATE VALEUR est affichée. Cette date est utilisée dans les calculs d'évaluation de la devise, si mentionnée, au moment de comptabiliser une pièce dans une devise autre que celle de la société. Par défaut, le système SAP y reporte la date de saisie de la pièce.

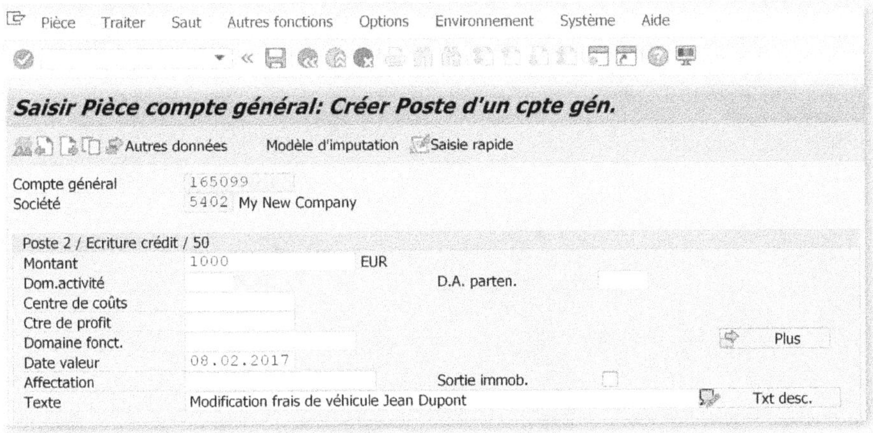

Pièce Traiter Saut Autres fonctions Options Environnement Système Aide

Saisir Pièce compte général: Créer Poste d'un cpte gén.

Autres données Modèle d'imputation Saisie rapide

Compte général 165099
Société 5402 My New Company

Poste 2 / Ecriture crédit / 50
Montant 1000 EUR
Dom.activité
D.A. parten.
Centre de coûts
Ctre de profit
Domaine fonct.
Plus
Date valeur 08.02.2017
Affectation
Sortie immob.
Texte Modification frais de véhicule Jean Dupont Txt desc.

Figure 2.23 : Détails du deuxième poste

Comme nous ne saisissons pas d'autres postes, nous sommes prêts à enregistrer l'écriture. Il nous faudra parfois valider nos écritures avant de les comptabiliser ; pour ce faire, sélectionnez PIÈCE• SIMULER dans la barre de menu (Figure 2.24) :

Figure 2.24 : Lancer une simulation pour contrôler une pièce avant de l'enregistrer

La pièce à enregistrer est affichée (Figure 2.25). Si elle comporte des erreurs, des messages apparaissent en bas de l'écran.

Saisir Pièce compte général: Afficher Synthèse

Devise d'affichage Réinitialiser

Date pièce	07.02.2017	Type	SA	Société	5402
Date comptable	08.02.2017	Période	2	Devise	EUR
N° pièce	INTERNE	Exercice	2017	Date conversion	08.02.2017
Gr.ledgers	0L				
Référence	VÉHICULE-02			N° intersoc.	
Texte d'en-tête	Correction frais véhicule			DA partenaire	

Postes en devise de la pièce

CC	D.A.	Cpte	EUR Mnt.	Mnt TVA
001	40	0000475000	1.000,00	
002	50	0000165099	1.000,00-	

D 1.000,00 C 1.000,00 0,00 * 2 Postes

Figure 2.25 : Pièce prête à être enregistrée

Remarquez que la barre d'outils, illustrée Figure 2.26, propose des options d'affichage ou de modification complémentaires avant enregistrement.

Figure 2.26 : Options d'affichage/de modification de la pièce

❶ Vous permet de revenir sur le détail d'un poste donné afin de le modifier.

❷ Modifie la devise d'affichage (utile si la devise de la pièce comptable est différente de celle de la société).

❸ Si vous cliquez sur SAISIE RAPIDE, il s'affiche un écran vous permettant d'ajouter des postes plus rapidement que si vous les ajoutiez un par un (Figure 2.27).

❹ Les modèles de compte sont des postes individuels prédéterminés qui peuvent être créés pour rationaliser la saisie de données.

Saisir Pièce compte général: Créer Postes cpte général

Modèle d'imputation   Saisie rapide   Taxes

Société   5402   My New Company   Calculer TVA

Postes cpte général

CC	Compte	Montant	EUR	C.	DA	Ctre cts	Ordre	Sté

Figure 2.27 : Saisie rapide permettant d'ajouter des postes dans une pièce de compte général

Comme nous n'avons aucune erreur à corriger et que nous n'entrons que des écritures de deux lignes, nous pouvons cliquer sur 💾 au milieu de la barre d'outils en haut de l'écran pour enregistrer notre écriture. Le système SAP affiche un message de confirmation (Figure 2.28) qui indique le numéro de pièce attribué :

Pièce 100000000 comptabilisée dans société 5402

Figure 2.28 : Pièce enregistrée avec numéro de pièce attribué

2.3.2 FB50/FB50L : Comptabiliser une pièce de compte général

Les transactions FB50 (Classic GL) et FB50L (New GL) sont très proches des transactions F-02 et FB01L, et lancent de fait le même programme de comptabilisation. En fonction des besoins de votre entreprise, vous aurez certainement une préférence pour un type particulier de transaction pour l'enregistrement des pièces de compte général. Observons ce qui se passe si l'on enregistre à l'aide du code FB50L.

À l'aide du menu SAP Easy Access, suivez le chemin suivant :

GESTION COMPTABLE • COMPTABILITÉ FINANCIÈRE • GRAND LIVRE • ÉCRITURE • SAISIR PIÈCE COMPTE GÉNÉRAL POUR GROUPE LEDGER (FB50L)

Comptabiliser des pièces de compte général pour un groupe de ledgers

Plutôt que de passer par le menu, vous pouvez saisir **FB50L** dans la zone de commande, puis appuyer sur `Entrée` pour accéder directement à l'écran SAISIR PIÈCE COMPTE GÉNÉRAL POUR GROUPE ledger.

Les différences entre les premiers écrans des transactions F-02/FB01L et FB50/FB50L sont identifiées ci-dessous (Figure 2.29).

Sur l'écran illustré en Figure 2.30, nous avons saisi des données pour enregistrer une nouvelle correction apportée aux frais de véhicule de notre entreprise. Remarquez que les écritures s'équilibrent et qu'elles peuvent donc être comptabilisées, comme le montre l'indicateur vert sous les zones du montant, en haut à droite de l'écran.

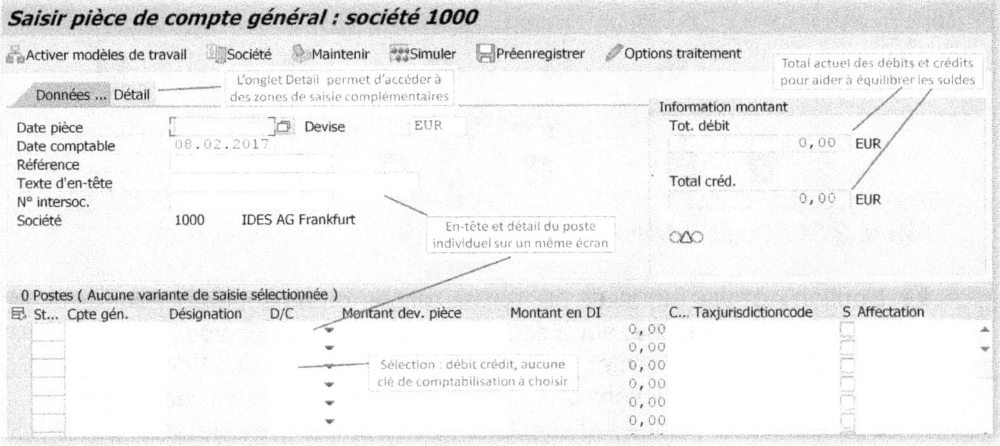

Figure 2.29 : Écran de saisie FB50/FB50L

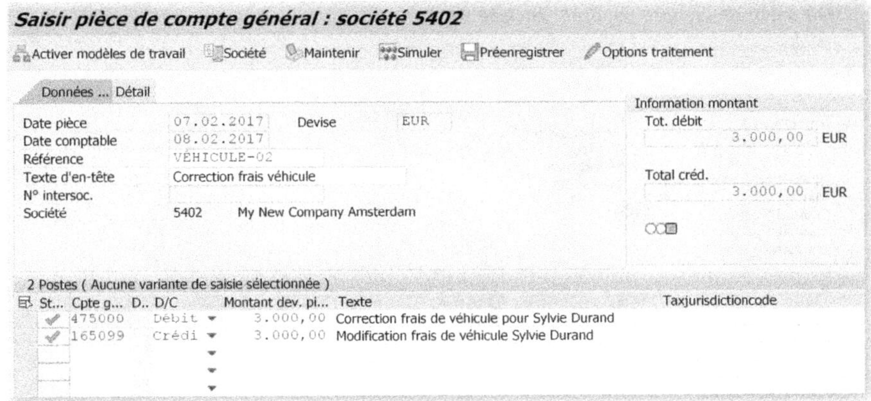

Figure 2.30 : Saisie des détails de la pièce de compte général

Avant d'enregistrer la pièce, attardons-nous sur quelques-uns des outils servant à modifier et à enregistrer (Figure 2.31) :

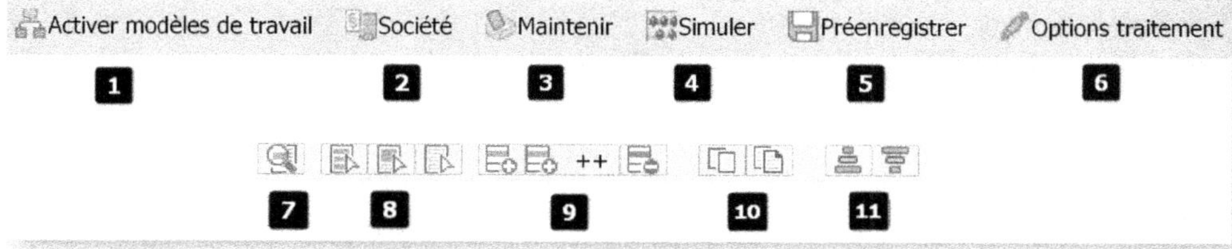

Figure 2.31 : Outils d'édition FB50/FB50L

❶ L'option ACTIVER MODELES DE TRAVAIL affiche ou masque un volet de navigation à gauche sur l'écran de saisie. Celui-ci vous permet d'accéder aux différentes versions de l'écran (disposition de l'écran configurée en fonction des besoins spécifiques des écritures), d'accéder aux modèles d'affectation des comptes, ou de sélectionner des pièces comptabilisées précédemment et mises en attente (voir Figure 2.32).

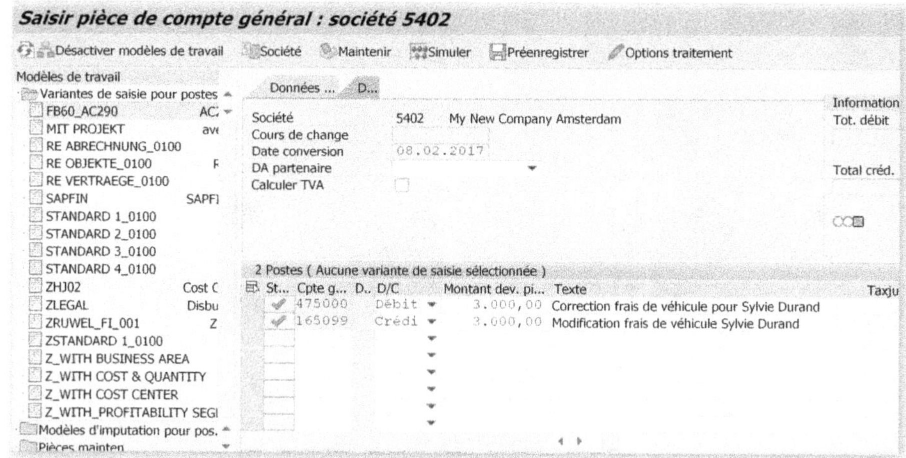

Figure 2.32 : FB50/FB50L, Activer modèles de travail

❷ Vous pouvez modifier la société dans une écriture au niveau de l'entête. Les postes adoptent alors la société spécifiée par défaut, mais une autre société peut leur être affectée.

❸ Vous pouvez mettre des pièces en attente de façon à pouvoir les modifier/traiter ultérieurement.

❹ L'option SIMULER simule la comptabilisation, comme nous l'avons vu avec le code F-02/FB01L.

❺ Les documents terminés peuvent être préenregistrés : ils ne sont pas comptabilisés, mais ils peuvent être récupérés à une date ultérieure pour être enregistrés.

❻ Cliquer sur OPTIONS TRAITEMENT fait apparaître l'écran montré Figure 2.33 et vous permet de sélectionner des options pour modifier les pièces de compte général. Après avoir sélectionné les options nécessaires, cliquez sur dans la barre d'outils en haut de l'écran pour enregistrer et revenir à l'écran de saisie. Ces options sont conservées pour votre ID utilisateur et pour toutes les écritures passées ensuite, jusqu'à ce que vous les modifiiez à nouveau.

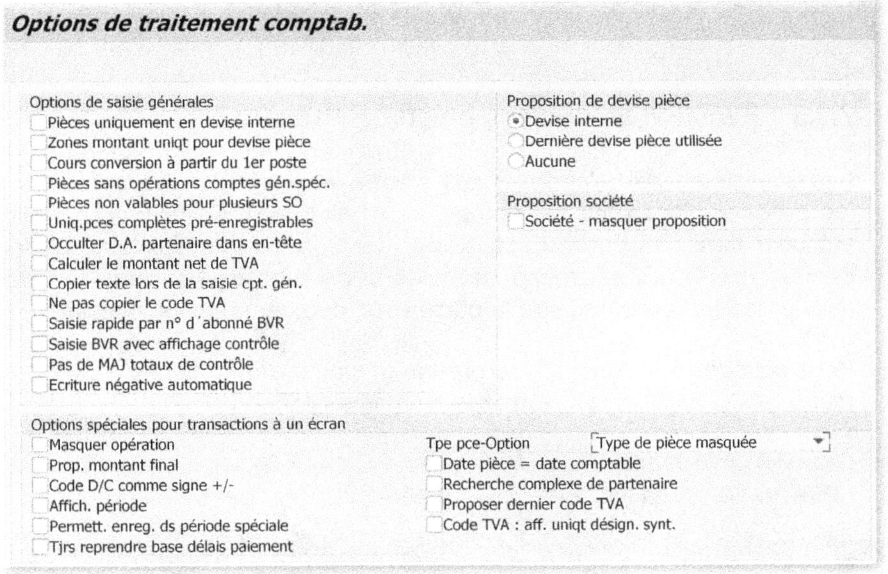

Figure 2.33 : Options de traitement de la comptabilité

❼ Vous pouvez sélectionner l'icône des détails après avoir sélectionné une ligne dans la pièce de compte général. Un écran de saisie détaillé, comme illustré Figure 2.23, apparaît alors.

❽ Les icônes de sélection de ligne vous permettent de sélectionner toutes les lignes, un bloc de lignes, ou de désélectionner un ensemble de lignes précédemment sélectionné pour les traiter (les supprimer, les modifier, etc.).

❾ Utilisez les icônes , ..., ou pour ajouter une ligne, plusieurs lignes ou pour en supprimer.

⑩ Les icônes de copie vous permettent de copier des lignes ou des zones dans une nouvelle ligne.

⑪ Vous pouvez cliquer sur les icônes de tri après avoir sélectionné un en-tête de colonne de sorte à trier les lignes dans la pièce de compte général.

Pour comptabiliser l'écriture, cliquez sur dans la barre d'outils en haut de l'écran. Le système SAP affiche un message informant que la pièce a été enregistrée (Figure 2.34) :

Pièce 100000001 comptabilisée dans société 5402

Figure 2.34 : Message informant que la pièce est bien enregistrée

2.3.3 FV50/FV50L : Pièces préenregistrées

Les utilisateurs peuvent saisir des pièces, et plutôt que les enregistrer, les préenregistrer pour les comptabiliser plus tard. Cette fonctionnalité est utile dans les cas où l'utilisateur ne dispose pas de l'autorisation d'enregistrer, mais est responsable de la création de l'écriture. Un premier utilisateur préenregistre la pièce et un deuxième la comptabilise.

Pour accéder à la fonction de préenregistrement des pièces à partir du menu SAP Easy Access, suivez le chemin suivant :

GESTION COMPTABLE • COMPTABILITÉ FINANCIÈRE • GRAND LIVRE • ÉCRITURE • PRÉENREGISTRER PIÈCE DE COMPTE GÉNÉRAL POUR GROUPE DE LEDGERS

Préenregistrement des pièces de compte général

Plutôt que de passer par le menu, vous pouvez saisir **FV50L** dans la zone de commande puis appuyer sur `Entrée` afin d'accéder directement à l'écran PREENREGISTRER.

L'écran de saisie est presque le même que pour la transaction FB50/FB50L ; cependant, une icône supplémentaire, Sauvegarder complètement, permet à l'utilisateur de préenregistrer la pièce (Figure 2.35) :

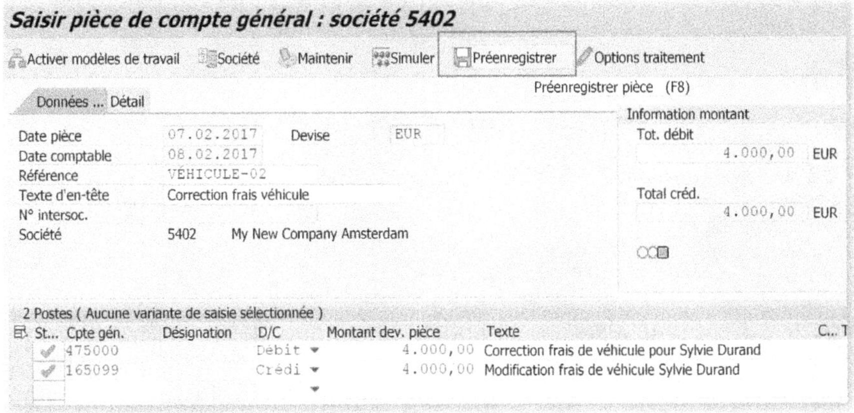

Figure 2.35 : Préenregistrement d'une pièce

Une fois cette option sélectionnée, le système SAP affiche un message (Figure 2.36) mentionnant un numéro de pièce pour le document préenregistré. Cette pièce n'a aucun impact sur le grand livre.

La pièce 100000002 5402 a été préenregistrée

Figure 2.36 : Pièce préenregistrée

Pour comptabiliser la pièce préenregistrée à partir du menu SAP Easy Access, suivez le chemin suivant :

GESTION COMPTABLE • COMPTABILITÉ FINANCIÈRE • GRAND LIVRE • PIÈCE • PIÈCES PRÉENREGISTRÉES • COMPTABILISER/SUPPRIMER

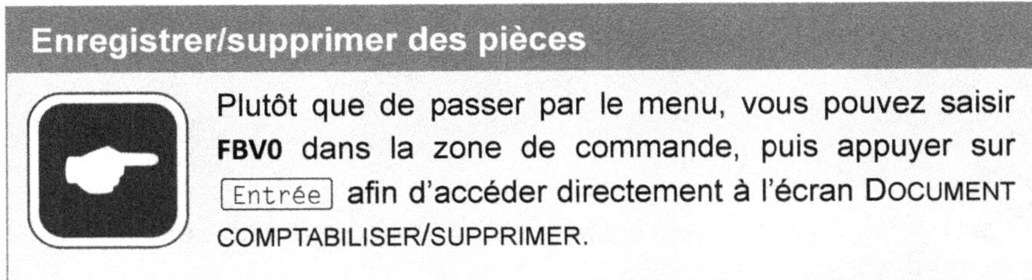

Enregistrer/supprimer des pièces

Plutôt que de passer par le menu, vous pouvez saisir **FBV0** dans la zone de commande, puis appuyer sur `Entrée` afin d'accéder directement à l'écran DOCUMENT COMPTABILISER/SUPPRIMER.

Sur l'écran initial (Figure 2.37), saisissez la société, puis choisissez LISTE DE PIÈCES dans la barre de menus.

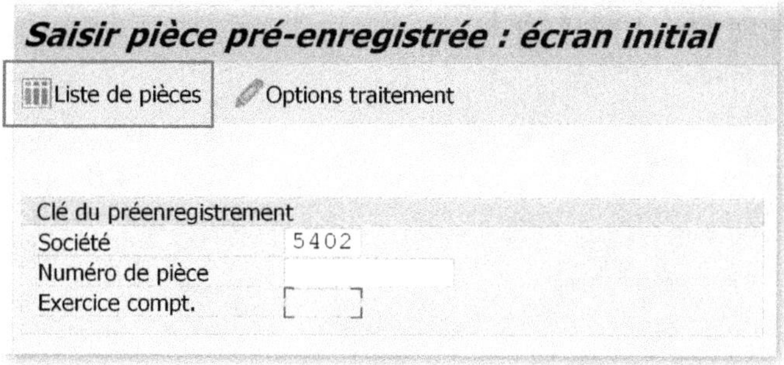

Figure 2.37 : Écran initial de comptabilisation des pièces préenregistrées

Sur l'écran LISTE DE PIÈCES PRÉENREGISTRÉES (Figure 2.38), vous pouvez saisir des critères pour filtrer la liste et n'afficher que les éléments souhaités. Dans notre exemple, nous sélectionnons les pièces préenregistrées en fonction de l'utilisateur qui les a saisies. Cliquez sur pour procéder au filtrage et poursuivre.

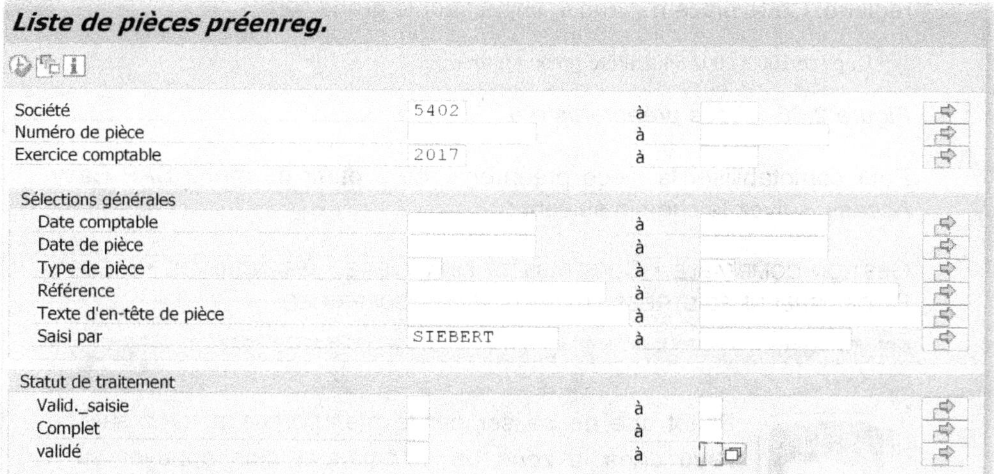

Figure 2.38 : Sélection des critères de filtrage pour la liste des pièces préenregistrées

Dans la liste qui s'affiche (Figure 2.39), faites un double clic sur la pièce préenregistrée que vous souhaitez comptabiliser.

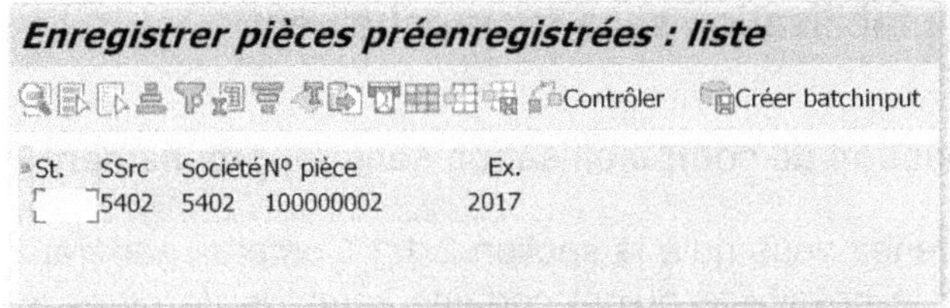

Figure 2.39 : Liste des pièces préenregistrées

La pièce sélectionnée peut à présent être modifiée ou comptabilisée. Cliquez sur l'icône d'enregistrement COMPTABILISER (voir Figure 2.40).

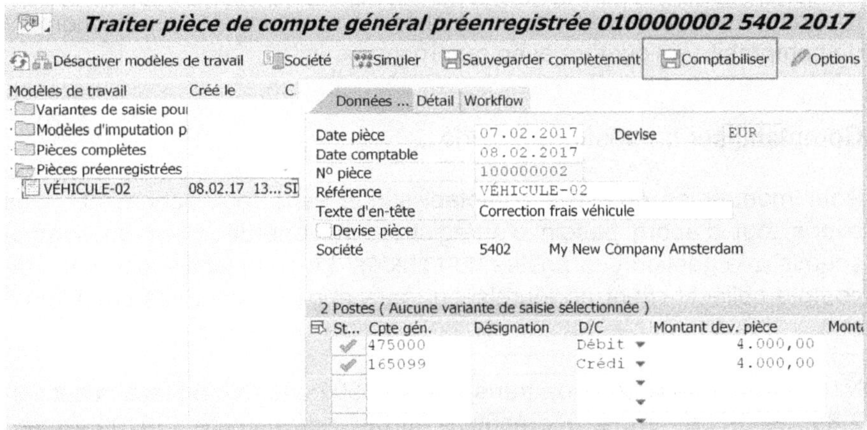

Figure 2.40 : Comptabiliser une pièce préenregistrée

Le système SAP affiche un message confirmant que la pièce a bien été comptabilisée (Figure 2.41).

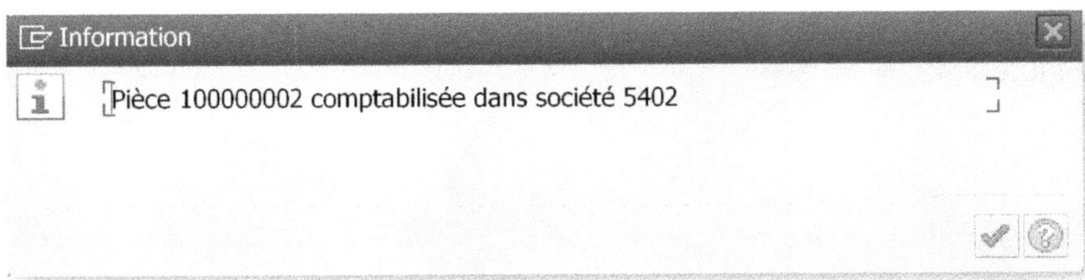

Figure 2.41 : La pièce préenregistrée a été comptabilisée

2.3.4 F-04 : Comptabilisation sans rapprochement

Qu'est-ce que la fonction de comptabilisation sans rapprochement ?

Peut-être vous souvenez vous qu'à la section 2.1.1 Comptes généraux, nous avons évoqué la possibilité qu'ont certains comptes de gérer les postes non soldés. Dans ces comptes, nous trouvons les comptes collectifs (comptes clients ou fournisseurs) et les comptes soumis à la gestion des postes non soldés. Les écritures avec rapprochement s'appliquent aux opérations comptabilisées dans de tels comptes.

La comptabilisation avec rapprochement permet d'obtenir une pièce de rapprochement indiquée dans les opérations sélectionnées au moment de comptabiliser l'écriture avec rapprochement.

Comptabiliser un poste non soldé

Pour montrer ce qu'est la comptabilisation sans rapprochement, nous avons tout d'abord besoin d'enregistrer une opération sur un compte soumis à la gestion des postes non soldés. La comptabilisation dans un compte collectif client ou fournisseur sera abordée dans les chapitres 3 et 4.

Nous utiliserons le code de transaction FB50 comme montré à la section 2.3.2. Nous passerons une écriture au débit du compte 159100 (autres créances) et une écriture au crédit du compte de charges 417000 (achat d'études et prestations de services). N'oubliez pas d'appuyer sur la touche `Entrée` pour fermer tous les messages d'avertissement qui pourraient apparaître.

L'écran de saisie FB50 de notre pièce 100000000 est montré Figure 2.42.

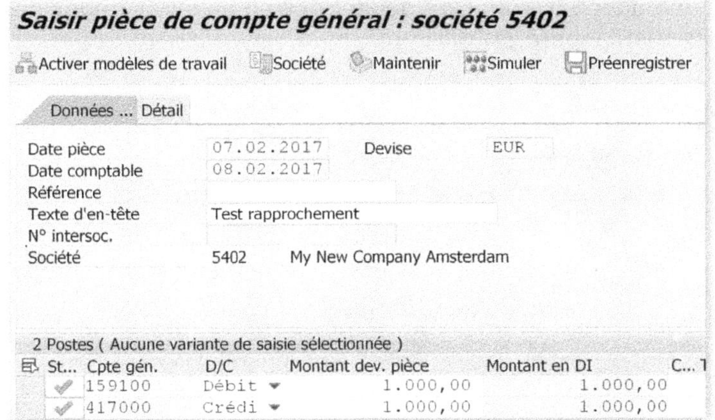

Figure 2.42 : Comptabiliser un poste non soldé

Comptabilisation avec rapprochement

Nous sommes à présent en mesure de créer une pièce de rapprochement. Nous allons procéder au rapprochement de la pièce du poste non soldé 100000000 que nous avons précédemment créé.

1. À l'aide du menu SAP Easy Access, suivez le chemin suivant : GESTION COMPTABLE • COMPTABILITE FINANCIERE • GRAND LIVRE • ÉCRITURE • COMPTABILISER AVEC RAPPROCHEMENT (F-04)

Comptabilisation avec rapprochement

Plutôt que de naviguer jusqu'à l'écran COMPTABILISER AVEC RAPPROCHEMENT en vous servant du menu, vous pouvez saisir **F-04** dans la zone de commande, puis appuyer sur `Entrée` pour accéder directement à l'écran.

2. Saisissez les données d'en-tête de la pièce, puis sélectionnez SELECTIONNER PNS (Figure 2.43).

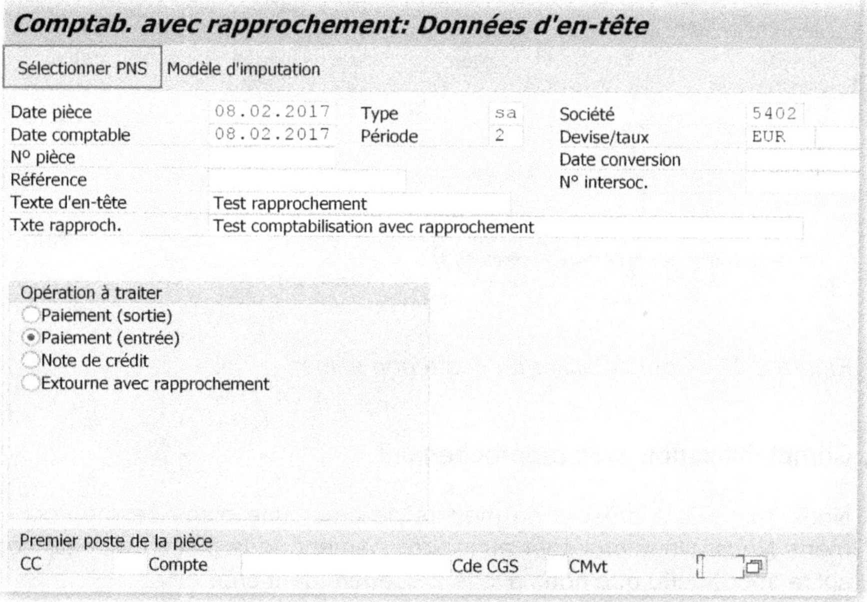

Figure 2.43 : Comptabilisation avec rapprochement, étape 2

3. Dans notre exemple, nous connaissons le numéro de pièce que nous souhaitons rapprocher, nous allons donc sélectionner l'option de numéro de pièce dans les critères de sélection supplémentaires sur la droite (Figure 2.44). Cependant, nous pourrions également sélectionner des postes en fonction d'autres critères. Après avoir coché votre ou vos critères de sélection, sélectionnez TRAITER PNS (c'est à dire Traiter les postes non soldés).

4. Saisissez le numéro de pièce que vous souhaitez rapprocher, puis sélectionnez TRAITER PNS (Figure 2.45).

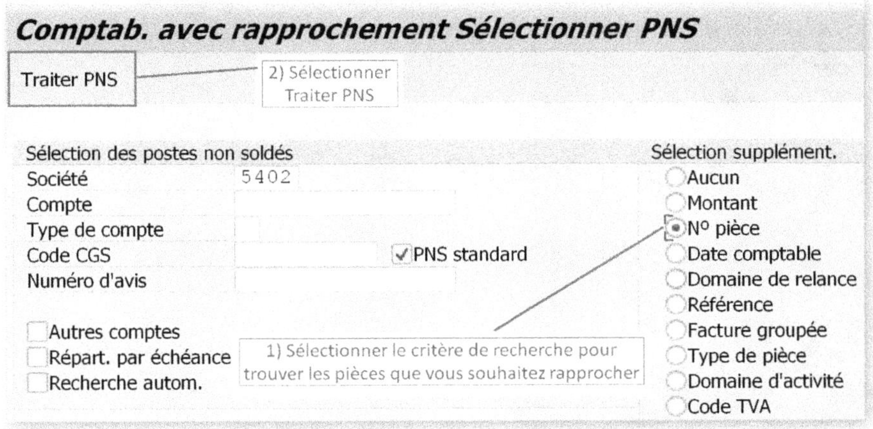

Comptab. avec rapprochement Sélectionner PNS

Traiter PNS — 2) Sélectionner Traiter PNS

Sélection des postes non soldés
Société 5402
Compte
Type de compte
Code CGS ☑ PNS standard
Numéro d'avis

☐ Autres comptes
☐ Répart. par échéance
☐ Recherche autom.

1) Sélectionner le critère de recherche pour trouver les pièces que vous souhaitez rapprocher

Sélection supplément.
○ Aucun
○ Montant
◉ N° pièce
○ Date comptable
○ Domaine de relance
○ Référence
○ Facture groupée
○ Type de pièce
○ Domaine d'activité
○ Code TVA

Figure 2.44 : Comptabilisation avec rapprochement, étape 3

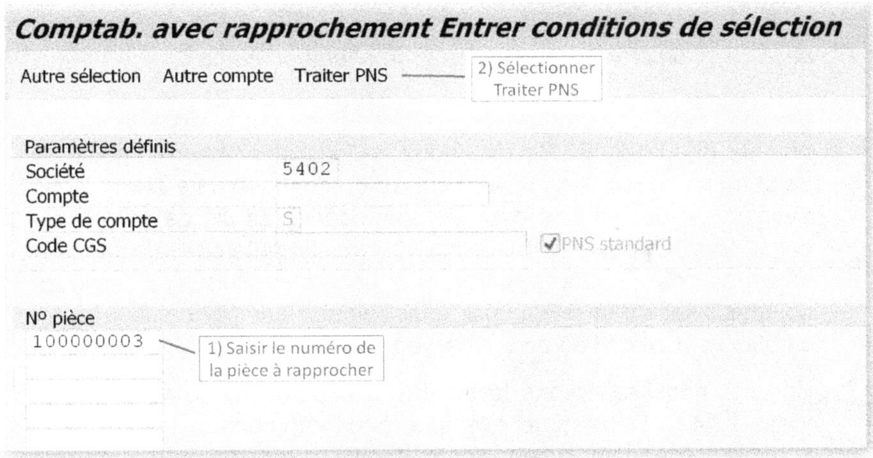

Comptab. avec rapprochement Entrer conditions de sélection

Autre sélection Autre compte Traiter PNS — 2) Sélectionner Traiter PNS

Paramètres définis
Société 5402
Compte
Type de compte S
Code CGS ☑ PNS standard

N° pièce
100000003 — 1) Saisir le numéro de la pièce à rapprocher

Figure 2.45 : Comptabilisation avec rapprochement, étape 4

5. Dans notre exemple (Figure 2.46), un seul poste apparaît. Cependant, dans un environnement de production, en fonction de ce que vous aurez sélectionné à l'étape 3, des postes supplémentaires peuvent être activés ou désactivés. Le nombre total de postes et la valeur totale affectée affichés au bas de l'écran changeront en fonction de ces paramètres.

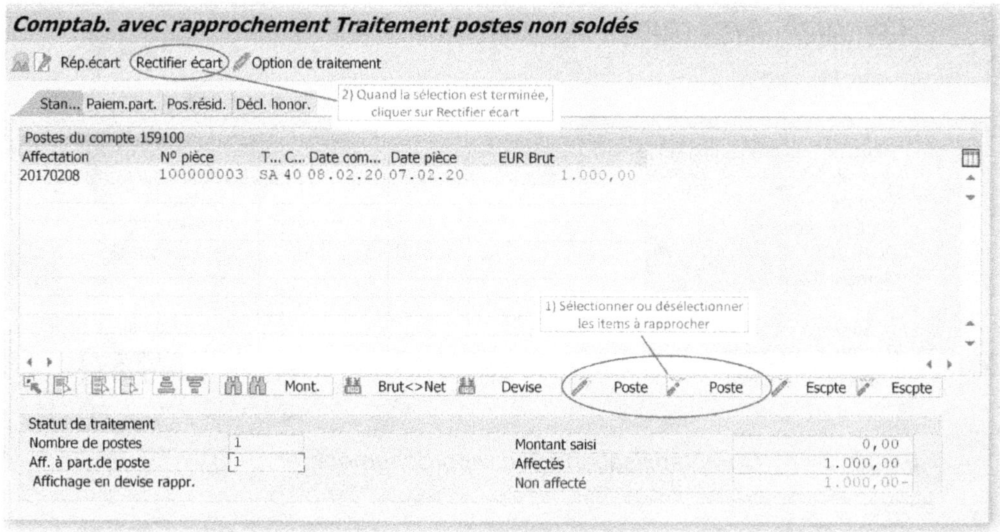

Figure 2.46 : Comptabilisation avec rapprochement, étape 5

6. Ensuite, nous choisissons les contreparties pour les postes à rapprocher (Figure 2.48). Comme nous voulons rapprocher un poste au débit, nous passerons une écriture au crédit du compte client. Nous avons donc besoin d'un débit de contrepartie. La clé de comptabilisation (ou CC) pour les débits est 40. Nous imputerons la contrepartie au compte 449900 - Autres frais généraux. Saisissez la clé de comptabilisation et le compte, puis cliquez sur dans la barre d'outils en haut de l'écran pour enregistrer.

7. Ensuite, nous saisissons la somme à imputer au compte 449000 (Figure 2.49). Dans notre exemple, nous imputons la totalité de la somme. Cependant, si cette somme doit être répartie entre différents comptes, il est possible d'entrer un autre compte à imputer dans la zone AUTRES POSTES DE LA PIECE en bas de l'écran. Saisissez **1 000.00**, puis cliquez sur dans la barre d'outils en haut de l'écran pour enregistrer.

8. Remarquez que la pièce a été comptabilisée (Figure 2.47).

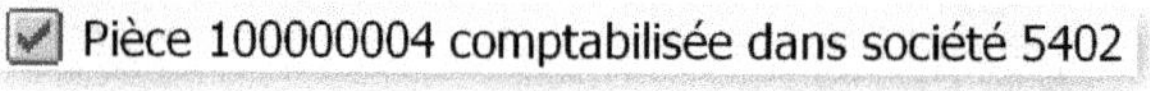

Pièce 100000004 comptabilisée dans société 5402

Figure 2.47 : Comptabilisation avec rapprochement, étape 8

Comptab. avec rapprochement Afficher Synthèse

Traiter PNS Sélectionner PNS Devise d'affichage Modèle d'imputation Taxes

Date pièce	08.02.2017	Type	SA	Société	5402
Date comptable	08.02.2017	Période	2	Devise	EUR
N° pièce	INTERNE	Exercice	2017	Date conversion	08.02.2017
Référence				N° intersoc.	
Texte d'en-tête	Test rapprochement			DA partenaire	

Postes en devise de la pièce

CC D.A. Cpte EUR Mnt. Mnt TVA

D 0,00 C 0,00 0,00 * 0 Postes

Autres postes de la pièce

CC 40 Compte 449000 Cde CGS CMvt Nouv. SO

Figure 2.48 : Comptabilisation avec rapprochement, étape 6

Comptab. avec rapprochement Corriger Poste d'un cpte gén.

Sélectionner PNS Traiter PNS Autres données Modèle d'imputation

Compte général 449000
Société 5402 My New Company

Poste 1 / Ecriture débit / 40

Montant	1.000,00 EUR		
Code TVA		Calculer la TVA	
Centre de coûts		Ordre	
Elément d'OTP		Objet résultat	
Réseau		Obj. immobilier	
Domaine fonct.		Commande client	
			Plus
		Quantité	
		Echu le	
Affectation			
Texte			Txt desc.

Poste suivant de la pièce

CC Compte ▯ CGS CMvt Nouv. SO

Figure 2.49 : Comptabilisation avec rapprochement, étape 7

Dans la section 2.3.8, nous allons passer en revue les pièces comptabilisées dans un listing. Dans l'écran de l'aperçu, montré Figure 2.50, nous voyons que notre pièce 100000003 enregistrée à l'origine dans le compte clients a été rapprochée avec la pièce 100000004. La pièce 100000004 est également indiquée comme rapprochée.

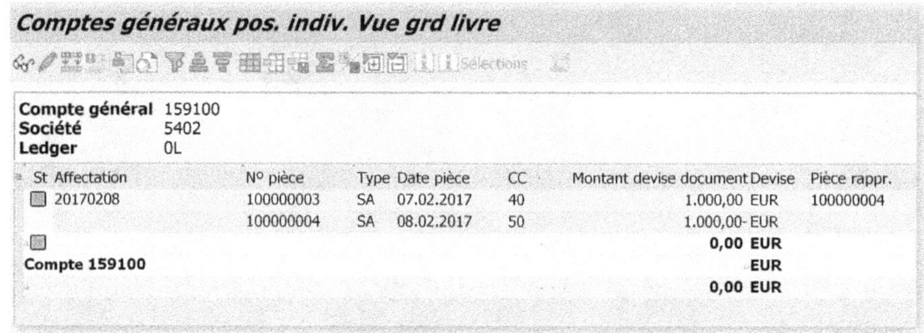
Comptes généraux pos. indiv. Vue grd livre

Compte général 159100
Société 5402
Ledger 0L

St	Affectation	N° pièce	Type	Date pièce	CC	Montant devise document	Devise	Pièce rappr.
▣	20170208	100000003	SA	07.02.2017	40	1.000,00	EUR	100000004
		100000004	SA	08.02.2017	50	1.000,00-	EUR	
▣						**0,00**	**EUR**	
Compte 159100							**EUR**	
						0,00	**EUR**	

Figure 2.50 : Comptabilisation avec rapprochement, affichage des documents

2.3.5 FBD1/F-14 : Pièces périodiques

Qu'est-ce qu'une pièce périodique ?

Dans le monde de l'entreprise, nous avons souvent affaire à des écritures qui doivent être passées à intervalles réguliers. Pour illustrer ce cas, partons du principe que vous recevrez une prime annuelle pour avoir si consciencieusement travaillé pendant l'année. Même si cette prime est payée le dernier mois, l'entreprise devra provisionner 1 000 par mois. Il n'est pas nécessaire de passer par la transaction FB50 ou FB50L chaque mois pour enregistrer cette provision ; au lieu de cela, il est possible d'utiliser une pièce périodique.

Les pièces périodiques s'activent en deux étapes :

1. Création de la pièce périodique (une seule fois) ;
2. Création de l'écriture pointant vers la pièce périodique (périodique).

Création de pièces périodiques

Commençons par créer la pièce permettant de provisionner la prime annuelle.

1. Dans le menu SAP Easy Access, suivez le chemin suivant : GESTION COMPTABLE • COMPTABILITE FINANCIERE • GRAND LIVRE • ÉCRITURE • PIECES DE REFERENCE • PIECES PERIODIQUES (FBD1)

Création de pièces périodiques

Plutôt que de naviguer jusqu'à la transaction des pièces périodiques en passant par le menu, vous pouvez saisir **FBD1** dans la zone de commande, puis appuyer sur `Entrée` pour accéder directement à l'écran de création d'écritures périodiques.

2. Saisissez les données relatives à la périodicité (Figure 2.51), l'en-tête de la pièce et le premier poste, puis appuyez sur `Entrée` une fois que vous avez terminé. Le débit (clé de comptabilisation ou CC 40) pour le compte de charge 433000 est la première donnée que nous saisissons dans notre exemple.

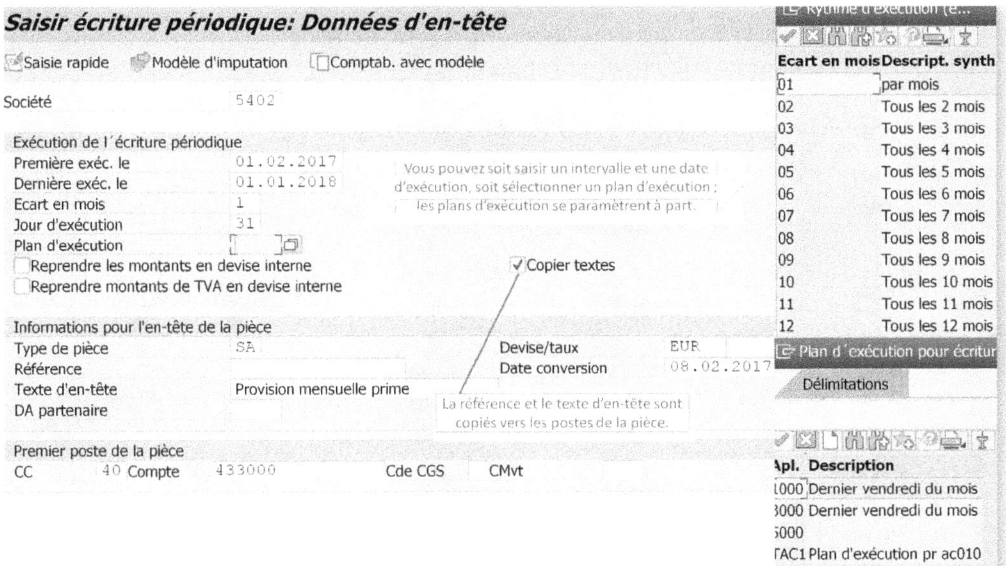

Figure 2.51 : Création de pièces périodiques, étape 2

3. Saisissez la somme à débiter (clé de comptabilisation ou CC 40). Dans la section PREMIER POSTE DE LA PIECE, saisissez la clé de

comptabilisation (ou CC) **50** (crédit) et le compte à provisionner **204000**, puis cliquez sur pour enregistrer (Figure 2.52).

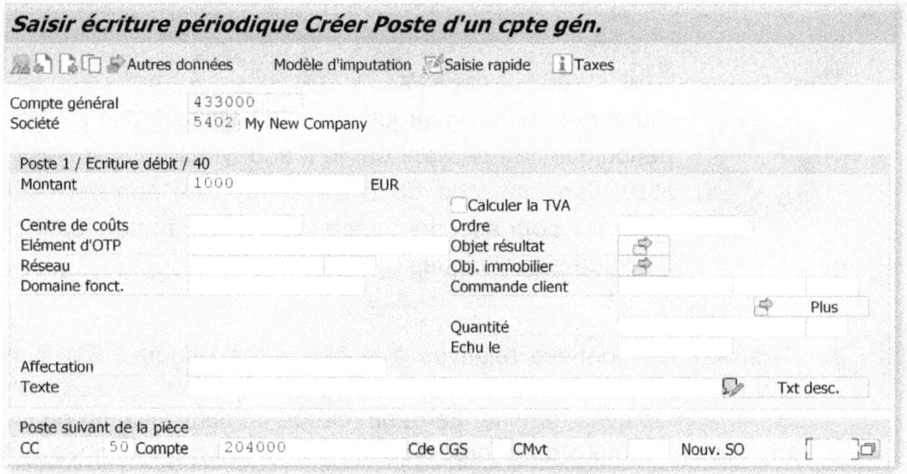

Figure 2.52 : Création de pièces périodiques, étape 3

4. Saisissez le montant de l'écriture à passer au crédit (Figure 2.53), puis cliquez sur pour enregistrer.

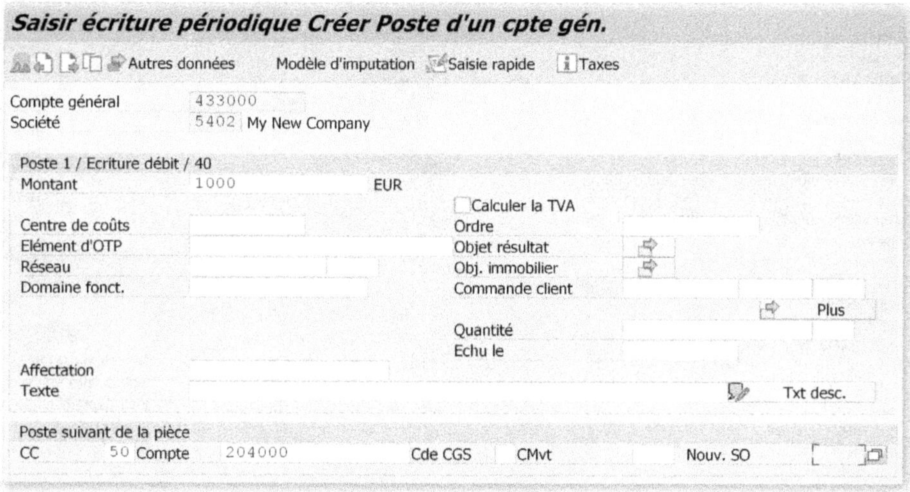

Figure 2.53 : Création de pièces périodiques, étape 4

5. La pièce périodique est à présent enregistrée (Figure 2.54).

Pièce 9000000000 sauvegardée dans société 5402

Figure 2.54 : Création de pièces périodiques, étape 5

Affichage des pièces périodiques

Maintenant que notre pièce périodique est enregistrée, nous pouvons exécuter la transaction F.14 chaque mois pour créer l'écriture. Mais avant d'exécuter l'écriture, nous devons nous pencher sur le statut de notre pièce périodique. Comme nous avons créé une pièce périodique avec une date de première exécution au 01/01/2014, nous devons d'abord exécuter l'écriture pour la période 1, puis pour toutes les périodes suivantes jusqu'à la période comptable actuelle.

Pour déterminer quelle période doit ensuite être traitée, nous pouvons utiliser la transaction FBD3 pour afficher la pièce périodique.

1. Dans le menu SAP Easy Access, suivez le chemin suivant :

   GESTION COMPTABLE • COMPTABILITE FINANCIERE • GRAND LIVRE • PIECE • PIECES DE REFERENCE • PIECES PERIODIQUES • AFFICHER (FBD3)

Afficher des pièces périodiques

Plutôt que de naviguer jusqu'à l'écran PIECE PERIODIQUE à l'aide du menu, vous pouvez saisir **FBD3** dans la zone de commande, puis appuyer sur **Entrée** pour accéder directement à l'écran.

2. Saisissez le numéro de pièce et la société (Figure 2.55), puis cliquez sur ✔ dans la barre de menu en haut de l'écran.

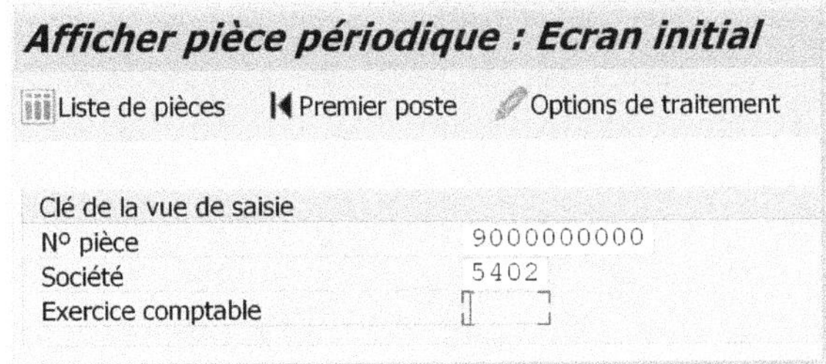

Figure 2.55 : Affichage des pièces périodiques, étape 2

3. Dans la barre de menu, sélectionnez SAUT, puis DONNEES ECRITURE PERIODIQUE (Figure 2.56).

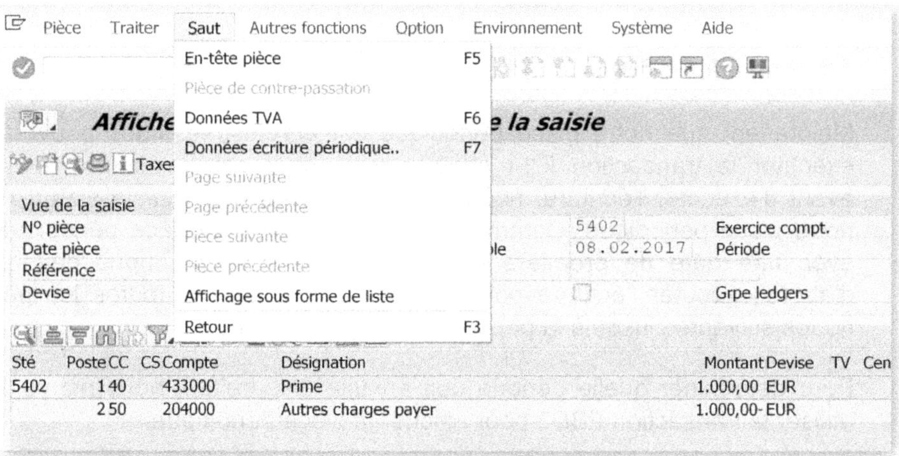

Figure 2.56 : Affichage des pièces périodiques, étape 3

4. Remarquez que la prochaine exécution est prévue pour le 28/02/2017 (Figure 2.57), ce qui veut dire que pour traiter l'écriture périodique, elle doit d'abord être exécutée pour le 28/02/2017, à moins que la pièce périodique ne soit modifiée pour changer la date de première exécution.

Afficher pièce périodique : Données pce période.

N° pièce	9000000000
Société	5402
Exercice comptable	2017
Exécution de l'écriture périodique	
Première exéc. le	01.02.2017
Dernière exéc. le	01.01.2018
Prochaine exécution le	28.02.2017
Ecart en mois	1
Jour d'exécution	31
Plan d'exécution	
Nombre d'exécutions	0
☐ Code de suppression	
Pilotage	
☐ Reprendre les montants en devise interne	
☐ Reprendre montants de TVA en devise interne	
☑ Copier textes	

Figure 2.57 : Affichage des pièces périodiques, étape 4

Créer des écritures pour les pièces périodiques

Nous allons à présent enregistrer la pièce périodique pour la période 1.

1. Dans le menu SAP Easy Access, suivez le chemin suivant :

   GESTION COMPTABLE • COMPTABILITE FINANCIERE • GRAND LIVRE • TRAITEMENTS PERIODIQUES • ÉCRITURES PERIODIQUES • EXECUTER (F.14)

Comptabilisation des pièces périodiques

Plutôt que de naviguer jusqu'à la fonction d'exécution des écritures périodiques à l'aide du menu, vous pouvez saisir **F.14** dans la zone de commande et appuyer sur Entrée pour accéder directement à l'écran d'enregistrement des écritures périodiques.

2. Saisissez un critère de sélection pour notre pièce test. Remarquez que la période de décompte est une zone obligatoire et qu'elle doit concorder avec la date indiquée sous PROCHAINE EXECUTION LE, tel qu'il est montré Figure 2.57. La pièce périodique est envoyée dans un dossier batch input (Figure 2.58).

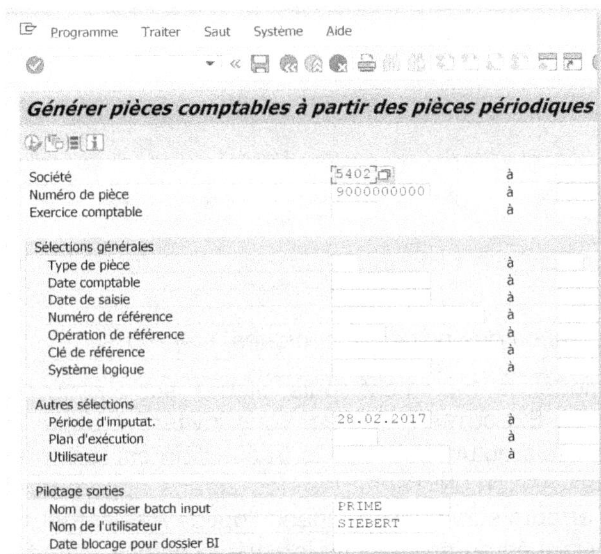

Figure 2.58 : Comptabilisation des pièces périodiques, étape 2

3. La pièce est transférée vers un dossier batch input nommé dans la section PILOTAGE SORTIES, et un message de confirmation s'affiche (Figure 2.59).

Le dossier PRIME a été créé

Figure 2.59 : Comptabilisation des pièces périodiques, étape 3

4. Pour traiter le dossier batch input, suivez le chemin suivant à l'aide du menu SAP Easy Access : OUTILS • ADMINISTRATION • MONITEUR • BATCH INPUT (SM35)

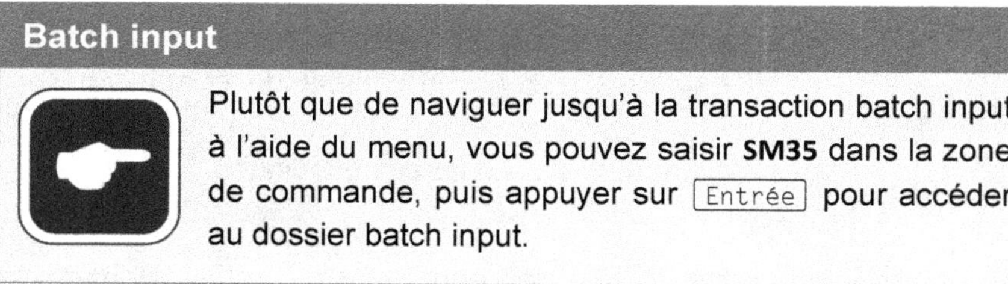

Batch input

Plutôt que de naviguer jusqu'à la transaction batch input à l'aide du menu, vous pouvez saisir **SM35** dans la zone de commande, puis appuyer sur `Entrée` pour accéder au dossier batch input.

5. Sélectionnez le dossier batch input, puis cliquez sur EXECUTER dans la barre de menu (Figure 2.60).

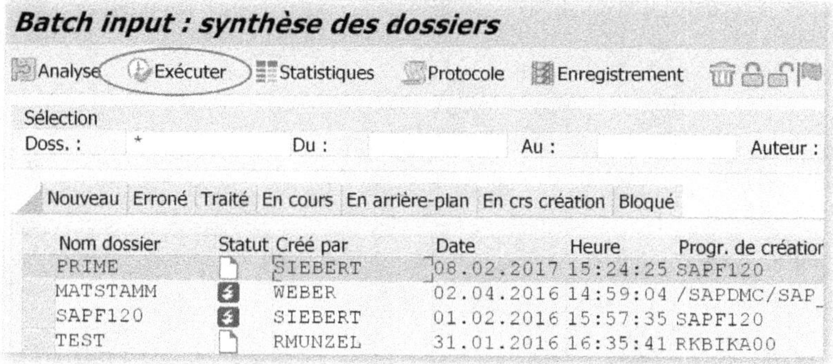

Figure 2.60 : Comptabilisation des pièces périodiques, étape 5

6. Sélectionnez un mode de traitement, puis cliquez sur EXECUTER (Figure 2.61). L'option EXECUTER A L'ÉCRAN vous invitera à appuyer sur `Entrée` chaque fois qu'un écran de la transaction est exécuté. Si vous sélectionnez AFFICH.UNIQ.ERREURS, les écrans apparaîtront uniquement si des erreurs surviennent. Quand l'option ARRIERE-PLAN est sélectionnée, aucun écran ne s'affiche lorsque le batch est traité.

Nous sélectionnons AFFICH.UNIQ.ERREURS de façon à pouvoir effectuer des corrections pendant le traitement du batch, si nécessaire.

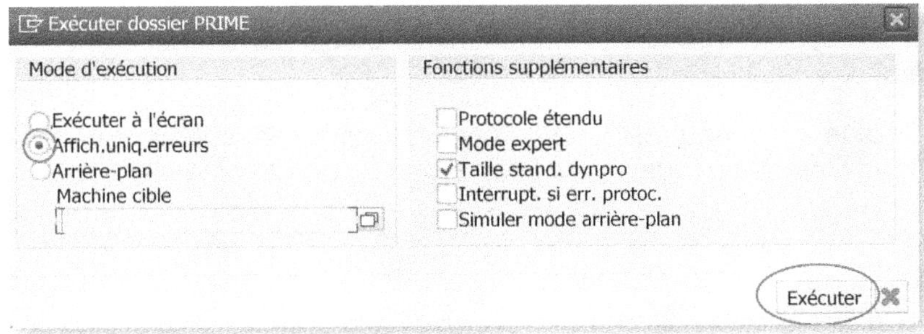

Figure 2.61 : Comptabilisation des pièces périodiques, étape 6

7. Aucune erreur n'apparaissant lors du traitement du batch, nous cliquons sur TERMINER BATCH INPUT (Figure 2.62).

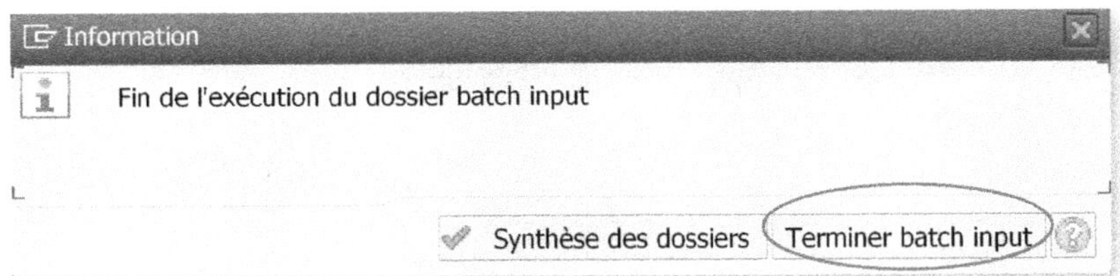

Figure 2.62 : Comptabilisation des pièces périodiques, étape 7

8. Dans les sections 2.3.6 et 2.3.8, nous passerons en revue les pièces comptabilisées dans un listing. Dans l'aperçu montré Figure 2.63, nous voyons que notre pièce périodique a été comptabilisée en tant que pièce numéro 100000005.

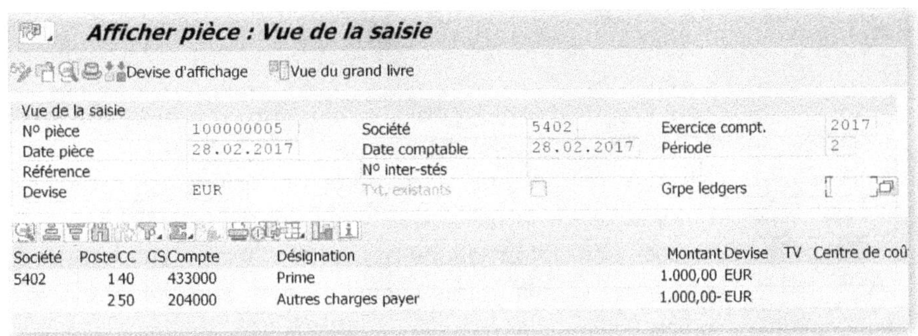

Figure 2.63 : Comptabilisation des pièces périodiques, étape 8

2.3.6 FB03 : Affichage de pièces de compte général

Dans certaines situations, il se peut que nous ayons besoin de revenir sur une pièce enregistrée précédemment. Soit nous connaissons son numéro, soit nous ne le connaissons pas.

1. À l'aide du menu SAP Easy Access, suivez le chemin suivant : COMPTABILITE FINANCIERE • GRAND LIVRE • PIECE • AFFICHER (FB03)

Affichage des pièces comptables

Plutôt que de naviguer jusqu'à la transaction d'affichage de la pièce, vous pouvez saisir **FB03** dans la zone de commande, puis appuyer sur `Entrée` pour accéder à la transaction d'affichage de la pièce.

2. Sélectionnez LISTE DE PIECES pour afficher une liste de pièces (Figure 2.64).

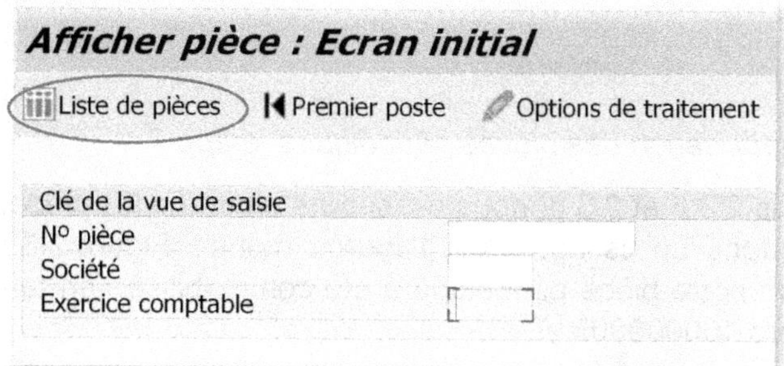

Figure 2.64 : Afficher une pièce comptable, étape 2

Affichage des pièces comptables

Si vous connaissez le numéro, la société et l'exercice comptable de la pièce que vous souhaitez afficher, saisissez ces informations dans les zones SÉLECTIONS GÉNÉRALES, puis appuyez sur `Entrée` pour récupérer la pièce.

3. Saisissez le critère de filtrage de sélection des pièces, puis cliquez sur pour que le filtrage s'effectue (Figure 2.65).

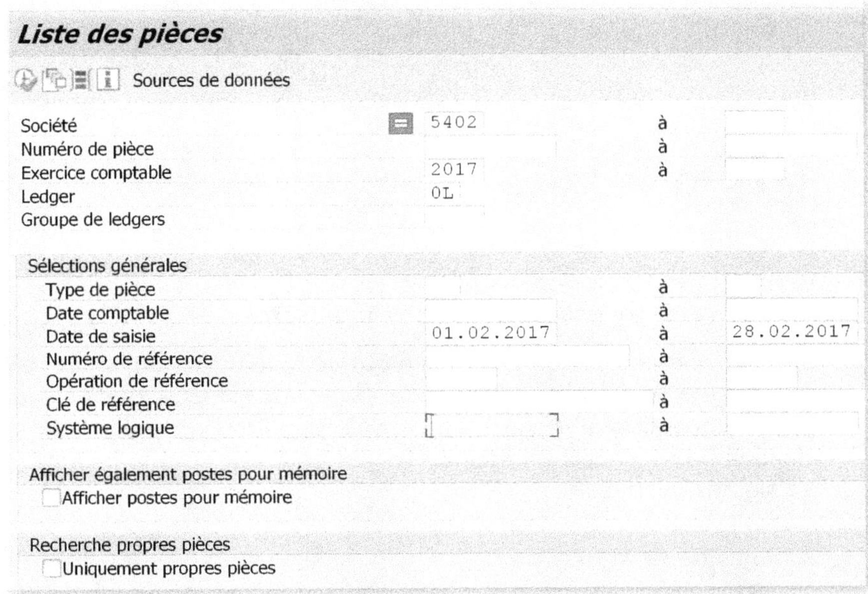

Figure 2.65 : Afficher une pièce comptable, étape 3

4. Dans la liste de documents (Figure 2.66), double-cliquez sur une pièce ou sélectionnez le document et choisissez pour afficher les détails.

Figure 2.66 : Afficher une pièce comptable, étape 4

5. La pièce s'affiche (Figure 2.67).

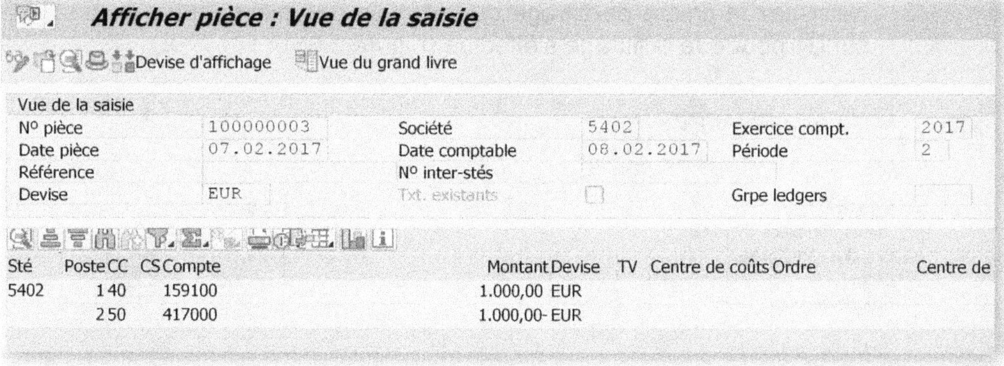

Afficher pièce : Vue de la saisie

Devise d'affichage   Vue du grand livre

Vue de la saisie

N° pièce	100000003	Société	5402	Exercice compt.	2017
Date pièce	07.02.2017	Date comptable	08.02.2017	Période	2
Référence		N° inter-stés			
Devise	EUR	Txt. existants		Grpe ledgers	

Sté	Poste	CC	CS	Compte	Montant	Devise	TV	Centre de coûts	Ordre	Centre de
5402	1		40	159100	1.000,00	EUR				
	2		50	417000	1.000,00-	EUR				

Figure 2.67 : Afficher une pièce comptable, étape 5

6. Pour afficher les détails d'un poste quelconque, faites un double-clic sur la ligne ou sélectionnez le poste et cliquez sur . Les détails du poste apparaissent (Figure 2.68). Sélectionnez l'icône RETOUR dans la barre d'outils en haut de l'écran pour revenir à la fenêtre de saisie des données.

Afficher pièce : Poste 001

Autres données

Compte général 159100
Société 5402 My New Company
N° pièce 100000003

Poste 1 / Ecriture débit / 40
Montant 1.000,00 EUR

Imputations supplémentaires
Segment
Centre prof.   CtreProfPa
Plus
Date valeur   Date de base
Rapprochement 08.02.2017 100000004
Affectation 20170208
Texte   Txt.desc.

Figure 2.68 : Afficher une pièce comptable, étape 6

7. Pour revoir les informations d'en-tête de la pièce, cliquez sur (Figure 2.69).

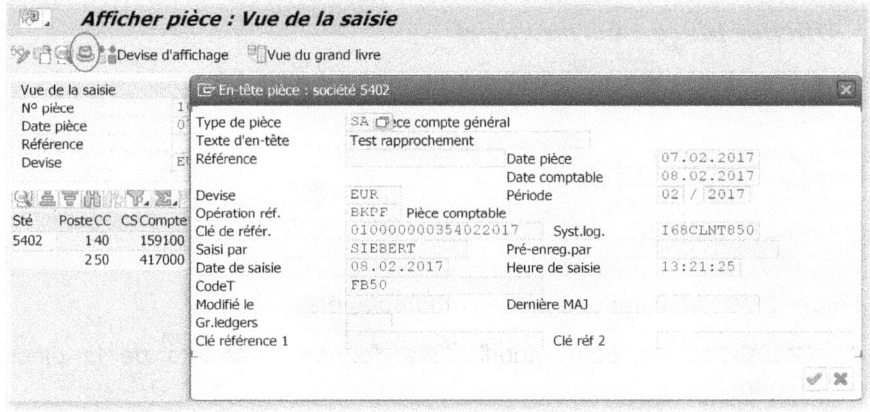

Figure 2.69 : Afficher une pièce comptable, étape 7

2.3.7 FB02/FB09 : Modifier une pièce de compte général

La possibilité de modifier des pièces de compte général est limitée à certaines zones telles que l'affectation, l'en-tête ou le texte du poste, et les numéros de référence. Les montants portés sur les pièces de compte général ne peuvent être modifiés. Découvrons comment procéder pour modifier l'en-tête et un poste individuel à l'aide de la transaction FB02.

1. À l'aide du menu SAP Easy Access, suivez le chemin suivant : COMPTABILITE FINANCIERE • GRAND LIVRE • PIECE • MODIFIER (FB02)

Modification de pièces de compte général

Plutôt que de naviguer jusqu'à la transaction de modification de pièce à l'aide du menu, vous pouvez saisir **FB02** dans la zone de commande, puis appuyer sur la touche `Entrée` pour accéder à l'écran MODIFIER PIECE.

2. Saisissez le numéro de pièce **100000003**, la société **5402** et l'exercice comptable **2014**, puis cliquez sur ✅ pour modifier votre pièce (Figure 2.70). Autre possibilité : nous pouvons sélectionner Liste de pièces comme montré Figure 2.64, puis choisir une pièce à modifier dans la liste qui s'affiche alors.

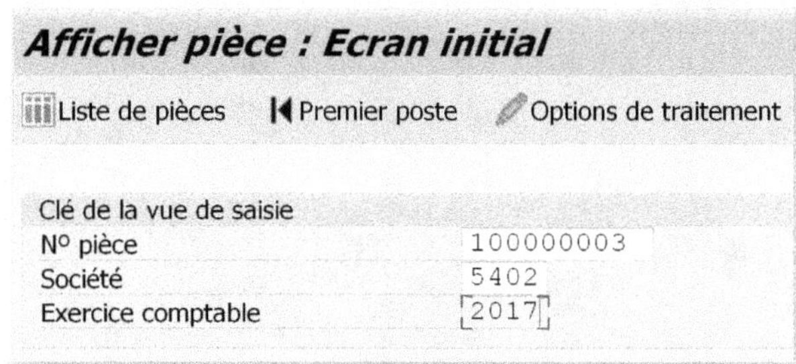

Figure 2.70 : Modifier une pièce comptable, étape 2

3. Choisissez [icône] pour modifier les données d'en-tête de la pièce (Figure 2.71).

Modifier pièce : Vue de la saisie

Devise d'affichage

Vue de la saisie

N° pièce	100000003	Société	
Date pièce	07.02.2017	Date comptable	
Référence		N° inter-stés	
Devise	EUR	Txt. existants	

Figure 2.71 : Modifier une pièce comptable, étape 3

Modifions à présent le texte de référence. Saisissez un nouveau texte, puis cliquez sur [icône] pour poursuivre (Figure 2.73).

4. Maintenant que nous avons modifié le texte d'en-tête, nous pouvons modifier le texte du poste pour le compte de charge (Figure 2.74). Sélectionnez la ligne, puis cliquez sur [icône] ou faites tout simplement un double-clic sur la ligne.
5. Saisissez les modifications souhaitées, puis cliquez sur [icône] pour enregistrer (Figure 2.75).
6. Un message confirme que les modifications ont été enregistrées (Figure 2.72).

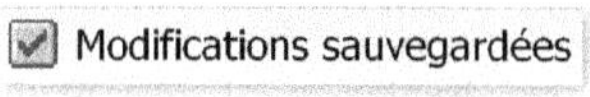

Modifications sauvegardées

Figure 2.72 : Modifier une pièce comptable, étape 7

En-tête pièce : société 5402

Type de pièce	SA Pièce compte général		
Texte d'en-tête	Test rapprochement		
Référence		Date pièce	07.02.2017
		Date comptable	08.02.2017
Devise	EUR	Période	02 / 2017
Opération réf.	BKPF Pièce comptable		
Clé de référ.	0100000000354022017	Syst.log.	I68CLNT850
Saisi par	SIEBERT	Pré-enreg.par	
Date de saisie	08.02.2017	Heure de saisie	13:21:25
CodeT	FB50		
Modifié le		Dernière MAJ	
Gr.ledgers			
Clé référence 1		Clé réf 2	

Figure 2.73 : Modifier une pièce comptable, étape 4

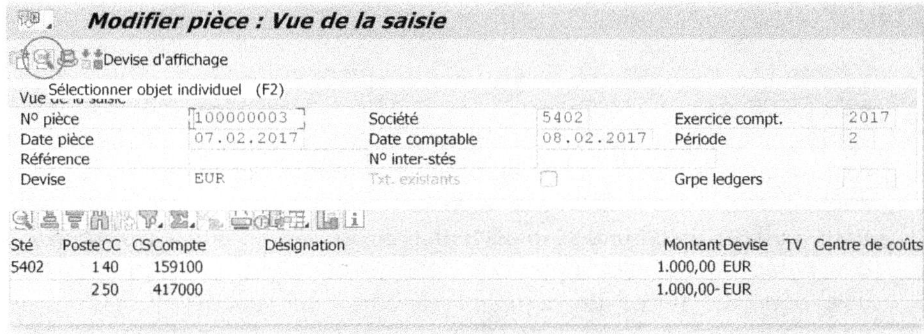

Figure 2.74 : Modifier une pièce comptable, étape 5

Modifier pièce : Poste 002

Autres données

Compte général	417000	
Société	5402 My New Company	
		N° pièce 100000003

Poste 2 / Ecriture crédit / 50

Montant	1.000,00	EUR
Code TVA		

Imputations supplémentaires

Centre de coûts		Ordre	
Elément d'OTP		Objet résultat	
Réseau		Obj. immobilier	
Domaine fonct.		Commande client	0 0
Région spéciale		1) Saisir le texte modifié	Plus
Quantité	0,000		
Affectation			
Texte	Saisir la modification pour le poste individuel		Txt.desc.

Figure 2.75 : Modifier une pièce comptable, étape 6

Plutôt que de naviguer jusqu'au poste à modifier en passant par l'en-tête, vous pouvez vous y rendre directement.

À l'aide du menu SAP Easy Access, suivez le chemin suivant : COMPTABILITÉ FINANCIÈRE • GRAND LIVRE • PIÈCE • MODIFIER POSTE (FB09).

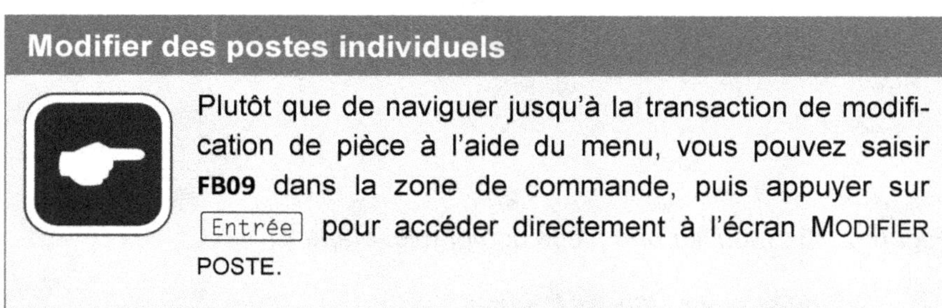

Modifier des postes individuels

Plutôt que de naviguer jusqu'à la transaction de modification de pièce à l'aide du menu, vous pouvez saisir **FB09** dans la zone de commande, puis appuyer sur [Entrée] pour accéder directement à l'écran MODIFIER POSTE.

L'écran MODIFIER POSTES PIÈCE est quasiment identique à l'écran MODIFIER PIÈCE (Figure 2.70). Vous pouvez sélectionner Liste de pièces pour trouver les pièces ou saisir les détails de la pièce, puis cliquer sur ✓ dans la barre d'outils en haut de l'écran pour vous rendre directement à la pièce souhaitée. Si vous connaissez le poste, vous pouvez également le saisir. Vous pouvez aussi choisir d'afficher uniquement les postes associés à des types de comptes généraux spécifiques. Cette fonction peut être utile pour les pièces de comptes généraux sur lesquelles figurent de nombreux postes et pour lesquelles seul un type de compte spécifique a besoin d'être modifié.

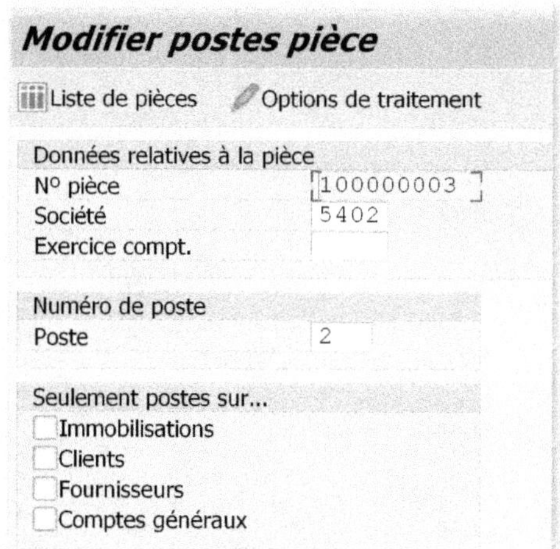

Figure 2.76 : Afficher/modifier des postes individuels

2.3.8 FAGLL03 : Listing des postes individuels

Vous aurez souvent besoin de faire la liste des tous les postes d'un compte ou d'un groupe de comptes donné. À l'aide du menu SAP Easy Access, suivez le chemin suivant :

COMPTABILITÉ FINANCIÈRE • GRAND LIVRE • COMPTE • AFFICHER SOLDES (NOUVEAUX)

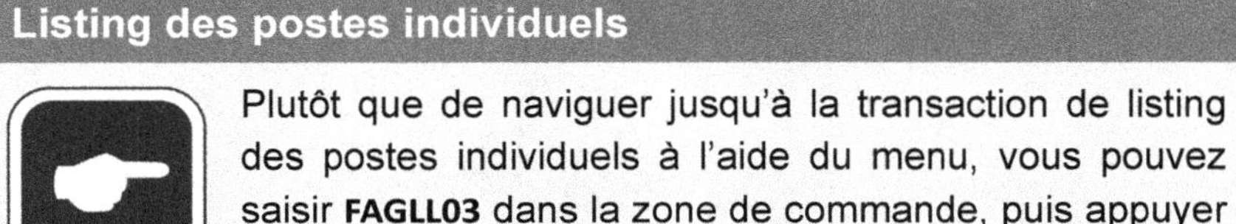

Listing des postes individuels

Plutôt que de naviguer jusqu'à la transaction de listing des postes individuels à l'aide du menu, vous pouvez saisir **FAGLL03** dans la zone de commande, puis appuyer sur `Entrée` pour accéder à l'écran.

Sur l'écran de sélection, vous pouvez saisir le critère de sélection des postes que vous souhaitez afficher. Dans l'exemple montré Figure 2.77, nous demandons une liste des pièces enregistrées dans tous les comptes dont le numéro se situe entre **100000** et **299999** dans la société **5402**.

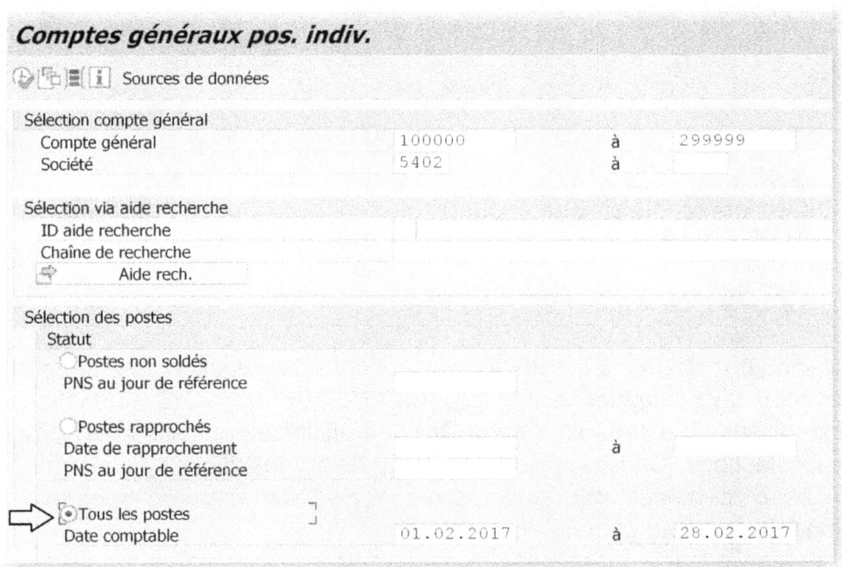

Figure 2.77 : Affichage des postes individuels des comptes généraux, sélection des pièces

Après avoir saisi le critère de sélection, cliquez sur ⊕ pour afficher la liste des pièces, comme montré Figure 2.78.

Comptes généraux pos. indiv.

St	Affectation	N° pièce	Type pce	Date pièce	CC	Mtant en DI	Dev.I	Pièce rappr.	Texte
	20170208	100000003	SA	07.02.2017	40	1.000,00	EUR	100000004	
	20170208	100000004	SA	08.02.2017	50	1.000,00-	EUR	100000004	Test comptabilisation avec rapprochement
						0,00	**EUR**		
Compte 159100							**EUR**		
	20170208	100000000	SA	07.02.2017	50	1.000,00-	EUR		Modification frais de véhicule Jean Dupont
	20170208	100000001	SA	07.02.2017	50	3.000,00-	EUR		Modification frais de véhicule Sylvie Durand
	20170208	100000002	SA	07.02.2017	50	4.000,00-	EUR		Modification frais de véhicule Sylvie Durand
						8.000,00-	**EUR**		
Compte 165099							**EUR**		
	20170228	100000005	SA	28.02.2017	50	1.000,00-	EUR		
						1.000,00-	**EUR**		
Compte 204000							**EUR**		
						9.000,0	**EUR**		

Figure 2.78 : Affichage de postes individuels de comptes généraux

Sélections personnalisées

Vous aurez peut-être besoin de critères d'affichage bien spécifiques. Vous disposez de critères de filtrage complémentaires que vous pouvez faire apparaître en sélectionnant l'icône SÉLECTIONS libres (Figure 2.79).

Comptes généraux pos. indiv.

Sources de données

Sélections définies par l'utilisateur (Maj+F4)

Compte général	100000	à	299999
Société	5402	à	

Figure 2.79 : Icône SÉLECTIONS libres

Quand vous cliquez sur cette icône, un écran de sélection libre apparaît. Le volet de navigation sur la gauche affiche diverses caractéristiques regroupées en catégories et pouvant être utilisées pour affiner le filtrage des sélections. Certaines caractéristiques sont spécifiques aux données de base, certaines aux sociétés du grand livre, d'autres encore aux postes du compte général en question.

Quand vous sélectionnez des caractéristiques en faisant un double-clic, elles apparaissent sur la partie droite de l'écran pour vous permettre d'entrer le critère de sélection. Dans l'exemple Figure 2.80, une seule caractéristique a été sélectionnée : affectation. Vous pouvez cependant en sélectionner plusieurs si vous le souhaitez.

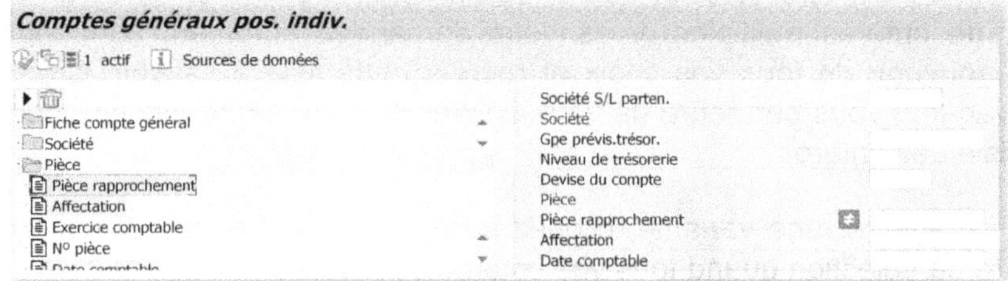

Figure 2.80 : Sélections personnalisables disponibles

Une fois que vous avez effectué votre sélection, cliquez sur [icône] pour revenir au premier écran. Vous remarquerez à droite de l'icône de personnalisation de la sélection un indicateur spécifiant qu'une sélection personnalisée est active (Figure 2.81) :

Comptes généraux pos. indiv.

1 actif | Sources de données

Sélection compte général

Compte général	100000	à	299999
Société	5402	à	

Figure 2.81 : Sélection personnalisée active

Si vous sélectionnez l'icône EXÉCUTER [icône], seules les pièces se conformant à tous les critères de filtrage, critères personnalisés inclus, s'affichent (Figure 2.82).

Comptes généraux pos. indiv.

St	Affectation	N° pièce	DomA	Type pce	Date pièce	CC	Montant en devise interne	Dev.I	TV	Pièce rappr.
	20170208	100000003		SA	07.02.2017	40	1.000,00	EUR		100000004
	20170208	100000004		SA	08.02.2017	50	1.000,00-	EUR		100000004
							0,00	**EUR**		
Compte 159100							**0,00**	**EUR**		
							0,00	**EUR**		

Figure 2.82 : Listing de postes individuels, sélections personnalisables

Créer des variantes

Maintenant que vous avez vu à quel point l'outil de personnalisation des sélections peut être utile, et que vous aurez peut-être créé une vue à partir de critères multiples, vous vous demandez sûrement comment vous souvenir de tous vos choix et recréer cette liste à l'avenir. Créer une variante vous permettra de vous passer de cette étape ainsi que de la saisie des critères.

Pour enregistrer une variante, cliquez sur l'icône 🖫 (Figure 2.83) de la fenêtre de sélection quand tous vos critères sont saisis.

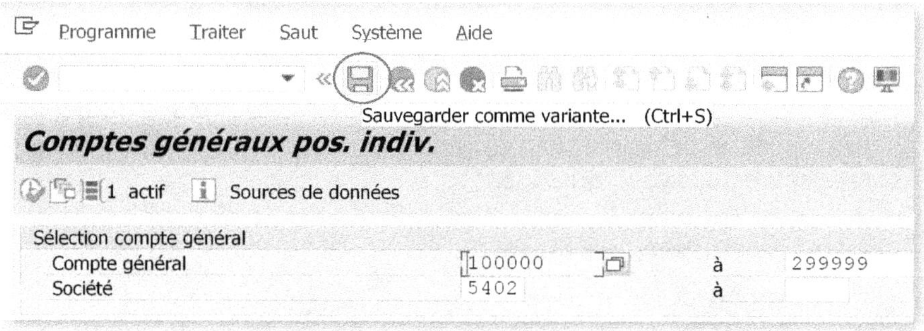

Figure 2.83 : Créer une variante

Sur l'écran ATTRIBUTS DE VARIANTE, saisissez le nom de votre variante ainsi que sa description (ou signification), puis cliquez sur 🖫 pour l'enregistrer (Figure 2.84).

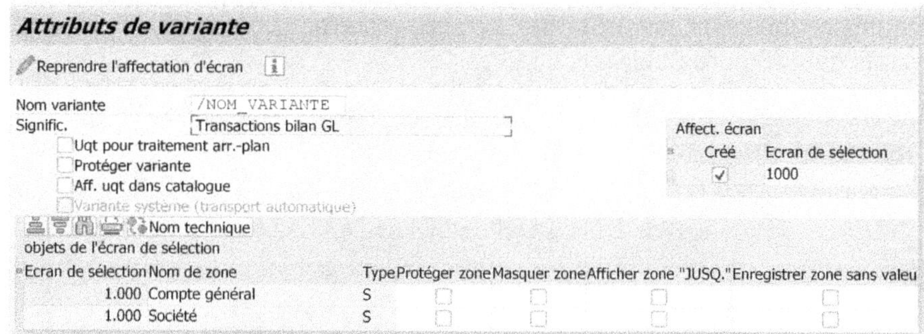

Figure 2.84 : Enregistrement du nom de la variante et de sa description

La prochaine fois que vous lancerez la transaction, cliquez sur ⧉ pour récupérer votre variante (Figure 2.85). Quand la liste des variantes apparaît, sélectionnez la vôtre, puis cliquez sur ✅. Vos critères de sélection apparaîtront et vous pourrez exécuter la transaction. Il vous faudra peut-être procéder à des modifications mineures (changer une plage de dates par exemple) avant de lancer l'exécution.

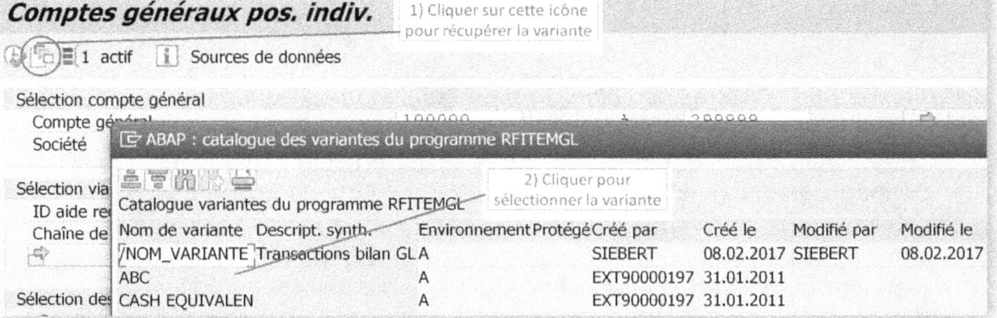

Figure 2.85 : Récupération d'une variante

2.3.9 FAGLB03 : Affichage des soldes

Il existe une autre transaction pratique vous permettant de consulter le solde d'un compte sur toutes les périodes comptables. À l'aide du menu SAP Easy Access, suivez le chemin suivant :

GESTION COMPTABLE • COMPTABILITÉ FINANCIÈRE • GRAND LIVRE • COMPTE • AFFICHER SOLDES (NOUVEAUX)

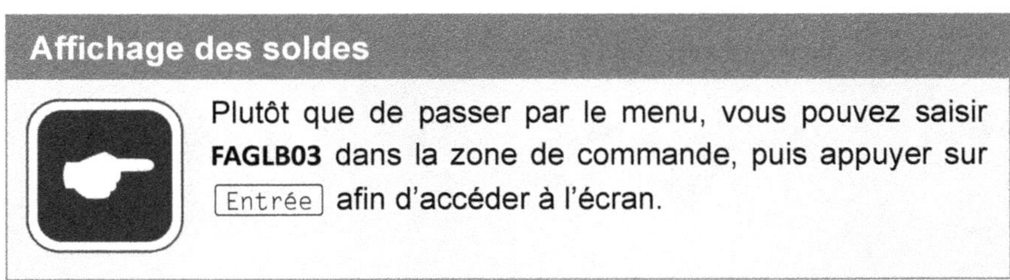

Affichage des soldes

Plutôt que de passer par le menu, vous pouvez saisir **FAGLB03** dans la zone de commande, puis appuyer sur `Entrée` afin d'accéder à l'écran.

Saisissez les critères de sélection, puis cliquez sur 🕒 pour lancer l'exécution (Figure 2.86).

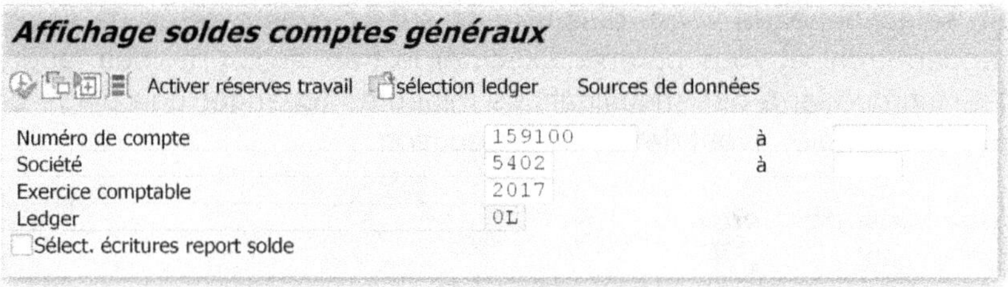

Figure 2.86 : Critères de sélection pour l'affichage des soldes

Le total des débits et des crédits, le solde et le solde cumulé de chaque période comptable s'affichent (Figure 2.87). Si vous avez sélectionné plusieurs comptes, vous pouvez consulter les comptes individuels. Si votre environnement est configuré de sorte à accepter plusieurs devises (aspect non couvert par ce livre), vous pouvez sélectionner l'icône des devises pour afficher les différentes devises.

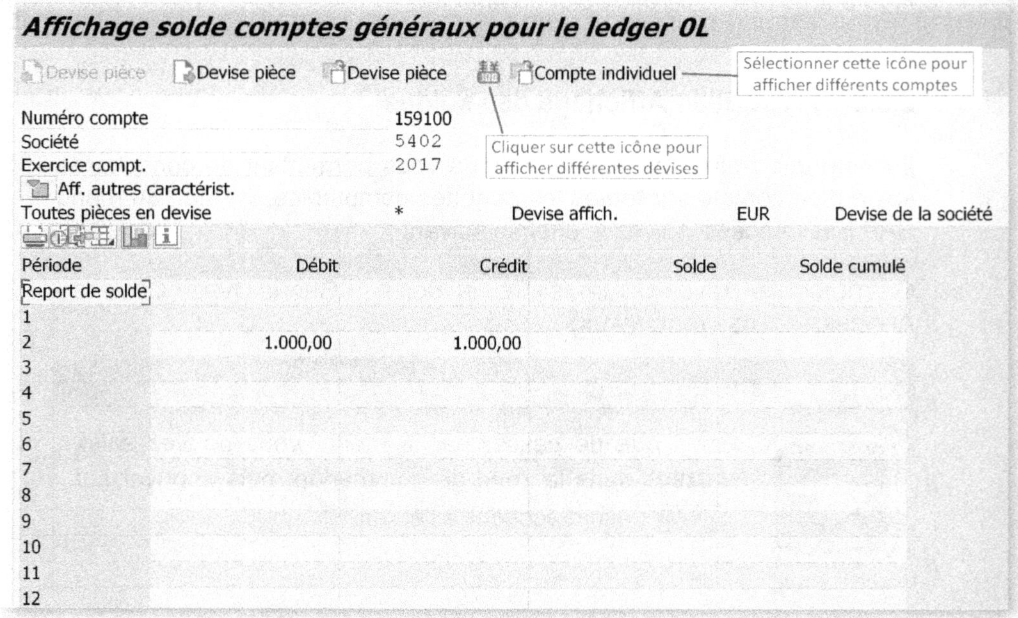

Période	Débit	Crédit	Solde	Solde cumulé
Report de solde				
1				
2	1.000,00	1.000,00		
3				
4				
5				
6				
7				
8				
9				
10				
11				
12				

Figure 2.87 : Situation d'un compte général

2.3.10 Autres états du grand livre SAP

Accéder au système d'information des comptes généraux SAP

Nous avons vu différentes transactions qui nous permettent de consulter les données de base et les transactions SAP pour le grand livre. Le système SAP propose des dizaines d'autres transactions permettant d'établir des états et rapports, et un livre entier pourrait leur être consacré. En vous aidant des fonctions de base décrites ci-dessus permettant de saisir des critères de recherche, d'utiliser des fonctions de personnalisation des sélections et de créer des variantes, vous pouvez vous lancer à la découverte des nombreux états disponibles afin de trouver ceux qui conviennent le mieux à vos besoins. Les états se trouvent dans le menu SYSTÈME D'INFORMATION. Remarquez qu'il existe plusieurs sous-menus répertoriant les états.

Par exemple, dans le menu SAP Easy Access, suivez le chemin suivant :

GESTION COMPTABLE • COMPTABILITÉ FINANCIÈRE • GRAND LIVRE • SYSTÈME D'INFORMATION • MESSAGES VERS GRAND LIVRE (NOUVEAUX) • DONNÉES DE BASE • LISTE DES COMPTES GÉNÉRAUX – REQUÊTE (S_ALR_87012333)

Liste des comptes généraux

Plutôt que d'utiliser le menu, vous pouvez saisir **S_ALR_87012333** dans la zone de commande, puis appuyer sur `Entrée` pour accéder à l'écran.

Même s'il l'on a à notre disposition de nombreuses options de sélection et de nombreux formats de sortie, nous nous contenterons pour notre exemple de choisir la société et un affichage sous forme de tableau (Figure 2.88) :

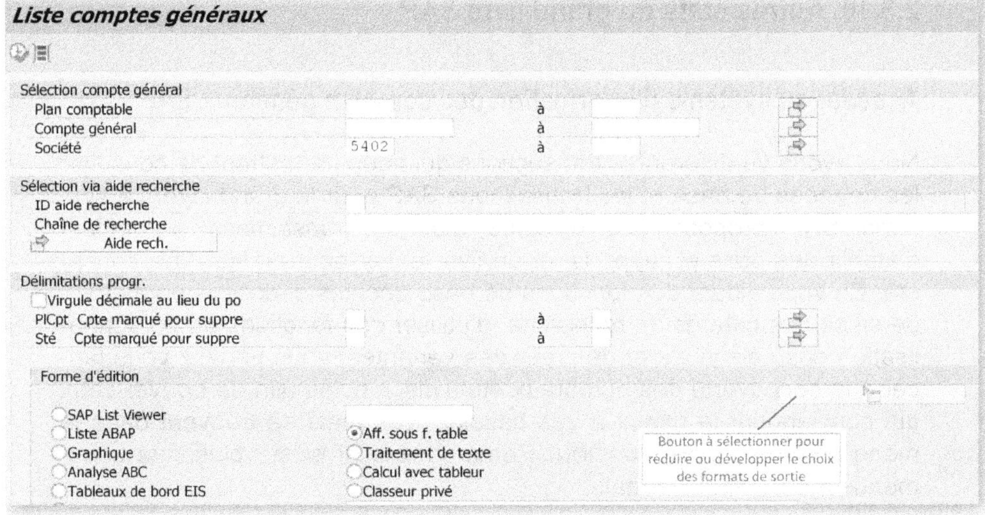

Figure 2.88 : Sélection de la liste des comptes généraux

La liste des comptes généraux s'affiche (Figure 2.89).

Liste comptes généraux

ALV Etendu ABC EIS Délimi

Liste comptes généraux

PlCp	Compte géné...	Soci...	Texte descriptif	S	S
INT1	474290	5402	Travel Expenses loan		X
INT1	433000	5402	Prime		
INT1	474245	5402	Frais de déplacement, location de voiture		
INT1	474240	5402	Frais de déplacement, autres		
INT1	204000	5402	Autres charges à payer		

Figure 2.89 : Liste des comptes généraux

Ce chapitre vous a offert une vision d'ensemble du module Grand livre de SAP. En vous appuyant sur cet ouvrage, vous devriez pouvoir entrer des données de base et exécuter des transactions fondamentales dans le grand livre.

2.4 Exercices

2.4.1 Ajoutez un compte général (compte de charge)

N° de compte	474272
Désignation	Indemnités kilométriques, péages
Numéro de compte du groupe	312400
Groupes de statuts de zone	G069

Tableau 2.3 : Détails du nouveau compte général

2.4.2 Passez une écriture incluant le nouveau compte de charge

Compte au débit 474 272, 50 EUR

Compte au crédit 165 099, 50 EUR

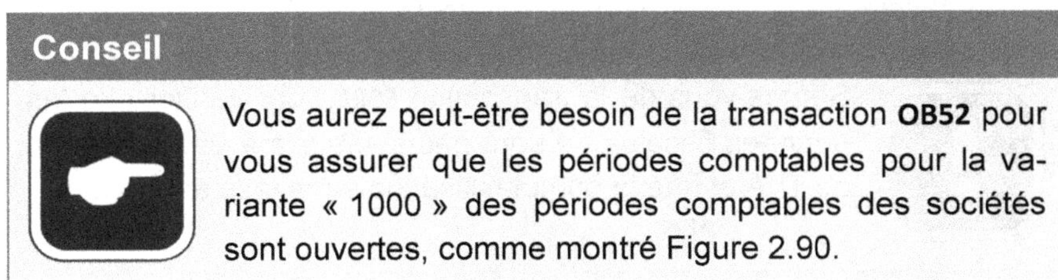

Conseil

Vous aurez peut-être besoin de la transaction **OB52** pour vous assurer que les périodes comptables pour la variante « 1000 » des périodes comptables des sociétés sont ouvertes, comme montré Figure 2.90.

Modifier vue "Périodes comptables : définir périodes" : synthèse

Nouvelles entrées

Var. periodes compt. 1000

Périodes comptables : définir périodes

T	Du compte	Au compte	De pér. 1	Exer	A pér. 1	Exer	GrAu	De pér. 2	Ex.	A pér. 2	Ex.
+			1	2011	12	2017		1	2014	12	2016
A		ZZZZZZZZZZ	1	2011	12	2017		1	2014	12	2016
D		ZZZZZZZZZZ	1	2011	12	2017		1	2014	12	2016
K		ZZZZZZZZZZ	1	2011	12	2017		1	2014	12	2016
M		ZZZZZZZZZZ	1	2011	12	2017		1	2014	12	2016
S		ZZZZZZZZZZ	1	2011	12	2017		1	2014	12	2016
V			1	2011	12	2017		1	2014	12	2016

Figure 2.90 : OB52 – périodes comptables

2.4.3 Ajoutez un compte général de postes non soldés

Compte :	159105 – créances liées au personnel
Désignation :	créances liées au personnel
Clé de tri :	001
Numéro de compte du groupe :	125300
Groupes de statuts de zone :	G019

2.4.4 Passez une écriture dans le nouveau compte de postes non soldés

Montant de l'écriture :	1 000 débit
Devise :	EUR
Compte de contrepartie :	474250

Attention

Servez-vous de la transaction **FS00** pour vérifier que les données fiscales ne sont pas soumises à une catégorie de TVA et que la comptabilisation sans taxe est permise.

2.4.5 Procédez à la comptabilisation avec rapprochement pour rapprocher le poste comptabilisé ci-dessus

Imputez le poste au compte 110000.

2.4.6 Affichez les pièces comptabilisées

3 Premiers pas dans la comptabilité clients SAP

Ce chapitre aborde la configuration et les données de base requises pour la gestion de la comptabilité clients. Nous vous présenterons également certains des codes de transaction permettant de passer des écritures dans les comptes clients, factures et avoirs inclus. Vous apprendrez comment appliquer les paiements clients de façon à rapprocher les postes clients non soldés. Ce chapitre traitera également de certains des états à disposition pour les comptes clients.

3.1 Qu'est-ce que le module de comptabilité clients SAP (AR) ?

Dans notre présentation de la comptabilité au début du chapitre 2, nous avons expliqué que les comptes généraux permettaient aux entreprises d'enregistrer leurs opérations de sorte à pourvoir présenter des états et rapports sur leur activité sous forme de *compte de résultat* ou *pertes et profits*, ou de présenter la valeur nette d'une entreprise à l'aide d'un *bilan*.

Quand l'opération comptable implique un client, par exemple dans le cas d'une facture envoyée à un client pour une vente, l'opération effectuée sur le compte général est enregistrée en passant une écriture au débit d'un compte client et une autre au crédit d'un compte de produits.

Pour que l'entreprise puisse suivre les opérations effectuées dans la comptabilité clients et encaisser l'argent de ses clients, le système de comptabilité doit fournir de très nombreuses informations sur chacune des opérations de comptabilité liées aux clients. Par exemple, les conditions de la facture client indiquant l'échéance et toute déduction possible dont le client pourrait bénéficier au moment de s'acquitter du paiement sont importantes pour permettre au chargé du compte client de savoir quand le relancer pour les impayés. D'autres informations, telles que l'adresse et les coordonnées de contact, sont tout aussi vitales pour prendre en charge les impayés.

Dans le chapitre sur le grand livre, nous avons vu que les données de base des comptes généraux ne comportaient pas les renseignements cités ci-dessus. Pour pouvoir établir des états détaillés de la comptabilité clients, on utilise un *livre auxiliaire* (*« subledger » en anglais*) renfermant tous les détails spécifiques aux comptes clients mais non nécessaires dans un grand livre.

Le total figurant dans le livre auxiliaire sera le même que celui du compte général pour la comptabilité clients. Le compte général est un compte collectif.

C'est la fonction d'intégration du système SAP qui permet la synchronisation entre le compte collectif et le compte auxiliaire. Il existe d'autres systèmes comptables pour lesquels ce n'est pas le cas et nécessitant des écritures distinctes ainsi que des opérations de rapprochement.

Tout comme pour le grand livre, le module de comptabilité clients de SAP fonctionne avec des données de base et des données de mouvement. Référez-vous à la section 2.1 si vous avez besoin de revoir les notions de données de base et de données de mouvement.

3.2 Données de base clients

3.2.1 Fiches clients

Dans notre présentation du module de comptabilité clients (AR) SAP, nous avons mentionné le fait que de très nombreuses informations sur les clients pouvaient être conservées afin de faciliter l'encaissement et le reporting. Un grand nombre des zones sont utilisées dans les modules SAP qui intègrent la comptabilité clients, notamment les modules SD (Administration des ventes), et FSCM (Gestion de la chaîne d'approvisionnement financière). Comme ce livre ne peut couvrir toutes les options, nous n'utiliserons pour la création du client que certaines des nombreuses zones à disposition.

1. À l'aide du menu SAP Easy Access, suivez le chemin suivant : COMPTABILITE FINANCIERE • CLIENTS • DONNEES DE BASE • CREER (FD01)

Créer des fiches clients

Plutôt que de passer par le menu, vous pouvez saisir **FD01** dans la zone de commande, puis appuyer sur [Entrée] afin d'accéder à l'écran CLIENT CREER : ECRAN INITIAL.

2. Sur la fenêtre CLIENT CREER : ECRAN INITIAL (Figure 3.1), nous avons la possibilité de créer un compte pointant vers d'autres comptes. Dans notre cas, cependant, nous créerons un nouveau client de zéro. Servez-vous du menu déroulant de la zone GROUPE DE COMPTES pour sélectionner le groupe DESTINATAIRE FACTURE. Saisissez la société, puis cliquez sur ✔ pour poursuivre. Dans notre environnement IDES, le groupe de comptes DESTINATAIRE FACTURE a été configuré de sorte que les numéros de clients soient attribués automatiquement ; la zone du client est donc laissée vierge.

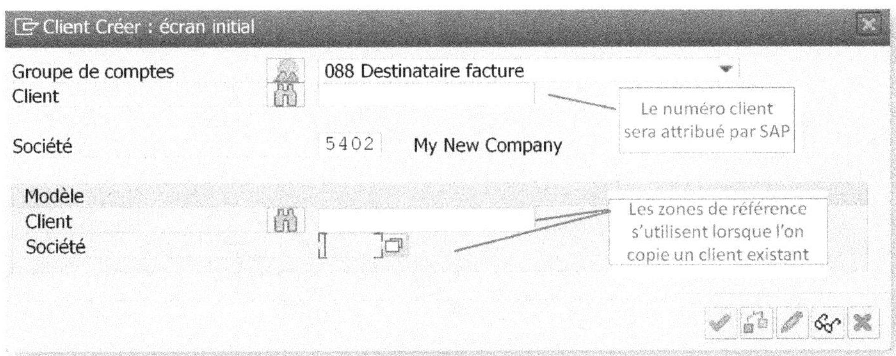

Figure 3.1 : Créer une fiche client, étape 2

3. Saisissez le nom et les coordonnées du client dans l'onglet ADRESSE. Sélectionnez Données société (Figure 3.2).

Créer client : Donn. générales
Autre client
Données société
Données supplémentaires : vides
Données supplémentaires DSD
Client
INTERNE
Heinekan N.V.
Amsterdam
Adr...
Données de pilotage
Opér. de paiement
Marketing
Points déchargement
Contact
Aperçu
Versions internat.
Nom
Titre de civilité
Nom
Heinekan N.V.
Clés de recherche
Crit. recherche 1/2
HEINEKEN
Adresse géographique
Rue / numéro
Tweede Weteringplantsoen
Code postal/ville
1017 ZD
Amsterdam
Pays
NL
Pays-Bas
Région
Fuseau horaire
CET

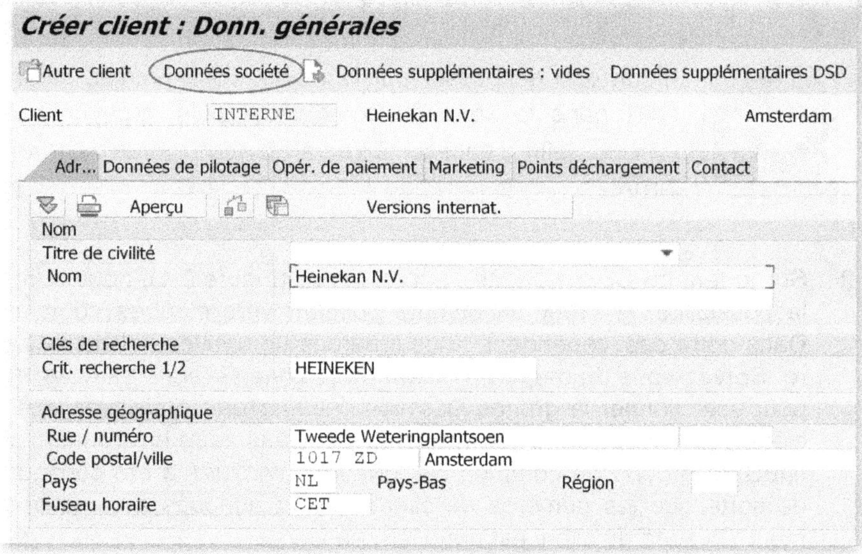

Figure 3.2 : Créer une fiche client, étape 3

4. Saisissez un compte collectif général dans l'onglet TENUE DE COMPTE, puis sélectionnez l'onglet OPERATIONS DE PAIEMENT (Figure 3.3).

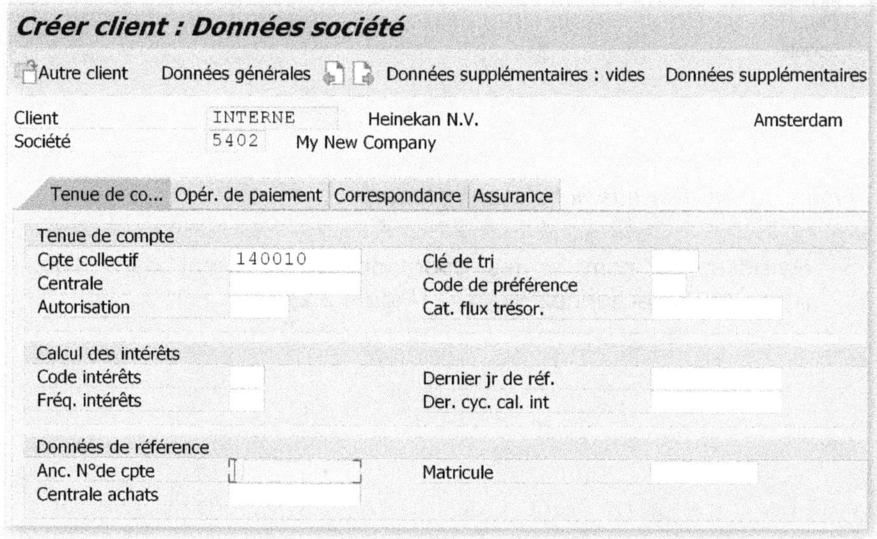

Créer client : Données société
Autre client
Données générales
Données supplémentaires : vides
Données supplémentaires
Client
INTERNE
Heinekan N.V.
Amsterdam
Société
5402
My New Company
Tenue de co...
Opér. de paiement
Correspondance
Assurance
Tenue de compte
Cpte collectif
140010
Clé de tri
Centrale
Code de préférence
Autorisation
Cat. flux trésor.
Calcul des intérêts
Code intérêts
Dernier jr de réf.
Fréq. intérêts
Der. cyc. cal. int
Données de référence
Anc. N°de cpte
Matricule
Centrale achats

Figure 3.3 : Créer une fiche client, étape 4

5. Saisissez un code pour les conditions de paiement, puis cliquez sur 💾 dans la barre de menu en haut de l'écran pour l'enregistrer (Figure 3.4).

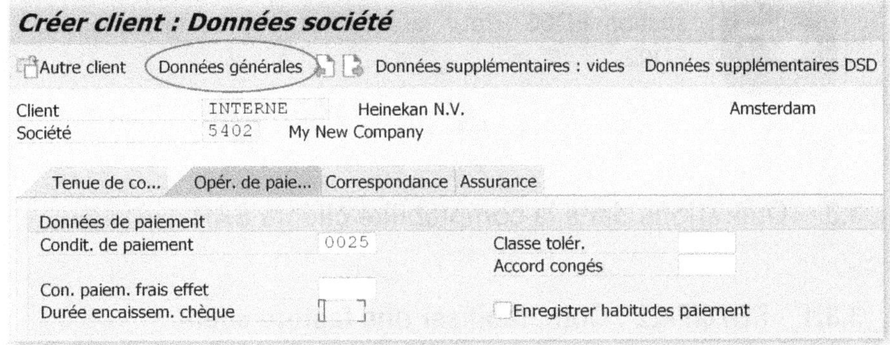

Figure 3.4 : Créer une fiche client, étape 5

6. Comme nous n'avons pas enregistré les données générales avant de saisir la société, nous devons les confirmer. Cliquez sur ✅ pour poursuivre (Figure 3.5).

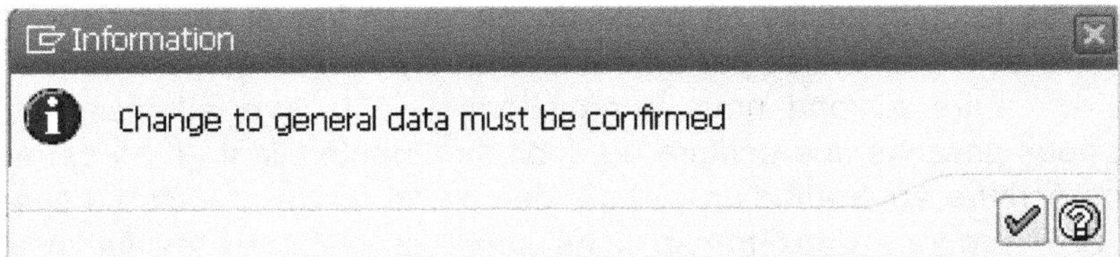

Figure 3.5 : Créer une fiche client, étape 6

7. Le système SAP affiche un message confirmant que la fiche client a bien été créée (Figure 3.6).

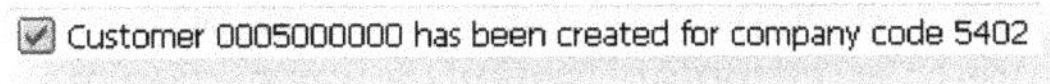

Customer 0005000000 has been created for company code 5402

Figure 3.6 : Créer une fiche client, étape 7

Nous pouvons à présent passer des écritures relatives à ce nouveau client.

Comment puis-je afficher ou modifier des fiches clients existantes ?

Pour afficher une fiche client existante, utilisez la transaction FD03. Pour la modifier, utilisez la transaction FD02.

3.3 Opérations dans la comptabilité clients SAP

3.3.1 FB70/F-22 : Comptabiliser une facture client

Maintenant que nous avons créé une fiche client, nous pouvons utiliser les transactions SAP pour comptabiliser des factures dans le compte client.

Vous vous souvenez peut-être qu'à la section 1.2, nous évoquions le principe de la comptabilité en partie double selon lequel chaque pièce comptable se comptabilise par un débit et un crédit, l'un étant la contrepartie de l'autre. Quand nous enregistrons une facture adressée au client, nous passons une écriture au débit du compte client et, en général, une écriture au crédit d'un compte de charge ou de produit. Le système SAP propose deux transactions pour comptabiliser les factures dans les comptes clients : FB70 et F-22.

Toutes deux requièrent la saisie aussi bien du compte client que du ou des comptes de charge ou de produit de contrepartie, et débouchent sur le même résultat dans les enregistrements comptables. Les écrans de saisie sont cependant différents : la disposition des données de l'écran de la transaction FB70 favorise la comptabilisation auprès d'un seul client tandis que la transaction F-22 peut être utilisée pour enregistrer une facture dans plusieurs comptes clients ou pour passer des écritures concernant plus d'une société. Elle permet en outre d'entrer manuellement le taux de change des factures dans d'autres devises.

Comptabilisons une facture pour chacune des transactions.

Transaction FB70 : Facture

Dans cet exemple, nous enregistrerons une facture client dans un seul compte client en passant une écriture simple dans un compte de charge ou de produit en contrepartie du compte client.

1. À l'aide du menu SAP Easy Access, suivez le chemin suivant : GESTION COMPTABLE • COMPTABILITE FINANCIERE • CLIENTS • ÉCRITURE • FACTURE (FB70)

Comptabiliser des factures clients

Plutôt que de passer par le menu pour parvenir à l'écran de saisie de la facture, vous pouvez saisir **FB70** dans la zone de commande, puis appuyer sur `Entrée`.

Figure 3.7 : Comptabiliser une facture client, FB70, étape 1

2. Dans la barre d'outils, sélectionnez Société. Saisissez la société, puis cliquez sur ✅ pour poursuivre (Figure 3.8).

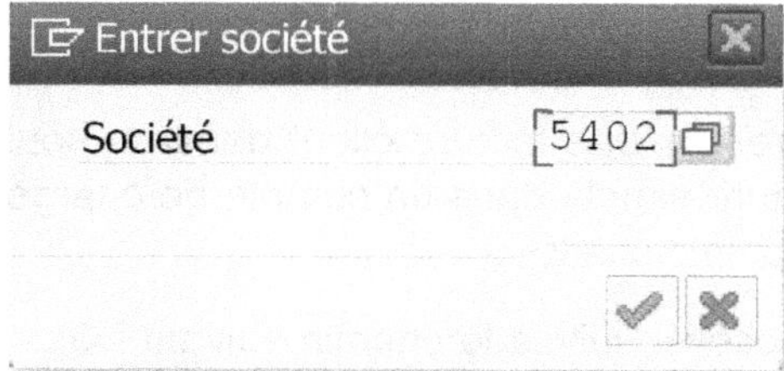

Figure 3.8 : Comptabiliser une facture client, FB70, étape 2

3. Saisissez les détails de la pièce comme montré Figure 3.9. Appuyez sur `Entrée` pour passer les éventuels messages d'avertissement concernant les périodes comptables.

Figure 3.9, les zones dans lesquelles les informations ont été saisies sont mises en évidence. Outre le montant de la facture, remarquez qu'il vous faudra saisir le compte général pour la contrepartie dans la section du poste au-dessous. La date théorique et le code des conditions de paiement sont saisis dans l'onglet PAIEMENT. Cliquez sur 💾 dans la barre d'outils en haut de l'écran pour enregistrer les écritures.

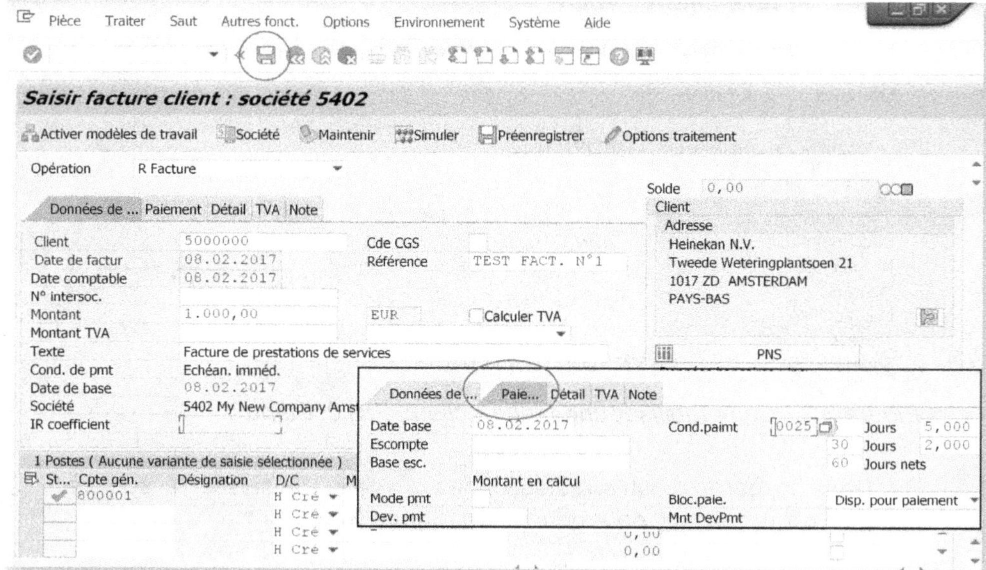

Figure 3.9 : Comptabiliser une facture client, FB70, étape 3

Compte général de contrepartie

Pour la contrepartie, veillez à choisir un compte général qui n'exige pas de catégorie de TVA, étant donné que nous n'avons pas configuré les taxes dans notre environnement test. À l'aide de la transaction **FS00**, affichez le compte, puis sélectionnez l'onglet DONNEES DE PILOTAGE. Assurez-vous que la zone de catégorie de TVA est vierge.

4. Si nécessaire, servez-vous de la transaction FB03 (comme décrit section 2.3.6) pour afficher la pièce (Figure 3.10) :

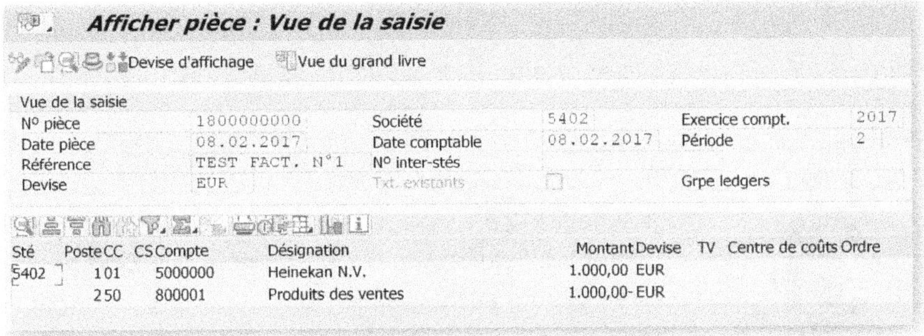

Afficher pièce : Vue de la saisie

Devise d'affichage | Vue du grand livre

Vue de la saisie

N° pièce	1800000000	Société	5402	Exercice compt.	2017
Date pièce	08.02.2017	Date comptable	08.02.2017	Période	2
Référence	TEST FACT. N°1	N° inter-stés			
Devise	EUR	Txt. existants		Grpe ledgers	

Sté	PosteCC	CS	Compte	Désignation	Montant	Devise	TV	Centre de coûts	Ordre
5402	1	01	5000000	Heinekan N.V.	1.000,00	EUR			
	2	50	800001	Produits des ventes	1.000,00-	EUR			

Figure 3.10 : Comptabiliser une facture client, FB70, étape 4

Transaction F-22 : Facture – général

Dans cet exemple, nous comptabiliserons une facture client adressée à deux clients différents et présentant de multiples comptes de charge ou de produit de contrepartie.

1. À l'aide du menu SAP Easy Access, suivez le chemin suivant : GESTION COMPTABLE • COMPTABILITE FINANCIERE • CLIENTS • ÉCRITURE • FACTURE / DONNEES GENERALES (F-22)

Comptabiliser des factures clients

Plutôt que d'utiliser le menu pour vous rendre à l'écran de saisie de la facture, vous pouvez saisir **F-22** dans la zone de commande, puis appuyer sur `Entrée`.

2. Saisissez les détails de la pièce comme montré Figure 3.11, puis appuyez sur [Entrée]. Les zones dans lesquelles les informations ont été saisies pour notre exemple sont mises en évidence :

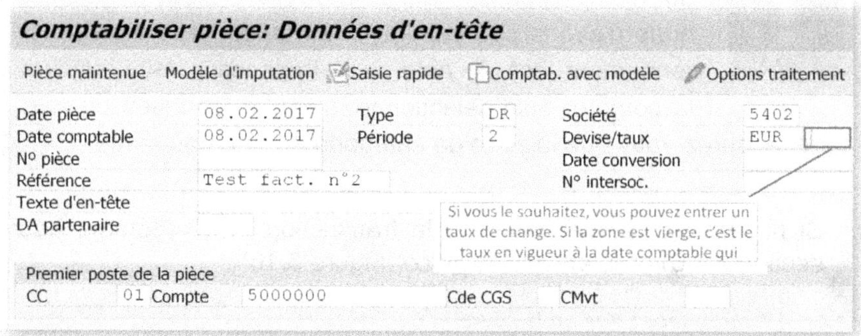

Figure 3.11 : Comptabiliser une facture client, F-22, étape 2

Clés de comptabilisation

La transaction F-22 exige la saisie ou la sélection de clés de comptabilisation. La clé de comptabilisation pour les factures clients est 01, celle pour créditer un compte général est 50. Pour afficher les clés de comptabilisation à disposition, appuyez sur [F4] quand votre curseur se trouve dans la zone CC.

3. Sur l'écran suivant (Figure 3.12), nous saisissons le montant de la facture et les conditions de paiement. En bas de l'écran, nous saisissons le deuxième client à intégrer à la facture. Appuyez sur [Entrée] pour passer tout éventuel message d'avertissement relatif aux périodes comptables, conditions de paiement ou dates d'échéance.

4. Sur l'écran s'affichant alors (Figure 3.13), nous saisissons les détails du deuxième client. En bas de l'écran, nous pouvons entrer un client ou la clé de comptabilisation 50, puis l'écriture de contrepartie à passer au(x) compte(s) de charge ou de produit. Nous pouvons également profiter de l'option SAISIE RAPIDE en haut de l'écran. Plutôt que de saisir le poste suivant, cliquez sur Saisie rapide.

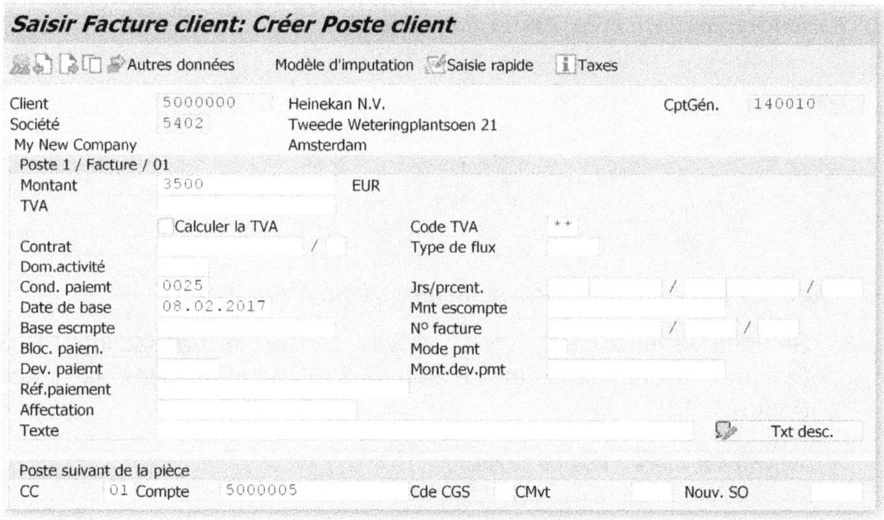

Saisir Facture client: Créer Poste client

Autres données Modèle d'imputation Saisie rapide Taxes

Client 5000000 Heinekan N.V. CptGén. 140010
Société 5402 Tweede Weteringplantsoen 21
My New Company Amsterdam
Poste 1 / Facture / 01
Montant 3500 EUR
TVA
Calculer la TVA Code TVA **
Contrat / Type de flux
Dom.activité
Cond. paiemt 0025 Jrs/prcent. / /
Date de base 08.02.2017 Mnt escompte
Base escmpte Nº facture / /
Bloc. paiem. Mode pmt
Dev. paiemt Mont.dev.pmt
Réf.paiement
Affectation
Texte Txt desc.
Poste suivant de la pièce
CC 01 Compte 5000005 Cde CGS CMvt Nouv. SO

Figure 3.12 : Comptabiliser une facture client, F-22, étape 3

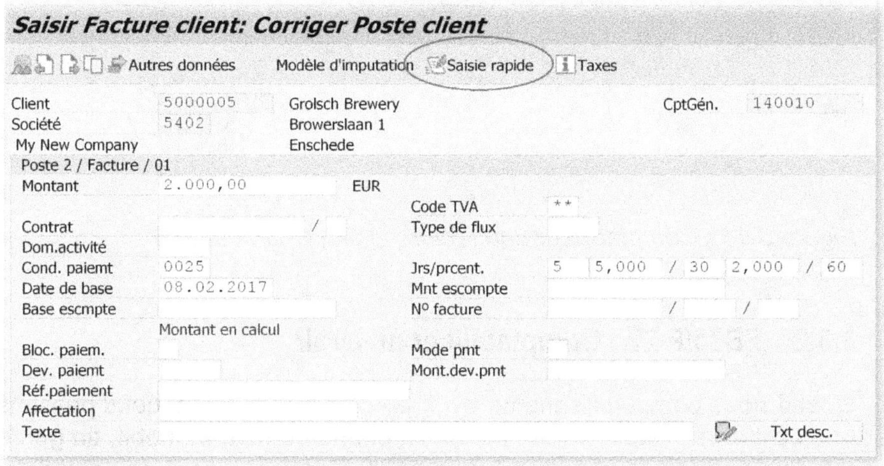

Saisir Facture client: Corriger Poste client

Autres données Modèle d'imputation Saisie rapide Taxes

Client 5000005 Grolsch Brewery CptGén. 140010
Société 5402 Browerslaan 1
My New Company Enschede
Poste 2 / Facture / 01
Montant 2.000,00 EUR
Code TVA **
Contrat / Type de flux
Dom.activité
Cond. paiemt 0025 Jrs/prcent. 5 5,000 / 30 2,000 / 60
Date de base 08.02.2017 Mnt escompte
Base escmpte Nº facture / /
Montant en calcul
Bloc. paiem. Mode pmt
Dev. paiemt Mont.dev.pmt
Réf.paiement
Affectation
Texte Txt desc.

Figure 3.13 : Comptabiliser une facture client, F-22, étape 4

5. Saisissez les détails du poste pour les comptes de charge ou de produit de contrepartie, puis cliquez sur [icône] pour comptabiliser l'écriture (Figure 3.14).

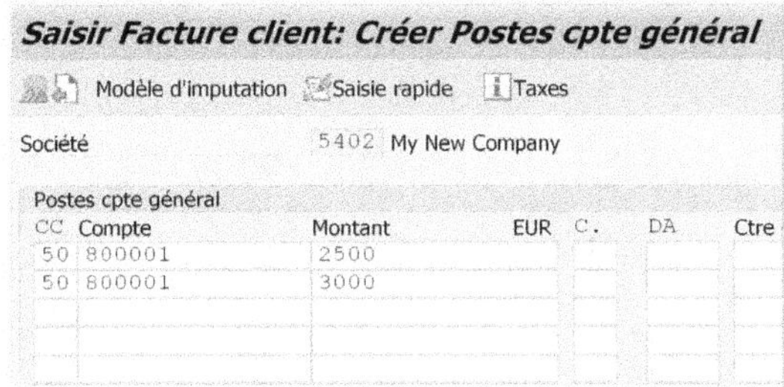

Figure 3.14 : Comptabiliser une facture client, F-22, étape 5

6. Si vous le souhaitez, vous pouvez utiliser la transaction FB03 (comme décrit dans la section 2.3.6) pour afficher la pièce (Figure 3.15).

Afficher pièce : Vue de la saisie

Devise d'affichage | Vue du grand livre

Vue de la saisie

N° pièce	1800000001	Société	5402	Exercice compt.	2017
Date pièce	08.02.2017	Date comptable	08.02.2017	Période	2
Référence	TEST FACT. N°2	N° inter-stés			
Devise	EUR	Txt. existants		Grpe ledgers	

Sté	Poste	CC	CS	Compte	Désignation	Montant	Devise	TV	Centre de coûts
5402	1	01		5000000	Heinekan N.V.	3.500,00	EUR		
	2	01		5000005	Grolsch Brewery	2.000,00	EUR		
	3	50		800001	Produits des ventes	2.500,00-	EUR		
	4	50		800001	Produits des ventes	3.000,00-	EUR		

Figure 3.15 : Comptabiliser une facture client, F-22, étape 6

3.3.2 FB75/F-27 : Comptabiliser un avoir

Quand nous comptabilisons un avoir au crédit d'un client, nous passons une écriture au crédit du compte client et une écriture au débit, en général, d'un compte de charge ou de produit. Comme avec la comptabilisation de factures clients, le système SAP propose deux transactions pour comptabiliser les écritures au crédit des comptes clients : FB75 et F-27.

Transaction FB75 : Avoir

1. À l'aide du menu SAP Easy Access, suivez le chemin suivant : GESTION COMPTABLE • COMPTABILITE FINANCIERE • CLIENTS • ÉCRITURE • AVOIR (FB75)

Comptabiliser des avoirs clients

Plutôt que de passer par le menu pour afficher l'écran de saisie des avoirs, vous pouvez saisir **FB75** dans la zone de commande, puis appuyer sur [Entrée].

2. Saisissez les détails de la pièce, comme montré Figure 3.16, puis cliquez sur [icône Sauvegarder]. Les zones dans lesquelles les informations ont été saisies pour notre exemple sont mises en évidence :

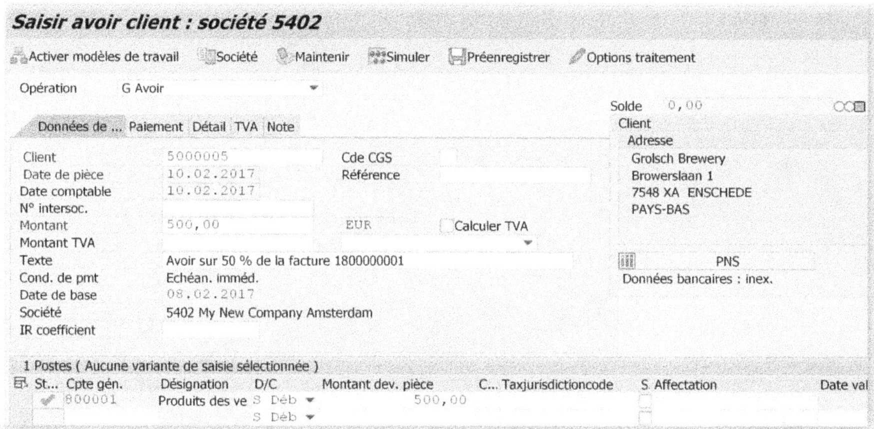

Figure 3.16 : Comptabiliser un avoir, FB75, étape 2

3. Si nécessaire, servez-vous de la transaction FB03 (comme décrit section 2.3.6) pour afficher la pièce (Figure 3.17) :

Afficher pièce : Vue de la saisie

Devise d'affichage | Vue du grand livre

Vue de la saisie

N° pièce	1600000000	Société	5402	Exercice compt.	2017
Date pièce	10.02.2017	Date comptable	10.02.2017	Période	2
Référence		N° inter-stés			
Devise	EUR	Txt. existants		Grpe ledgers	

Sté	Poste	CC	CS	Compte	Désignation	Montant	Devise	TV	Centre de coûts
5402	1	1	1	5000005	Grolsch Brewery	500,00-	EUR		
	2	4	0	800001	Produits des ventes	500,00	EUR		

Figure 3.17 : Comptabiliser un avoir, FB75, étape 3

Transaction F-27 : Avoir – général

1. À l'aide du menu SAP Easy Access, suivez le chemin suivant : GESTION COMPTABLE • COMPTABILITE FINANCIERE • CLIENTS • ÉCRITURE • AVOIR (F-27)
2. Saisissez les détails de la pièce comme montré Figure 3.18, puis appuyez sur [Entrée].

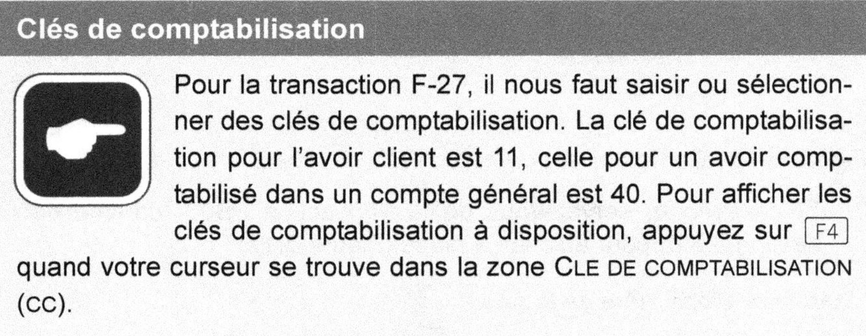

Figure 3.18 : Comptabiliser un avoir, F-27, étape 2

Clés de comptabilisation

Pour la transaction F-27, il nous faut saisir ou sélectionner des clés de comptabilisation. La clé de comptabilisation pour l'avoir client est 11, celle pour un avoir comptabilisé dans un compte général est 40. Pour afficher les clés de comptabilisation à disposition, appuyez sur [F4] quand votre curseur se trouve dans la zone CLE DE COMPTABILISATION (CC).

3. Appuyez sur [Entrée] pour passer tout éventuel message d'avertissement relatif aux périodes comptables, conditions de paiement ou dates d'échéance.
4. Saisissez le montant de l'avoir et les conditions de paiement. En bas de l'écran, saisissez la clé de comptabilisation et le compte général de contrepartie pour l'avoir (Figure 3.19) :

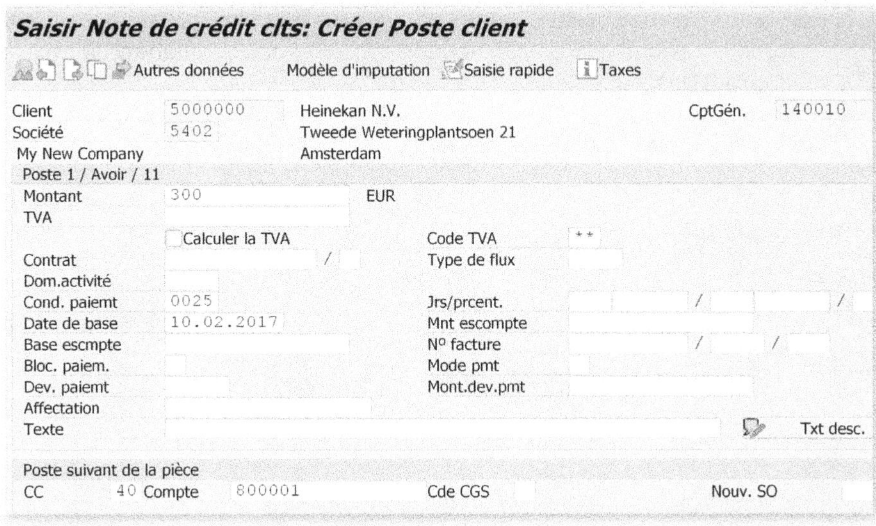

Figure 3.19 : Comptabiliser un avoir, étape 4

5. Appuyez sur [Entrée] pour passer tout éventuel message d'avertissement relatif aux périodes comptables, conditions de paiement ou dates d'échéance.
6. Saisissez le montant à inscrire au compte général de contrepartie, puis cliquez sur [icône] pour comptabiliser l'avoir (Figure 3.20).

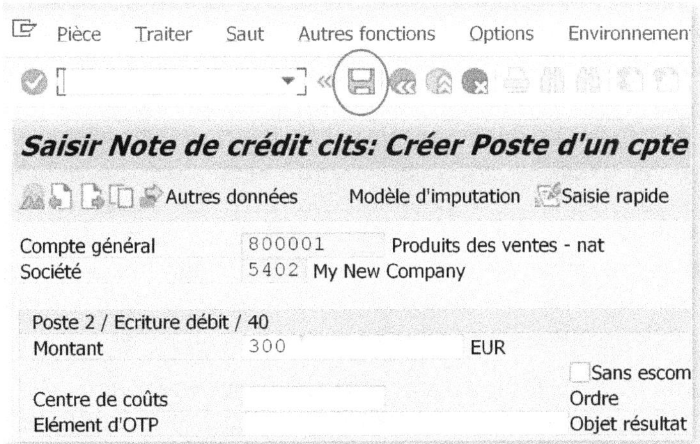

Figure 3.20 : Comptabiliser un avoir, F-27, étape 6

7. Si vous le souhaitez, vous pouvez utiliser la transaction FB03 (comme décrit dans la section 2.3.6) pour afficher la pièce (Figure 3.21) :

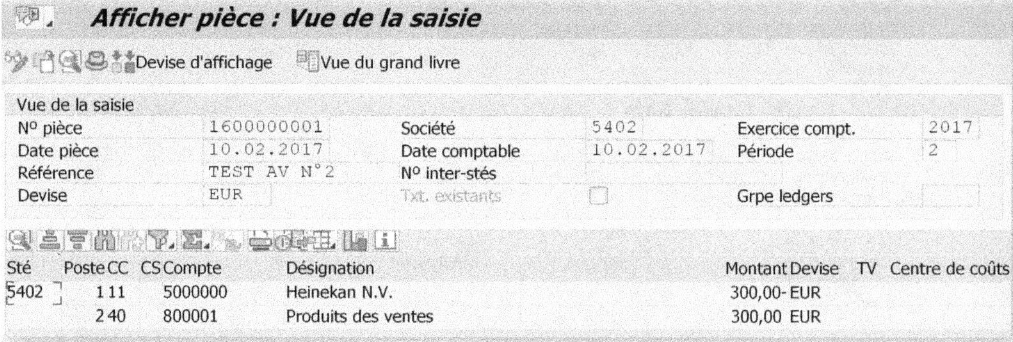

Figure 3.21 : Comptabiliser un avoir, F-27, étape 7

3.3.3 F-28/F-26 : Comptabiliser un encaissement

La comptabilisation des encaissements de factures clients se déroule en plusieurs étapes. En plus de saisir le montant du versement, nous devons choisir quelles factures rapprocher avec l'encaissement. Nous devons également déterminer la manière de régler toute différence apparaissant entre le montant du versement et les factures rapprochées.

Transaction F-28 : Encaissements

Dans notre premier exemple, nous saisirons un versement qui viendra en contrepartie d'une facture non payée et d'un avoir. Le versement ne sera pas suffisant pour couvrir les pièces : la différence sera inférieure au montant de la tolérance défini pour nos clients. Nous laisserons le système SAP transférer la différence dans le compte défini dans la configuration de la détermination des comptes.

1. À l'aide du menu SAP Easy Access, suivez le chemin suivant : GESTION COMPTABLE • COMPTABILITE FINANCIERE • CLIENTS • ÉCRITURE • ENCAISSEMENT (F-28).

Comptabiliser des encaissements

Plutôt que d'utiliser le menu pour vous rendre à l'écran de saisie des encaissements, vous pouvez saisir **F-28** dans la zone de commande, puis appuyer sur [Entrée].

2. Saisissez les informations de base sur le versement, comme montré ci-dessous, puis sélectionnez Traiter PNS (Figure 3.22).

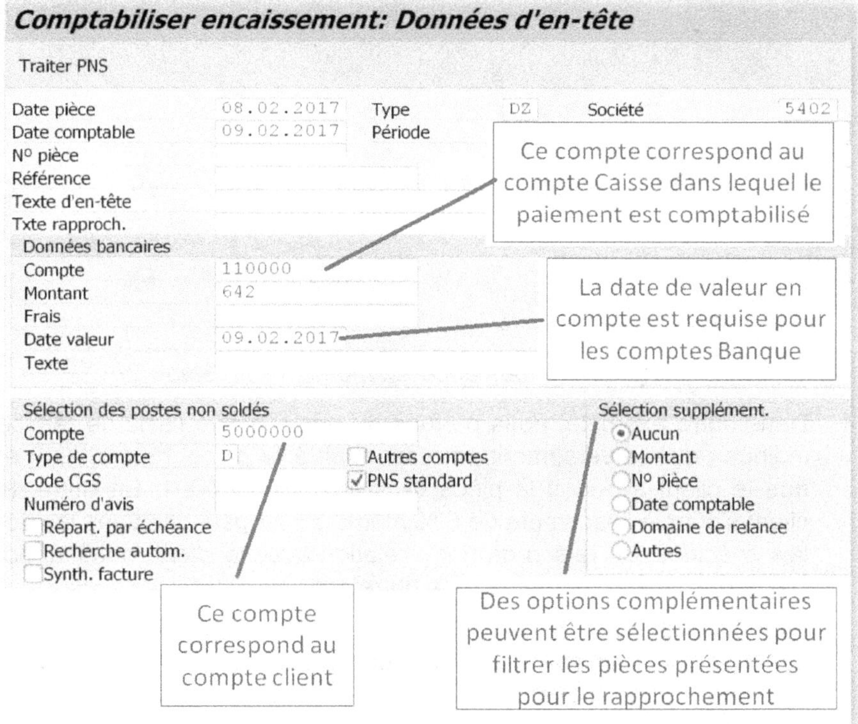

Figure 3.22 : Comptabiliser des encaissements, F-28, étape 2

3. Comme nous n'avons sélectionné aucun critère spécifique sur l'écran précédant, le système affiche toutes les pièces non encore réglées par notre client. Figure 3.23, vous remarquerez que ces postes totalisent bien plus que le montant total de notre versement de 642,00. Nous voyons également que l'escompte de 5 % applicable à l'avoir du compte est automatiquement accordé. Cependant,

l'escompte de 5 % figurant sur la facture n'apparaît pas ici puisque cette remise s'applique uniquement si le règlement parvient dans les 5 jours à compter de la date de facturation.

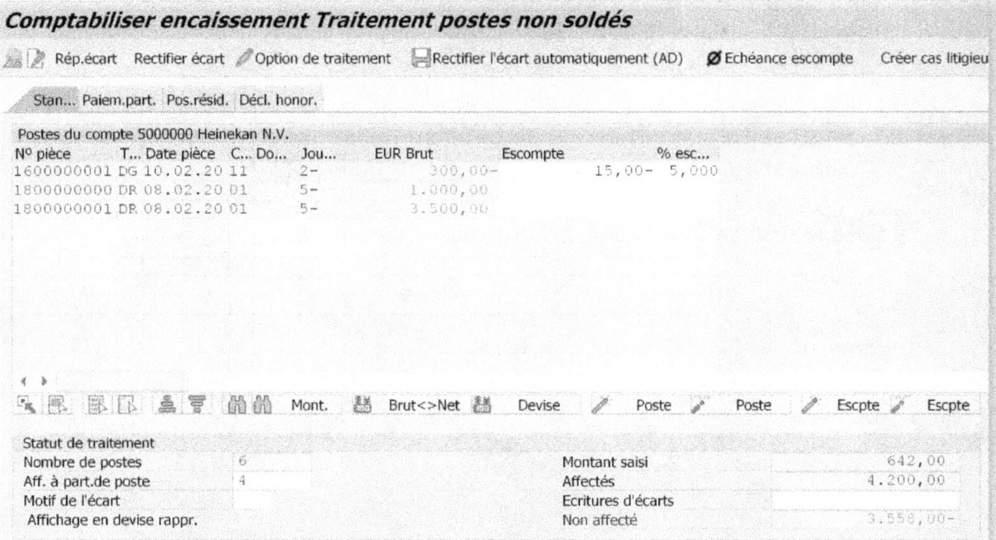

Figure 3.23 : Comptabiliser des encaissements, F-28, étape 3

4. Dans notre exemple, nous partons du principe que l'avis de remise indiquait que le versement correspondait à la pièce 1800000000 et que le client a déduit la pièce de crédit 1600000001. En outre, le client s'octroie l'escompte de 5 % même s'il ne paie pas dans les délais spécifiés. En raison de notre relation avec le client, nous lui accorderons la remise, même s'il a du retard.

   Tout d'abord, nous excluons la facture 1800000001 de la liste. Placez votre curseur au-dessus de cette pièce non concernée par le paiement, puis cliquez sur Poste pour désactiver le poste (Figure 3.24).

5. Remarquez que la pièce 1800000001 ne figure plus parmi les postes à rapprocher avec le paiement (voir Figure 3.25) ; le montant est en noir. De plus, les montants AFFECTES et NON AFFECTES ont changé. À présent, saisissez le pourcentage de remise, puis appuyez sur Entrée (Figure 3.25).

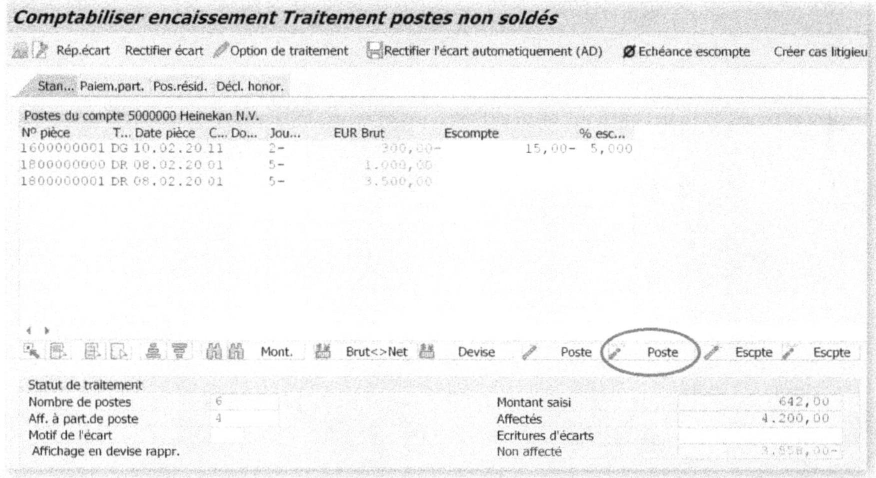

Figure 3.24 : Comptabiliser des encaissements, F-28, étape 4

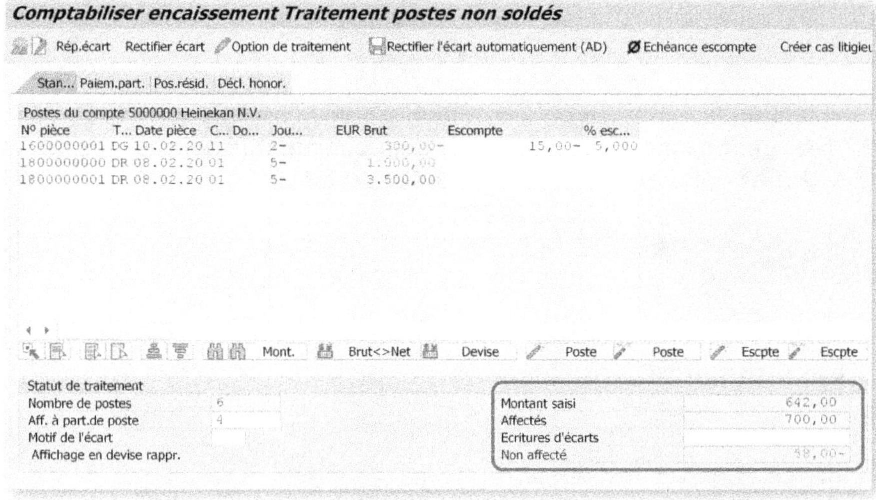

Figure 3.25 : Comptabiliser des encaissements, F-28, étape 5

6. Remarquez que le montant AFFECTES a encore changé (voir Figure 3.26). Cliquez sur 💾 pour enregistrer le paiement et faire en sorte que le système passe le montant de 8.00 sur le compte de tolérance configuré.

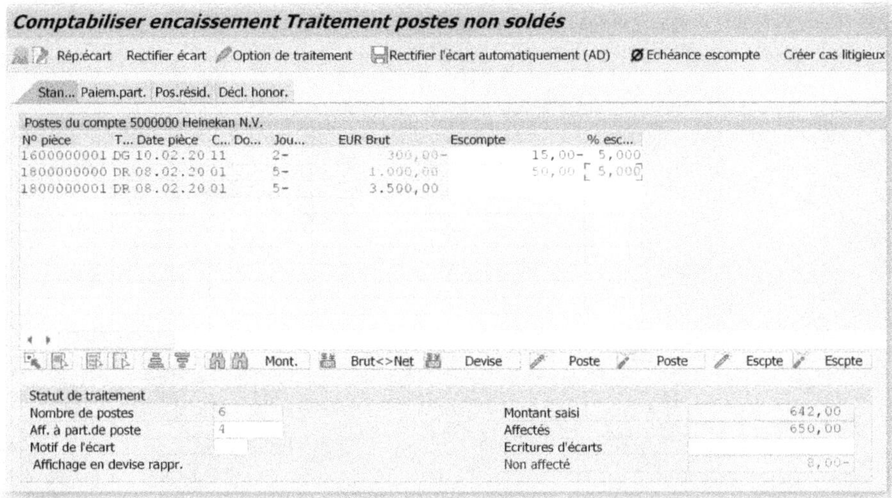

Figure 3.26 : Comptabiliser des encaissements, F-28, étape 6

7. Si vous le souhaitez, vous pouvez utiliser la transaction FB03 (comme décrit dans la section 2.3.6) pour afficher la pièce. Figure 3.27, remarquez que le montant de la remise et que le montant de la tolérance ont été affectés à des comptes configurés dans la détermination automatique des comptes (Remises clients et Autres déductions accordées sur les ventes).

Afficher pièce : Vue de la saisie

Devise d'affichage Vue du grand livre

Vue de la saisie

N° pièce 1400000000 Société 5402 Exercice compt. 2017
Date pièce 08.02.2017 Date comptable 09.02.2017 Période 2
Référence N° inter-stés
Devise EUR Txt. existants Grpe ledgers

Sté	Poste	CC	CS	Compte	Désignation	Montant	Devise	TV	Centre de coûts
5402	1		40	110000	Compte courant	642,00	EUR		
	2		40	880000	Remises clients	50,00	EUR		
	3		40	889000	Autres déductions	8,00	EUR		
	4		15	5000000	Heinekan N.V.	700,00-	EUR		

Figure 3.27 : Comptabiliser des encaissements, F-28, étape 7

Transaction F-26 : Saisie rapide des paiements

Comme nous l'avons vu avec la transaction F-28, la fonction de saisie rapide impute les pièces de paiement au compte client et permet de rapprocher les postes non encore soldés.

Avant de montrer comment utiliser la transaction F-26, utilisons la transaction FBL5N pour consulter les postes non soldés du client 5000005 (Figure 3.28). La section 3.4.1 explique en détail l'utilisation de la transaction FBL5N.

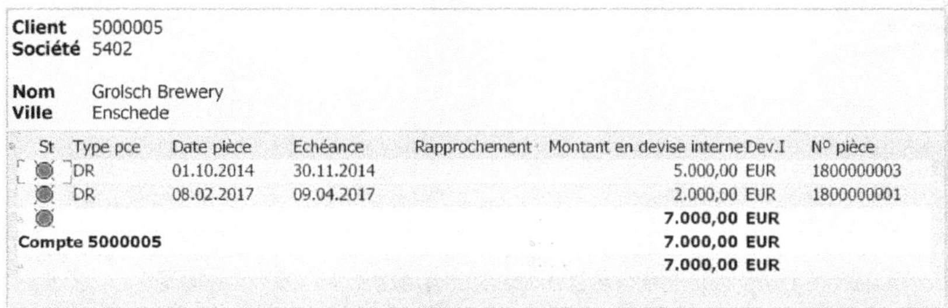

Client 5000005
Société 5402

Nom Grolsch Brewery
Ville Enschede

St	Type pce	Date pièce	Echéance	Rapprochement	Montant en devise interne	Dev.I	N° pièce
	DR	01.10.2014	30.11.2014		5.000,00	EUR	1800000003
	DR	08.02.2017	09.04.2017		2.000,00	EUR	1800000001
					7.000,00	**EUR**	
Compte 5000005					**7.000,00**	**EUR**	
					7.000,00	**EUR**	

Figure 3.28 : Postes non soldés d'un client

Pour notre exemple, nous enregistrerons un paiement de 5 000 pour rapprocher la facture 1800000003.

1. À l'aide du menu SAP Easy Access, suivez le chemin suivant : GESTION COMPTABLE • COMPTABILITE FINANCIERE • ÉCRITURE • SAISIE RAPIDE • ENCAISSEMENT (F-26).

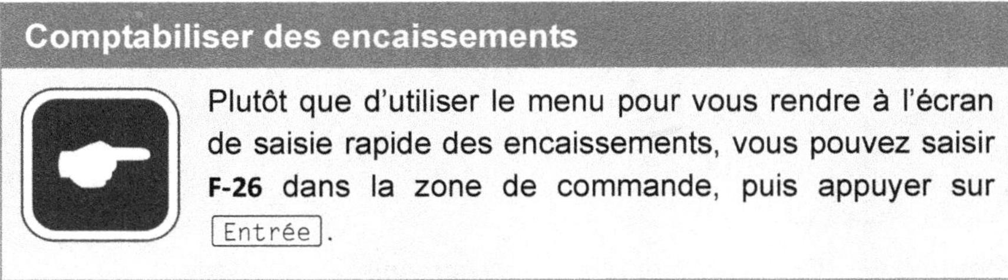

Comptabiliser des encaissements

Plutôt que d'utiliser le menu pour vous rendre à l'écran de saisie rapide des encaissements, vous pouvez saisir **F-26** dans la zone de commande, puis appuyer sur [Entrée].

2. Saisissez les données d'en-tête, puis sélectionnez SAISIR PAIEMENT (Figure 3.29).

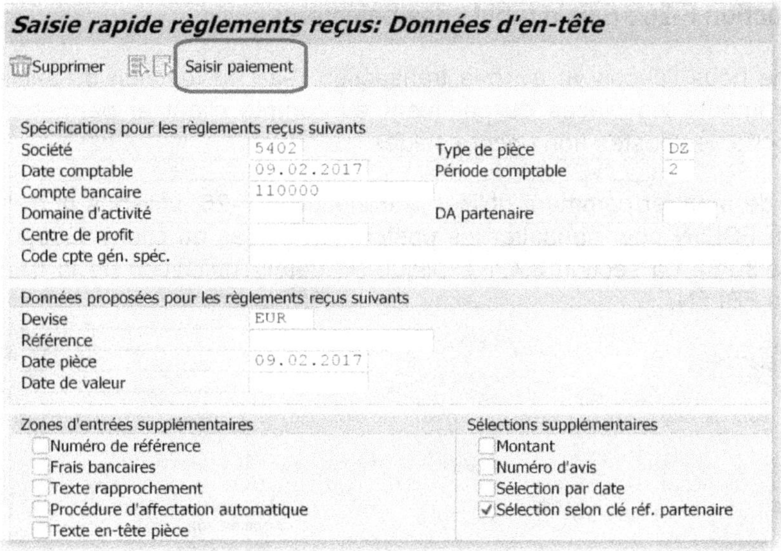

Saisie rapide règlements reçus: Données d'en-tête
Supprimer
Saisir paiement
Spécifications pour les règlements reçus suivants
Société
5402
Type de pièce
DZ
Date comptable
09.02.2017
Période comptable
2
Compte bancaire
110000
Domaine d'activité
DA partenaire
Centre de profit
Code cpte gén. spéc.
Données proposées pour les règlements reçus suivants
Devise
EUR
Référence
Date pièce
09.02.2017
Date de valeur
Zones d'entrées supplémentaires
Numéro de référence
Frais bancaires
Texte rapprochement
Procédure d'affectation automatique
Texte en-tête pièce
Sélections supplémentaires
Montant
Numéro d'avis
Sélection par date
Sélection selon clé réf. partenaire

Figure 3.29 : Comptabiliser des encaissements, F-26, étape 2

3. Saisissez les informations relatives au paiement, dont la pièce **1800000003,** puis sélectionnez TRAITER PNS (Figure 3.30).

Saisie rapide règlements reçus
Traiter PNS
Autres sélections
Valeurs prédéfinies
Société
5402
My New Company
Compte bancaire
110000
Compte courant
Données pour le paiement
Client
5000005
Date pièce
09.02.2017
Montant
5000
EUR
Montant DI
Date valeur
09.02.2017
Postes réglés
Pièce/Réf.
1800000003
Clé réf. partenai

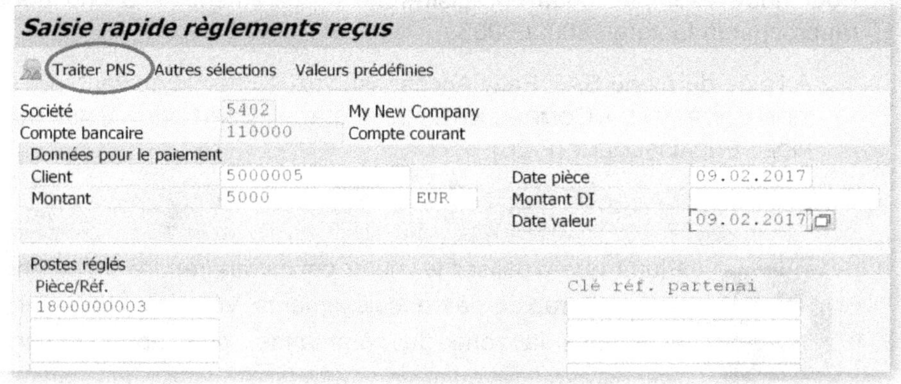

Figure 3.30 : Comptabiliser des encaissements, F-26, étape 3

4. Sélectionnez pour comptabiliser le paiement.

5. Si vous le souhaitez, vous pouvez utiliser la transaction FB03 (comme décrit dans la section 2.3.6) pour afficher le paiement comptabilisé (Figure 3.32).

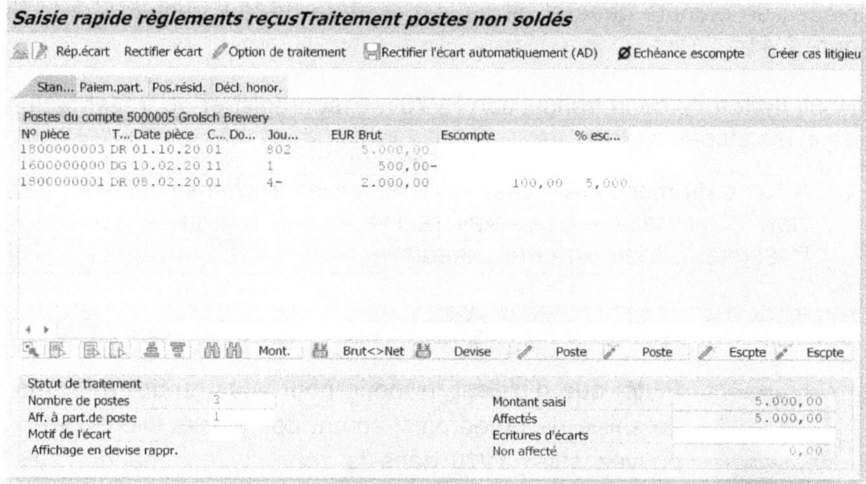

Figure 3.31 : Comptabiliser des encaissements, F-26, étape 4

Afficher pièce : Vue de la saisie

Devise d'affichage Vue du grand livre

Vue de la saisie

N° pièce	1400000001	Société	5402	Exercice compt.	2017
Date pièce	09.02.2017	Date comptable	09.02.2017	Période	2
Référence		N° inter-stés			
Devise	EUR	Txt. existants		Grpe ledgers	

Sté	Poste	CC	CS	Compte	Désignation	Montant	Devise	TV	Centre de coûts
5402	1	40		110000	Compte courant	5.000,00	EUR		
	2	15		5000005	Grolsch Brewery	5.000,00-	EUR		

Figure 3.32 : Comptabiliser des encaissements, F-26, étape 5

3.3.4 Préenregistrer des pièces clients

Comme nous l'avons vu dans le cas des pièces de compte général (voir section 2.3.3), les pièces clients peuvent être saisies sans être comptabilisées ; au lieu de cela, nous pouvons les préenregistrer pour les comptabiliser plus tard. Le préenregistrement des pièces propose plusieurs options, tout comme la comptabilisation des factures et avoirs. Une fois qu'une pièce est préenregistrée, elle peut être comptabilisée à l'aide de la transaction FBV0 que nous avons déjà rencontrée pour les pièces de compte général, et qui est illustrée de la Figure 2.37 à la Figure 2.41.

Nous traiterons de la transaction FV70 – Préenregistrer ou traiter facture dans les étapes ci-dessous.

1. À l'aide du menu SAP Easy Access, suivez le chemin suivant : GESTION COMPTABLE • COMPTABILITE FINANCIERE • CLIENTS ECRITURE • PREENREGISTREMENT • PREENREGISTRER OU TRAITER FACTURE (FV70)

Préenregistrer des pièces clients

Plutôt que d'utiliser le menu pour vous rendre à l'écran de saisie de préenregistrement des pièces clients, vous pouvez saisir **FV70** dans la zone de commande, puis appuyer sur `Entrée`.

2. Saisissez les détails de la pièce, puis sélectionnez Sauvegarder complètement (Figure 3.33).

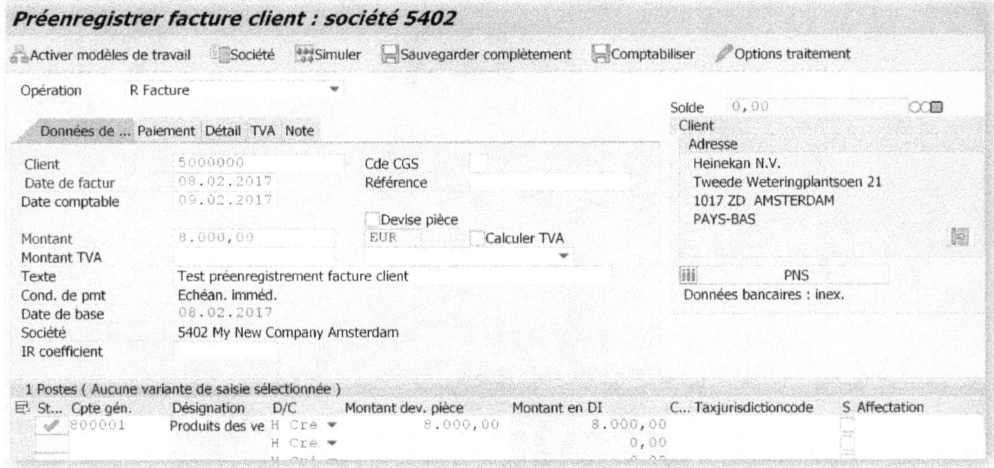

Figure 3.33 : Préenregistrer/modifier une facture, étape 2

3. Remarquez que la pièce a été préenregistrée.

4. Pour comptabiliser la facture, suivez les étapes comme décrit dans la section 2.3.3 FV50/FV50L : Pièces préenregistrées. Utilisez la transaction FBV0, puis saisissez le numéro de pièce ou servez-vous de la fonction de liste de pièces pour localiser la pièce recherchée (Figure 3.34).

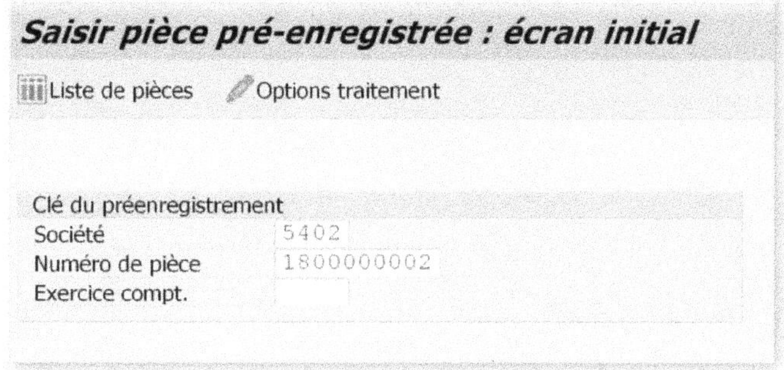

Figure 3.34 : Préenregistrer/modifier une facture, étape 4

5. Sur l'écran de modification des pièces préenregistrées, cliquez sur (Figure 3.35).

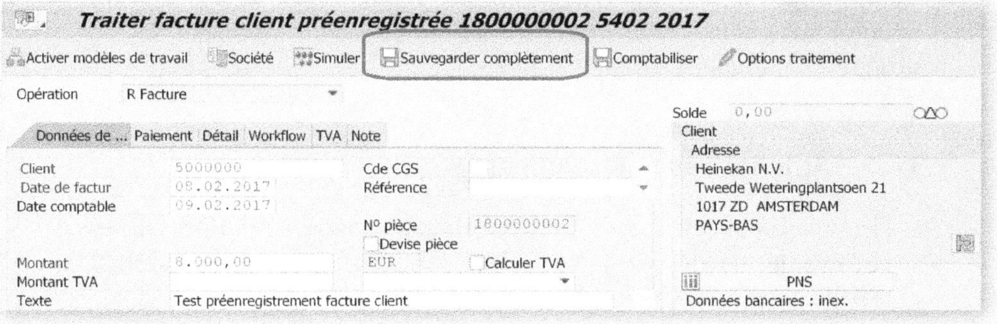

Figure 3.35 : Préenregistrer/modifier une facture, étape 5

6. Si vous le souhaitez, vous pouvez utiliser la transaction FB03 (comme décrit dans la section 2.3.6) pour afficher la pièce (Figure 3.36).

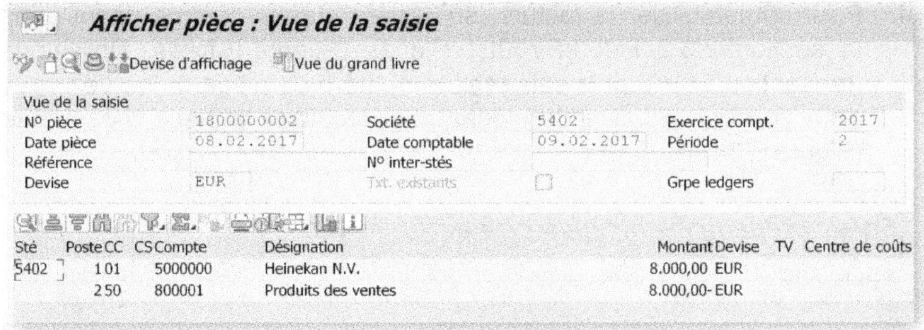

Figure 3.36 : Préenregistrer/modifier une facture, étape 6

3.4 États clients (FI-AR) SAP

SAP propose des dizaines d'états permettant d'analyser des comptes clients différents. Tout comme pour les comptes généraux, on pourrait consacrer un livre entier uniquement aux états et rapports proposés dans SAP pour la comptabilité clients. Nous couvrirons ici un petit nombre des rapports les plus courants et nous vous encourageons à explorer le système d'information AR pour découvrir l'ensemble des possibilités et la souplesse de l'outil SAP.

3.4.1 Afficher des soldes clients

1. Pour afficher les soldes clients depuis le menu SAP Easy Access, suivez le chemin suivant : COMPTABILITE FINANCIERE • CLIENTS • COMPTE • AFFICHER SOLDES (FD10N).

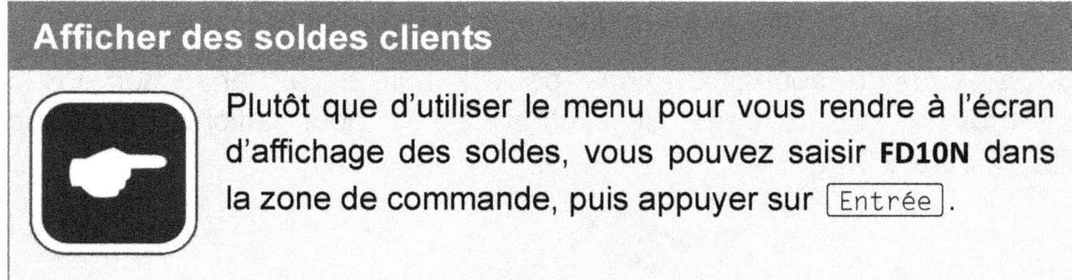

Afficher des soldes clients

Plutôt que d'utiliser le menu pour vous rendre à l'écran d'affichage des soldes, vous pouvez saisir **FD10N** dans la zone de commande, puis appuyer sur [Entrée].

2. Saisissez un numéro de client, une société et un exercice comptable, puis cliquez sur ⌚ (Figure 3.37).

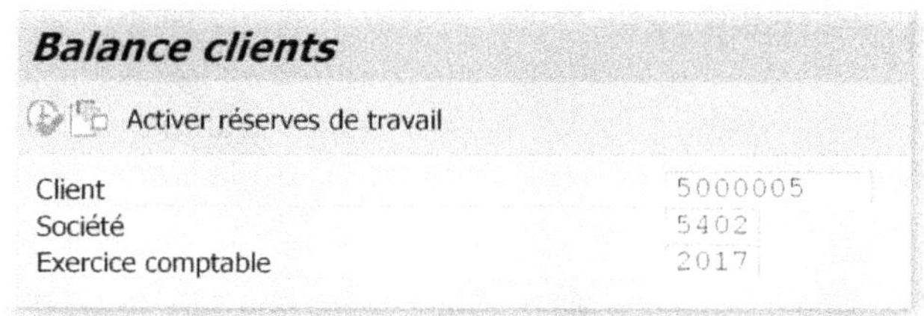

Figure 3.37 : Afficher des soldes clients, étape 2

3. Les soldes clients sont affichés par période comptable (Figure 3.38). Vous pouvez faire un double-clic sur un montant afin d'afficher les postes détaillés.

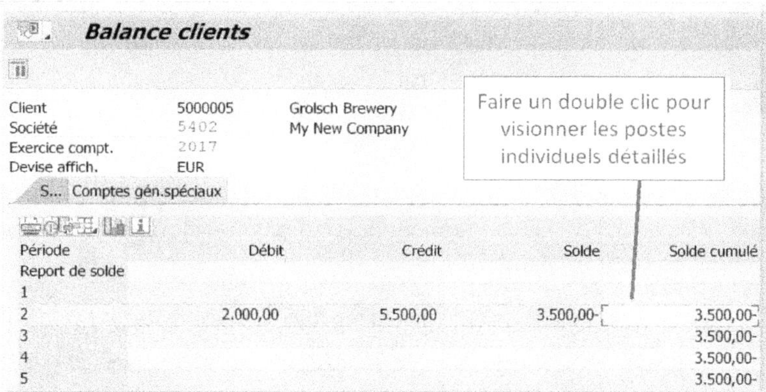

Figure 3.38 : Afficher des soldes clients, étape 3

4. Les postes détaillés s'affichent (Figure 3.39).

Liste des postes individuels clients

Sélections Litige

Client 5000005
Société 5402

St	Type pce	Date pièce	Echéance	Rapprochement	Montant en devise interne	Dev.I	N° pièce
●	DG	10.02.2017	08.02.2017		500,00-	EUR	1600000000
●	DR	08.02.2017	09.04.2017		2.000,00	EUR	1800000001
●					**1.500,00**	**EUR**	
▢	DZ	09.02.2017	09.02.2017	09.02.2017	5.000,00-	EUR	1400000001
▢					**5.000,00-**	**EUR**	
Compte 5000005					**3.500,00-**	**EUR**	
					3.500,00-	**EUR**	

Figure 3.39 : Afficher des soldes clients, étape 4

3.4.2 Afficher des postes clients

Plutôt que d'utiliser le navigateur pour atteindre les postes depuis l'affichage des soldes clients, vous pouvez vous servir de la transaction d'affichage des postes.

1. À l'aide du menu SAP Easy Access, suivez le chemin suivant : COMPTABILITE FINANCIERE • CLIENTS • COMPTE • AFFICHER/MODIFIER POSTES (FBL5N).

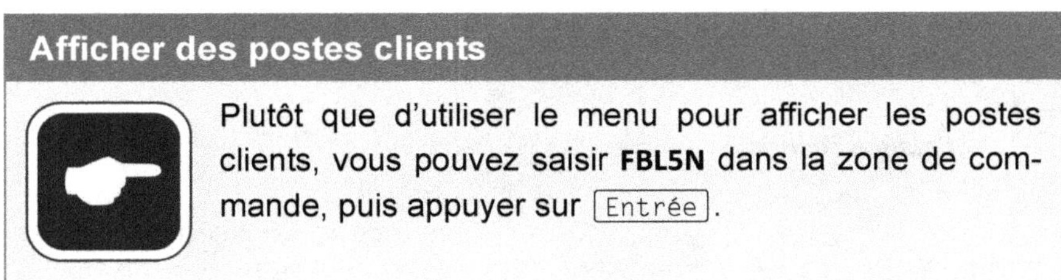

Afficher des postes clients

Plutôt que d'utiliser le menu pour afficher les postes clients, vous pouvez saisir **FBL5N** dans la zone de commande, puis appuyer sur [Entrée].

2. Saisissez un compte et une société. Sélectionnez le type de poste à afficher. Figure 3.40, nous avons choisi d'afficher tous les postes comptabilisés pour le client 5000005.

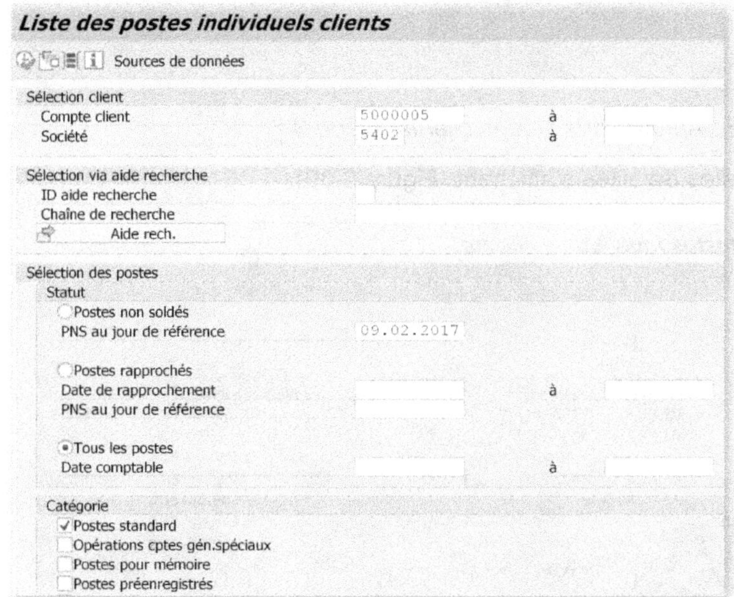

Figure 3.40 : Afficher des postes clients, étape 2

3. Les postes clients s'affichent (Figure 3.41).

Liste des postes individuels clients

Sélections Litige

Client 5000005
Société 5402

St	Type pce	Date pièce	Echéance	Rapprochement	Montant en devise interne	Dev.I	N° pièce
	DG	10.02.2017	08.02.2017		500,00-	EUR	1600000000
	DR	08.02.2017	09.04.2017		2.000,00	EUR	1800000001
					1.500,00	**EUR**	
	DZ	25.12.2014	25.12.2014	25.12.2014	1.500,00-	EUR	1400000001
	DG	10.10.2014	10.10.2014	25.12.2014	500,00-	EUR	1600000000
	DR	16.09.2014	15.11.2014	25.12.2014	2.000,00	EUR	1800000001
	DZ	25.12.2014	25.12.2014	25.12.2014	4.000,00-	EUR	1400000002
	DR	01.10.2014	30.11.2014	25.12.2014	4.000,00	EUR	1800000002
	DR	01.10.2014	30.11.2014	09.02.2017	5.000,00	EUR	1800000003
	DZ	09.02.2017	09.02.2017	09.02.2017	5.000,00-	EUR	1400000001
					0,00	**EUR**	
Compte 5000005					**1.500,00**	**EUR**	
					1.500,00	**EUR**	

Figure 3.41 : Afficher des postes clients, étape 3

4. Pour afficher les détails, faites un double-clic sur un poste. Figure 3.42, remarquez que pour la pièce sélectionnée, la 1800000001, nous pouvons voir des données tels que les conditions de paiement et la pièce de rapprochement, soit la pièce de paiement DZ qui a été comptabilisée au moment où le client a réglé la facture.

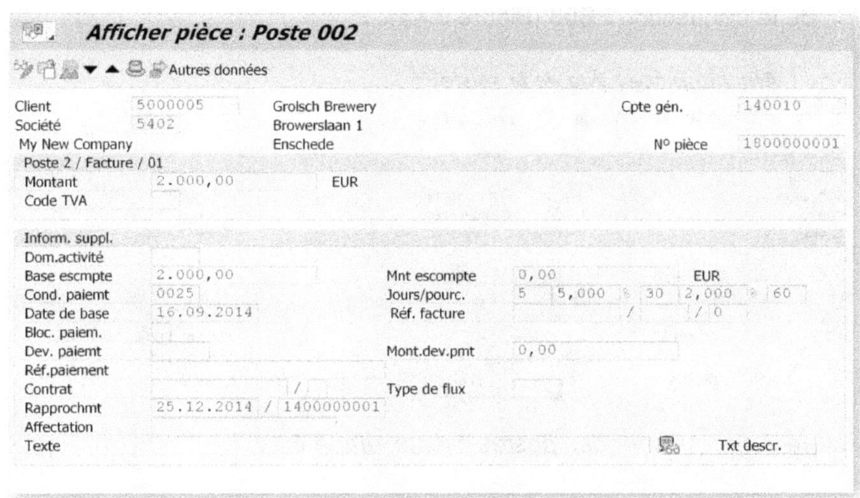
Afficher pièce : Poste 002

Autres données

Client 5000005 Grolsch Brewery Cpte gén. 140010
Société 5402 Browerslaan 1
My New Company Enschede N° pièce 1800000001
Poste 2 / Facture / 01
Montant 2.000,00 EUR
Code TVA

Inform. suppl.
Dom.activité
Base escmpte 2.000,00 Mnt escompte 0,00 EUR
Cond. paiemt 0025 Jours/pourc. 5 5,000 % 30 2,000 % 60
Date de base 16.09.2014 Réf. facture / / 0
Bloc. paiem.
Dev. paiemt Mont.dev.pmt 0,00
Réf.paiement
Contrat / Type de flux
Rapprochmt 25.12.2014 / 1400000001
Affectation
Texte Txt descr.

Figure 3.42 : Afficher des postes clients, étape 4

5. Si vous cliquez sur [icône], des informations complémentaires sur la pièce comptable s'affichent (Figure 3.43).

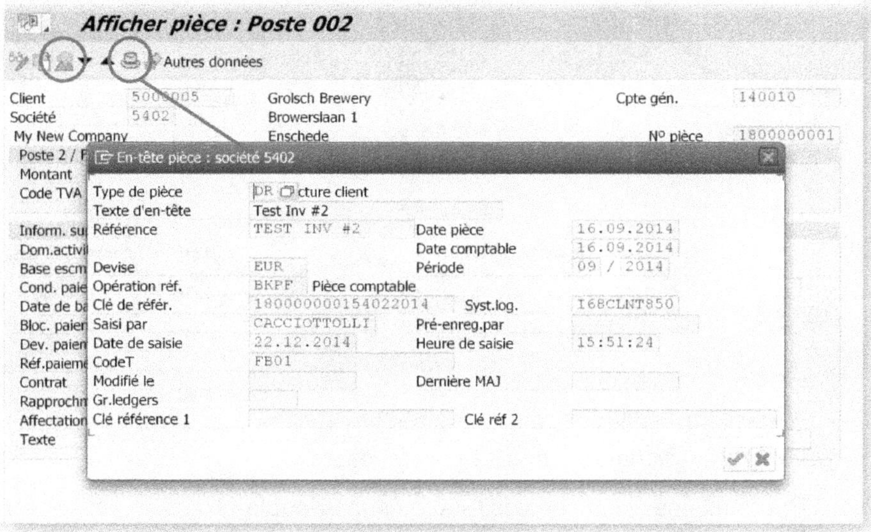

Figure 3.43 : Afficher des postes clients, étape 5

6. Si vous sélectionnez l'icône de synthèse de pièce [icône] (Figure 3.43), vous verrez apparaître une vue de saisie de pièce identique à celle de la transaction FB03 (Figure 3.44).

Afficher pièce : Vue de la saisie

Devise d'affichage   Vue du grand livre

Vue de la saisie

N° pièce	1800000001	Société	5402	Exercice compt.	2014
Date pièce	16.09.2014	Date comptable	16.09.2014	Période	9
Référence	TEST INV #2	N° inter-stés			
Devise	EUR	Txt. existants		Grpe ledgers	

Sté	Poste	CC	CS	Compte	Désignation	Montant	Devise	TV	Centre de coûts
5402	1	01		5000000	Heinekan N.V.	3.500,00	EUR		
	2	01		5000005	Grolsch Brewery	2.000,00	EUR		
	3	50		800001	Produits des ventes	2.500,00-	EUR		
	4	50		801001		3.000,00-	EUR		

Figure 3.44 : Afficher des postes clients, étape 6

3.4.3 Accéder au système d'information Comptabilité clients SAP

Comme remarqué précédemment, le système SAP propose de nombreux états et rapports différents. Dans cette section, nous présenterons l'un de ces états et la manière d'utiliser les différents types de mise en forme pour créer des vues personnalisées. Ces techniques peuvent s'appliquer à de nombreux états SAP et vous permettent de tirer à votre guise des informations du système.

Pour accéder aux nombreux rapports et états, une fois dans le menu SAP Easy Access, naviguez jusqu'au système d'information Comptabilité clients :

COMPTABILITÉ FINANCIÈRE • CLIENTS • SYSTÈME D'INFORMATION CLIENTS

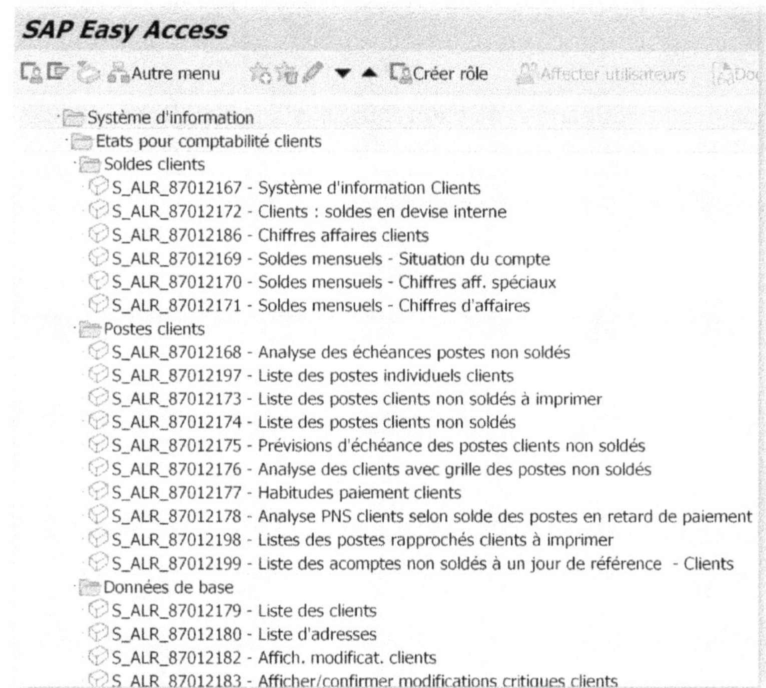

Figure 3.45 : Système d'information de la comptabilité clients

État poste client non soldé

Il est très courant dans le monde de l'entreprise d'analyser les postes non soldés en fonction de leur échéance et de classer les soldes exigibles en fonction du nombre de jours de retard. Penchons-nous sur un état d'analyse de postes non soldés qui récapitule les comptes clients non soldés par classe d'ancienneté.

1. Sélectionnez l'état S_ALR_87012173 dans le menu SAP Easy Access en faisant un double-clic dessus.

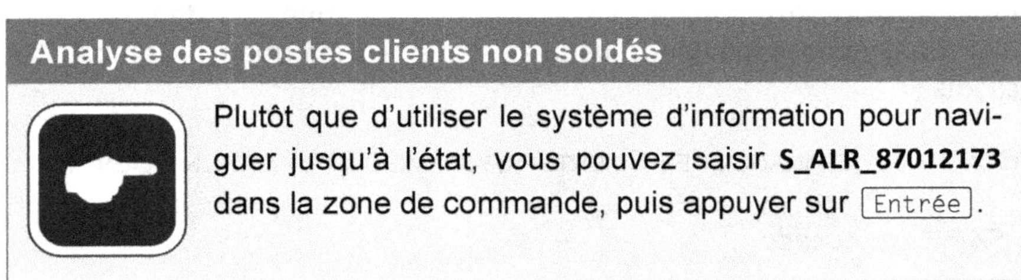

2. Saisissez les critères de sélection, puis cliquez sur pour lancer l'exécution (Figure 3.46).

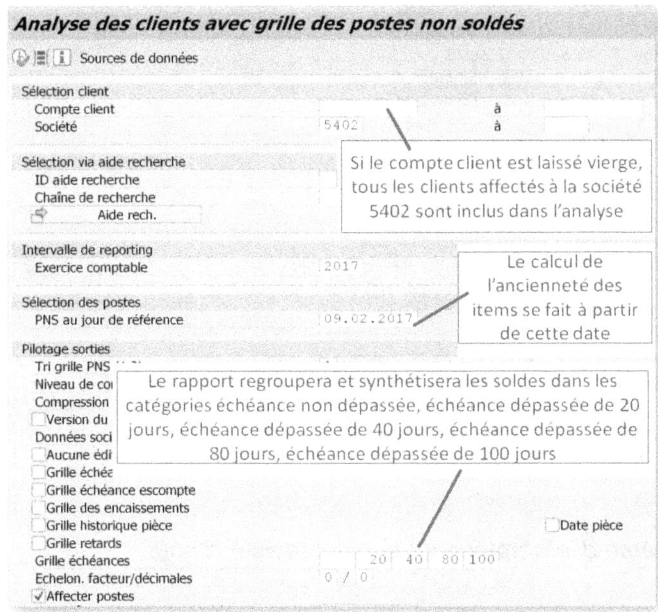

Figure 3.46 : État des postes clients non soldés, étape 2

3. L'état s'affiche (Figure 3.47) :

Analyse des clients avec grille des postes non soldés

Espresso Tutorial Analyse des clients avec grille des postes non soldés Heur 14:36:01 Date 09.02.20
Heidelberg RFDOFR00/SIEBERT Page

Feuille des totaux pr toutes sociétés, Jour de référence 09.02.17 grille dans devise interne

DAct.	Devise	Acompte	Total PNS	Ty.	De 0 A 0	De 1 A 20	De 21 A 40	De 41 A 80	De 81 A 100	De 101
**	EUR	0	31.300	Net	24.800			6.500		
				Esc	24.800	6.500				
				Fmt	24.800	6.500				
				Anc	7.300	6.500				17.500
				Ret	6.500	7.300				17.500

Figure 3.47 : État des postes clients non soldés, étape 3

Mise en forme d'un état

Comme vous l'aurez peut-être remarqué pour de nombreux états parmi ceux proposés, la section VARIANTES D'ÉDITION présente une zone vous permettant de sélectionner et/ou de configurer la mise en forme (Figure 3.48).

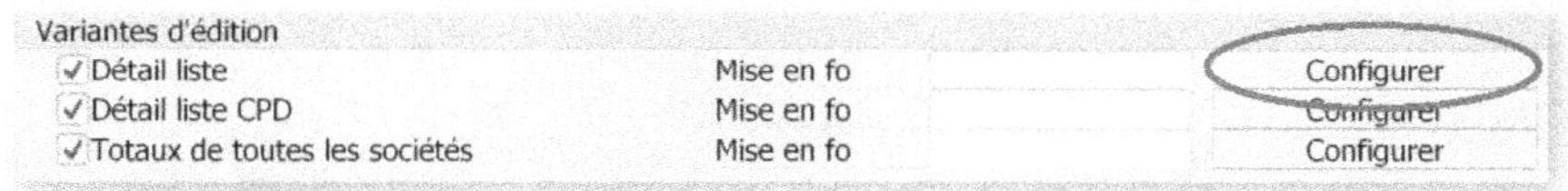

Figure 3.48 : Sélection pour la mise en forme de l'état

Sélectionnons l'état S_ALR_87012172 de la section CLIENT : SOLDES du système d'information Comptabilité clients.

Avant de procéder à la mise en forme, lançons la génération (⊕) de l'état après avoir saisi le critère de sélection montré Figure 3.49.

Remarquez Figure 3.50 que cette vue par défaut n'indique pas le nom complet du client ; seul le terme recherché pour le client s'affiche. De plus, nous pouvons voir plusieurs zones de montant.

Clients : soldes en devise interne

Sélection client
Compte client — à
Société 5402 à

Sélection via aide recherche
ID aide recherche
Chaîne de recherche
Aide rech.

Intervalle de reporting
Exercice comptable 2017 à

Autres sélections
Périodes reporting 1 à 16
Compte collectif à
Solde du compte à
Cd. cpte génér.spéc. à

Pilotage sorties
- [ ] Version du groupe
- [x] Soldes normaux
- [ ] Soldes comptes général spécial
- [ ] Eclater comptes CPD
- [ ] Comptes non imputés
- [ ] Uniqt clients créditeurs
- [x] Adresse du client
- [ ] Séparation des listes

Figure 3.49 : Critère de sélection pour l'état des soldes clients

Clients : soldes en devise interne

My New Company — Clients : soldes en devise interne — Heur 1
Amsterdam — RFDSLD
Pèriodes de repo 00 - 00 2017 Pèriodes reporti 01 - 16 2017

	Sté	Compte collectif	Client	Crit.rech.	Cde CGS	Dev.	Report de solde	Débit interv. reporting	Créd. interv.repo
	5402	140010	5000000	HEINEKEN		EUR	0,00	12.500,00	1.000,
	5402	140010	5000005	GROLSCH		EUR	0,00	2.000,00	5.500,
*	5402	140010				EUR	0,00	14.500,00	6.500,
**	5402					EUR	0,00	14.500,00	6.500,
***						EUR	0,00	14.500,00	6.500,

Figure 3.50 : Vue par défaut de l'état des soldes clients

Créons une mise en forme qui affichera le nom du client et uniquement le solde cumulé.

1. Sélectionnez Configurer dans la section VARIANTES D'EDITION de l'écran de sélection (Figure 3.51).

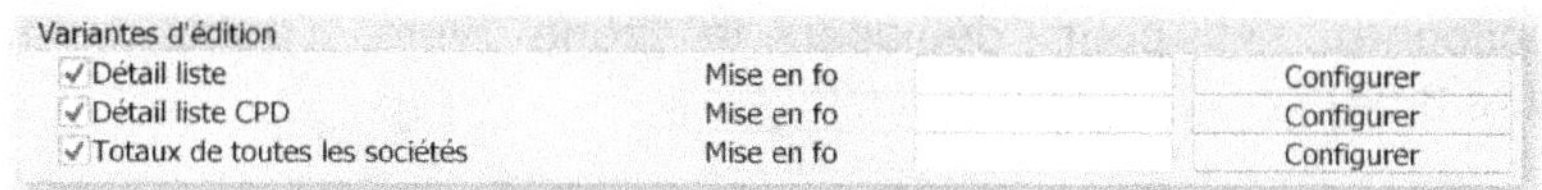

Figure 3.51 : Configuration de la mise en forme de l'état, étape 1

2. Dans l'affichage de la mise en forme, sélectionnez ▦ pour la modifier (Figure 3.52).

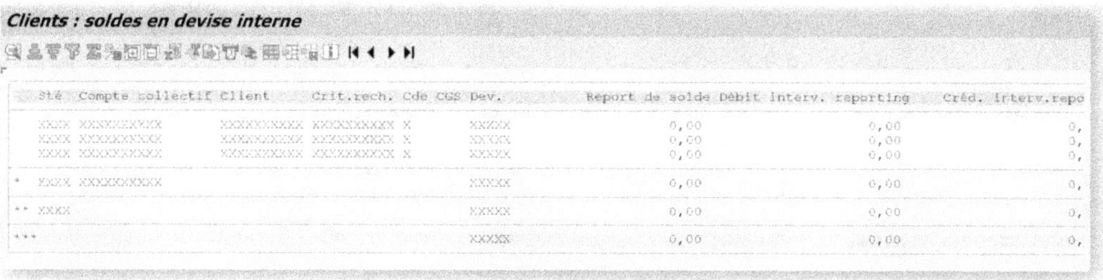

Figure 3.52 : Configuration de la mise en forme de l'état, étape 2

3. Dans le volet de gauche, sélectionnez les zones que vous souhaitez supprimer de l'état, puis cliquez sur ▸ pour les déplacer dans le volet de droite (Figure 3.53).

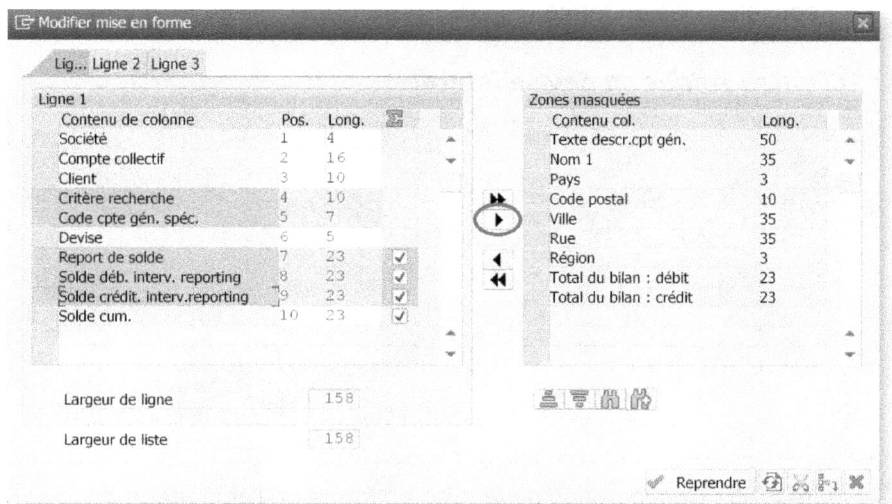

Figure 3.53 : Configuration de la mise en forme de l'état, étape 3

4. Cliquez sur la zone NOM 1 du volet de droite. Ensuite, choisissez l'emplacement sur le volet de gauche où cette zone doit apparaître.

Sélectionnez ◂ pour déplacer la zone vers l'autre volet (Figure 3.54).

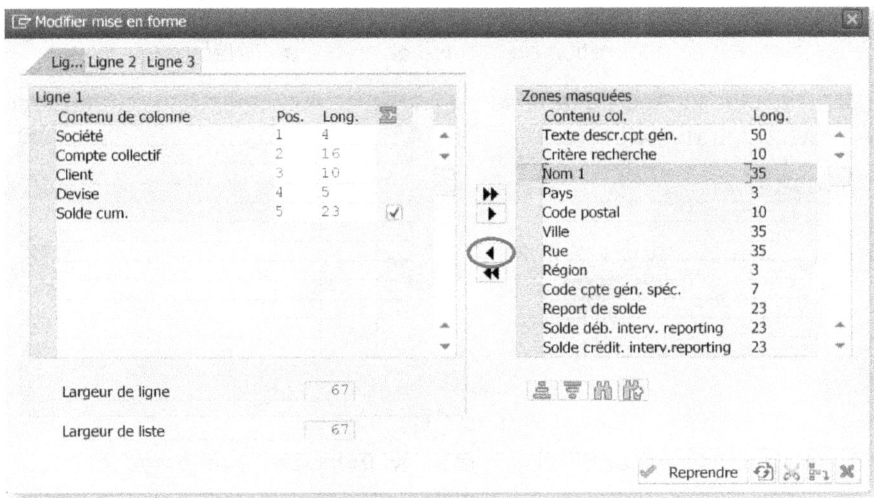

Figure 3.54 : Configuration de la mise en forme de l'état, étape 4

5. Sélectionnez le bouton de copie ✔ Copy ; vous verrez apparaître la nouvelle mise en forme (Figure 3.55).

Clients : soldes en devise interne

	Sté	Compte collectif	Client	Dev.	Solde cum.
	XXXX	XXXXXXXXXX	XXXXXXXXXX	XXXXX	0,00
	XXXX	XXXXXXXXXX	XXXXXXXXXX	XXXXX	0,00
	XXXX	XXXXXXXXXX	XXXXXXXXXX	XXXXX	0,00
*	XXXX	XXXXXXXXXX		XXXXX	0,00
**	XXXX			XXXXX	0,00
***				XXXXX	0,00

Figure 3.55 : Configuration de la mise en forme de l'état, étape 5

6. Sélectionnez [icône] pour enregistrer la nouvelle mise en forme (Figure 3.56).

Figure 3.56 : Configuration de la mise en forme de l'état, étape 6

7. Donnez un nom à la mise en forme et saisissez une description, puis cliquez sur Sauvegarder (Figure 3.57). Si l'option PROPRE A L'UTILIS. est sélectionnée, vous serez le seul à pouvoir utiliser cette mise en forme. Il vous faudra peut-être obtenir des autorisations pour pouvoir enregistrer des mises en forme pouvant être partagées.

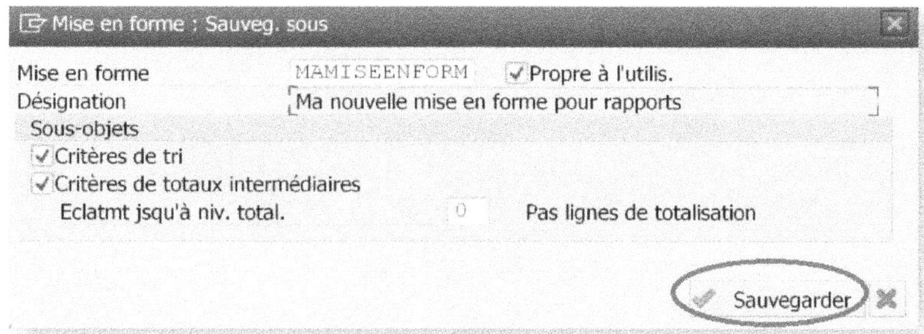

Figure 3.57 : Configuration de la mise en forme de l'état, étape 7

8. Sélectionnez dans la barre d'outils en haut de l'écran pour retourner à l'écran de sélection des états. À présent, dans la section VARIANTES D'EDITION, sélectionnez l'icône du menu déroulant à droite de la zone MISE EN FORME (ou appuyez sur F4) pour afficher la liste des mises en forme disponibles (Figure 3.58).

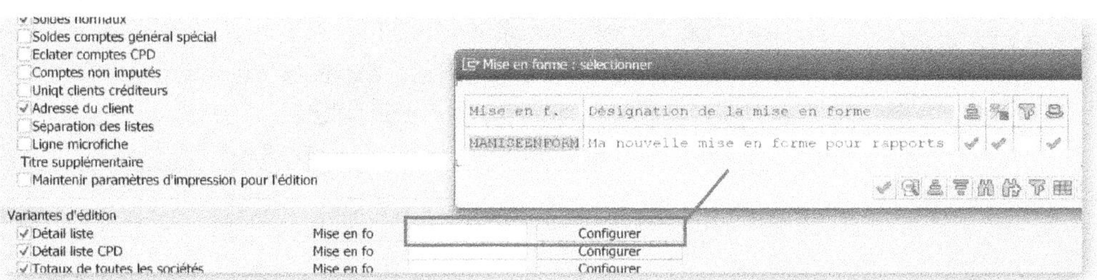

Figure 3.58 : Configuration de la mise en forme de l'état, étape 8

9. Faites un double-clic sur MAMISEENFORM de façon à ce qu'elle apparaisse dans la zone de sélection VARIANTES D'EDITION, puis cliquez sur pour lancer l'exécution du rapport (Figure 3.59).

Variantes d'édition			
✓ Détail liste	Mise en fo	MAMISEENFORM	Configurer
Détail liste CPD	Mise en fo		Configurer
Totaux de toutes les sociétés	Mise en fo		Configurer

Figure 3.59 : Configuration de la mise en forme de l'état, étape 9

10. Remarquez de quelle manière s'affiche la nouvelle mise en forme (Figure 3.60).

Clients : soldes en devise interne

```
My New Company   Clients : soldes en devise interne   Date  09.02.2017
Amsterdam                                             Page           1
Périodes de repo 00 - 00 2017 Périodes reporti 01 - 16 2017
```

	Sté	Compte collectif	Client	Dev.	Solde cum.
	5402	140010	5000000	EUR	11.500,00
	5402	140010	5000005	EUR	3.500,00-
*	5402	140010		EUR	8.000,00
**	5402			EUR	8.000,00
***				EUR	8.000,00

Figure 3.60 : Configuration de la mise en forme de l'état, étape 10

Mises en forme d'états

Dès que l'icône permettant de modifier la mise en forme est disponible, vous pouvez modifier la mise en forme d'un état et l'enregistrer pour l'utiliser plus tard. Cette procédure s'applique à tous les états SAP.

3.5 Exercices

3.5.1 Créez un client

Groupe de comptes	0004 – Clients spéciaux
Coordonnées client	Deventer Zutphenseweg 51 7418 AH Deventer Pays-Bas
Compte collectif	140010

3.5.2 Comptabilisez deux factures clients

Client	Deventer
Facture n° 1 Date Référence Montant Contrepartie GC	 Datée d'aujourd'hui Nouvelle facture 1 1 000 EUR 800001
Facture n° 2 Date Référence Montant Contrepartie GC	 Datée d'aujourd'hui Nouvelle facture 2 15 000 EUR 800001

3.5.3 Comptabilisez un reçu pour l'une des factures client créées

Date de la pièce	Datée d'aujourd'hui
Type de pièce	DZ
Devise	EUR
Compte banque	110000
Montant du paiement	1 000 EUR

3.5.4 Affichez des postes non soldés à l'aide d'états/de codes de transaction standard

4 Premiers pas dans la comptabilité fournisseurs SAP

Ce chapitre traitera de la configuration et des données de base nécessaires à la gestion de la comptabilité fournisseurs. Nous vous présenterons également certains des codes de transaction permettant de gérer les enregistrements sur un compte fournisseur et le règlement de factures fournisseur. Nous étudierons enfin certains des états disponibles pour la comptabilité fournisseurs.

4.1 Qu'est-ce que le module de comptabilité fournisseurs (AP) SAP ?

La plupart des entreprises se font livrer tous les jours des biens et services d'un grand nombre de fournisseurs. Ces derniers sont rarement réglés au moment de l'achat. En fonction des accords passés avec les différents fournisseurs, le paiement peut intervenir un certain temps après, dans les 30 jours par exemple. En outre, le montant du paiement peut également varier : les conditions de paiement peuvent notamment indiquer que si l'entreprise paie dans les 10 jours, elle peut déduire un escompte de 1 %.

Le module Comptabilité fournisseurs de SAP permet à une entreprise d'enregistrer les dépenses au moment où elles sont engagées, de surveiller et de régler les dettes résultant des dépenses, et de tirer plus facilement profit de toute remise offerte par les fournisseurs.

Une opération comptable SAP impliquant un achat à payer à une date ultérieure est inscrite au débit d'un compte de charge et au crédit d'un compte fournisseur. Comme nous l'avons vu dans le chapitre sur la comptabilité clients, la comptabilité fournisseurs SAP prend la forme d'un *livre auxiliaire* renfermant tous les détails spécifiques aux comptes fournisseurs. Grâce aux fonctionnalités d'intégration de SAP, le livre auxiliaire affichera toujours le même total que dans le grand livre.

4.2 Données de base fournisseurs

Créer des fiches fournisseurs

Dans notre présentation de la comptabilité fournisseurs SAP, nous avons indiqué qu'un très grand nombre de détails peut figurer dans les fiches fournisseurs. Outre les coordonnées du client, notre fiche client peut par exemple mentionner les coordonnées bancaires du fournisseur, ses numéros d'identification fiscale et ses conditions de paiement. Si votre environnement comporte le module de gestion des articles SAP, vous aurez peut-être besoin de passer par des écrans spécifiques pour traiter les commandes d'achat et factures. Assurez-vous de collaborer avec des personnes chargées de l'approvisionnement. Dans les fiches fournisseurs que nous créons ici, nous nous attarderons uniquement sur les items nécessaires à la comptabilisation de pièces fournisseurs, tels que les factures fournisseurs et les encaissements de chèques. Créons à présent une fiche fournisseur dans notre société test.

1. À l'aide du menu SAP Easy Access, suivez le chemin suivant : COMPTABILITE FINANCIERE • FOURNISSEURS • DONNEES DE BASE • CREER (FK01)

Créer des fiches fournisseurs

Plutôt que de passer par le menu, vous pouvez saisir **FK01** dans la zone de commande, puis appuyer sur [Entrée] afin d'accéder à l'écran CREER FOURNISSEURS : ECRAN INITIAL.

2. Sur l'écran CREER FOURNISSEURS : ECRAN INITIAL, nous avons la possibilité de créer un compte pointant vers d'autres comptes ; cependant, dans notre cas, nous créerons une nouvelle fiche fournisseur à partir de zéro. Saisissez une société, utilisez la liste déroulante pour sélectionner le groupe de comptes, puis cliquez sur ENTREE ✓ (Figure 4.1).

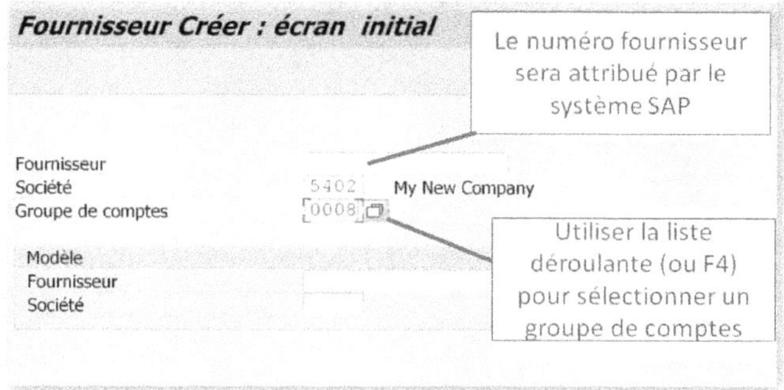

Figure 4.1 : Créer une fiche fournisseur, étape 2

3. Saisissez le nom du fournisseur et son adresse, puis sélectionnez (Figure 4.2) pour faire défiler les écrans jusqu'à faire apparaître l'écran TENUE DE COMPTE COMPTABILITE.

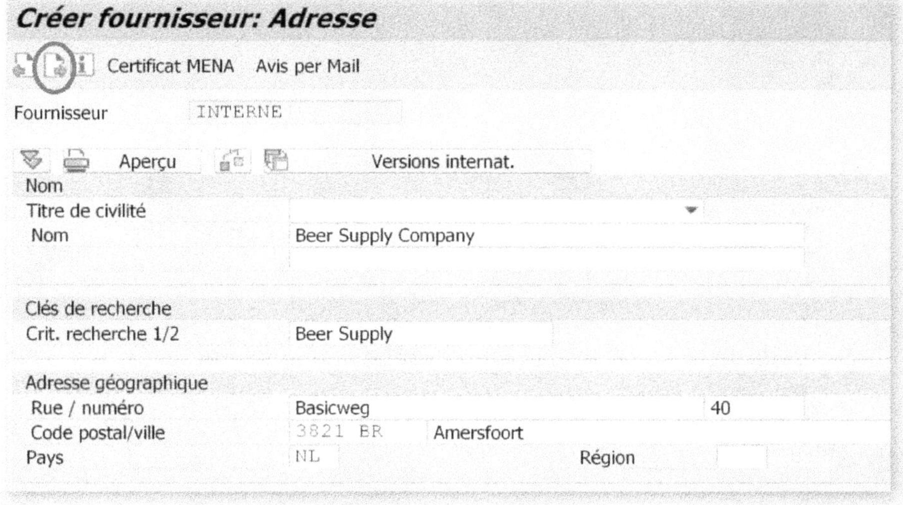

Figure 4.2 : Créer une fiche fournisseur, étape 3

4. Saisissez un compte collectif, puis faites à nouveau défiler les écrans jusqu'à faire apparaître l'écran OPERATIONS DE PAIEMENT COMPTABILITE (Figure 4.3). Appuyez sur **C** pour indiquer un encaissement de chèque (ou tout autre mode de paiement souhaité), puis cliquez sur pour enregistrer ces informations.

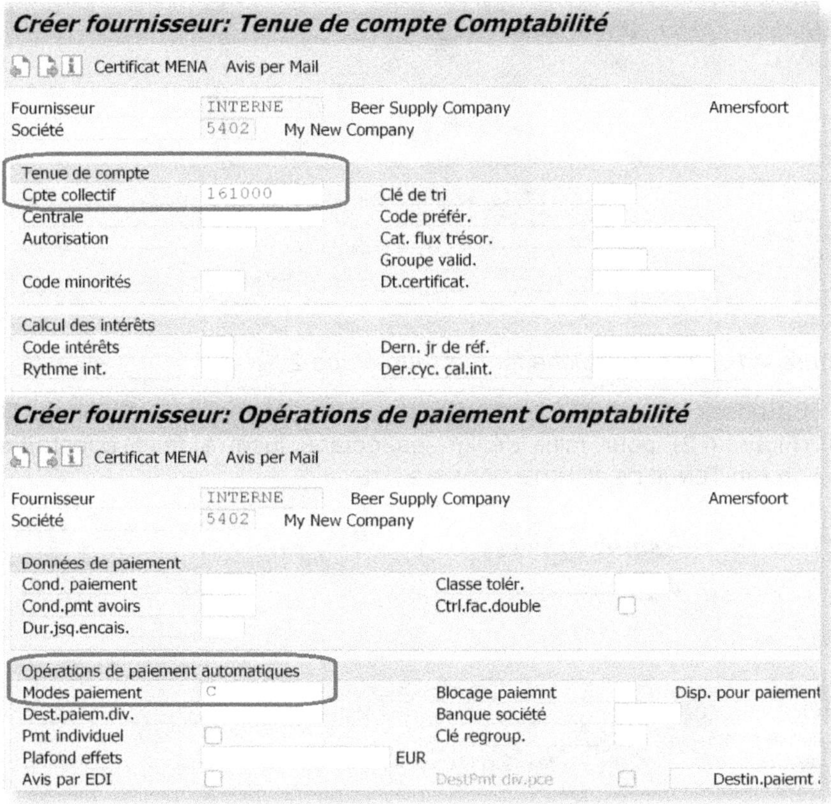

Créer fournisseur: Tenue de compte Comptabilité
Certificat MENA Avis per Mail
Fournisseur INTERNE Beer Supply Company Amersfoort
Société 5402 My New Company
Tenue de compte
Cpte collectif 161000
Centrale
Autorisation
Code minorités
Clé de tri
Code préfér.
Cat. flux trésor.
Groupe valid.
Dt.certificat.
Calcul des intérêts
Code intérêts
Rythme int.
Dern. jr de réf.
Der.cyc. cal.int.
Créer fournisseur: Opérations de paiement Comptabilité
Certificat MENA Avis per Mail
Fournisseur INTERNE Beer Supply Company Amersfoort
Société 5402 My New Company
Données de paiement
Cond. paiement
Cond.pmt avoirs
Dur.jsq.encais.
Classe tolér.
Ctrl.fac.double
Opérations de paiement automatiques
Modes paiement C
Dest.paiem.div.
Pmt individuel
Plafond effets EUR
Avis par EDI
Blocage paiemnt
Banque société
Clé regroup.
Disp. pour paiement
DestPmt div.pce
Destin.paiemt

Figure 4.3 : Créer une fiche fournisseur, étape 4

5. Le système SAP affiche un message informant que la fiche fournisseur a été créée.

Founisseur 0006400010 a été créé dans société 5402.

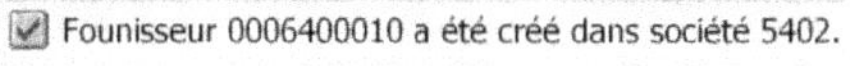

Figure 4.4 : Créer une fiche fournisseur, étape 5

Afficher ou modifier des fiches fournisseurs

Pour afficher une fiche fournisseur, utilisez la transaction FK03 ; pour la modifier, utilisez la transaction FK02.

Le nouveau fournisseur peut à présent être utilisé pour la comptabilisation.

4.3 Transactions de la comptabilité fournisseurs (AP) SAP

Il existe de nombreuses méthodes pour enregistrer des opérations fournisseurs dans le système SAP. Dans de nombreux cas, les factures sont traitées par le biais du module de gestion des articles (MM). Cette procédure nécessite une série de pièces, dont une commande d'achat, une entrée de marchandises (GR) et une entrée de facture (IR). La configuration et la fonctionnalité du module MM ne sont pas couvertes par cet ouvrage ; nous nous focaliserons donc sur des factures fournisseurs sans commande d'achat saisies directement dans le système SAP.

4.3.1 FB60/F-43 : Comptabiliser une facture fournisseur

Maintenant que nous avons créé une fiche fournisseur, nous pouvons utiliser les transactions SAP pour comptabiliser des factures dans le compte fournisseur.

Vous vous souvenez peut-être qu'à la section 1.2, nous évoquions le principe de la comptabilité en partie double selon lequel chaque pièce comptable se comptabilise par un débit et un crédit, l'un étant la contrepartie de l'autre. Quand nous enregistrons une facture fournisseur, nous passons une écriture au débit d'un compte de charge ou de produit et, en général, une écriture au crédit du compte fournisseur. Le système SAP propose deux transactions pour comptabiliser les factures dans les comptes fournisseurs : FB60 et F-43.

Toutes deux requièrent la saisie aussi bien du compte fournisseur que du ou des comptes de charge ou de produit de contrepartie, et débouchent sur le même résultat dans les enregistrements comptables. Les écrans de saisie sont cependant différents : la disposition des données de l'écran de la transaction FB60 favorise la comptabilisation auprès d'un seul fournisseur tandis que la transaction F-43 peut être utilisée pour comptabiliser une facture adressée à plusieurs fournisseurs ou pour passer des écritures concernant plus d'une société. En outre, elle permet d'entrer manuellement le taux de change des factures dans d'autres devises.

Comptabilisons une facture pour chacune de ces transactions.

Transaction FB60 : Facture

Dans cet exemple, nous enregistrerons une facture fournisseur dans un unique compte fournisseur en passant une écriture simple dans un compte de charge ou de produit en contrepartie du compte fournisseur.

1. À l'aide du menu SAP Easy Access, suivez le chemin suivant : COMPTABILITE FINANCIERE • FOURNISSEURS • ÉCRITURE • FACTURE (FB60)

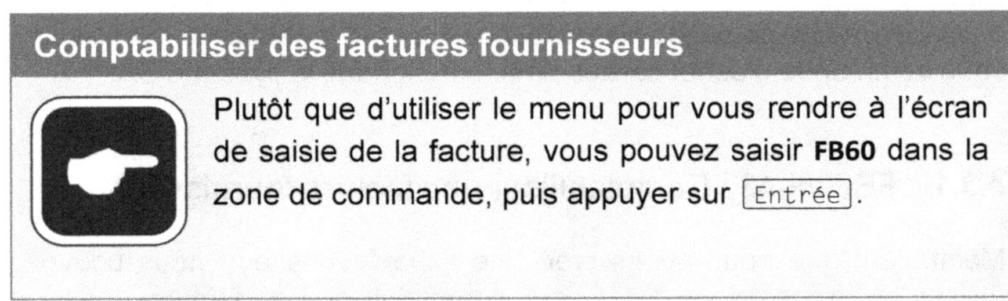

Comptabiliser des factures fournisseurs

Plutôt que d'utiliser le menu pour vous rendre à l'écran de saisie de la facture, vous pouvez saisir **FB60** dans la zone de commande, puis appuyer sur `Entrée`.

2. Dans la barre d'outils, sélectionnez Société, saisissez la société dans laquelle passer l'écriture, puis cliquez sur ✔ pour poursuivre (Figure 4.5).

Figure 4.5 : Comptabiliser une facture fournisseur, FB60, étape 2

3. Saisissez les détails de la pièce comme montré Figure 4.6. Appuyez sur `Entrée` pour passer les éventuels messages d'avertissement concernant les périodes comptables.

Les zones dans lesquelles les informations ont été saisies sont mises en évidence. Outre le montant de la facture, remarquez qu'il vous faudra saisir le compte général pour la contrepartie dans la section du poste au-dessous. Comme nous n'avions spécifié aucune condition dans notre fichier fournisseur, la facture indiquera par défaut que l'échéance est immédiate. Si vous le souhaitez, vous pouvez entrer une date théorique et des conditions de paiement sous l'onglet PAIEMENT. Nous partirons du principe que la facture est à payer immédiatement et que nous n'avons besoin d'entrer aucune condition. Cliquez sur 💾 pour enregistrer ce que vous avez saisi.

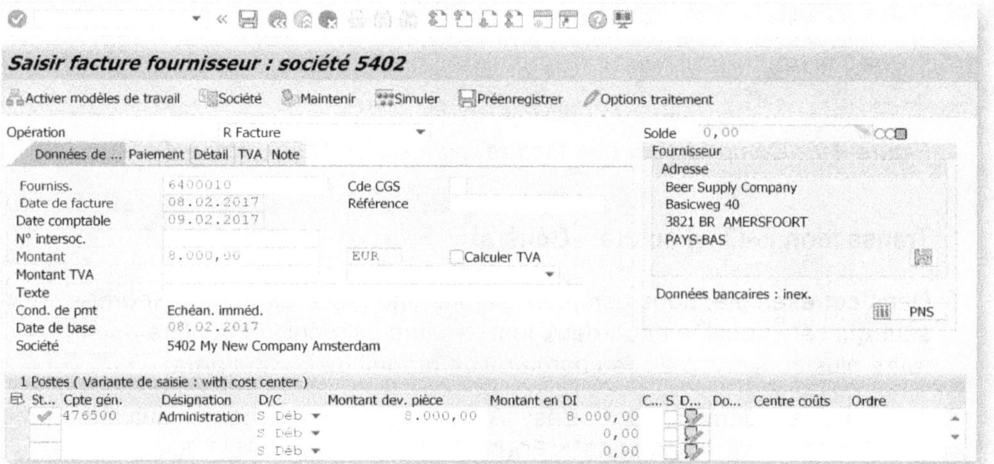

Figure 4.6 : Comptabiliser une facture fournisseur, FB60, étape 3

Compte général de contrepartie

Pour la contrepartie, veillez à choisir un compte général qui n'exige pas de catégorie de TVA, étant donné que nous n'avons pas configuré les taxes dans notre environnement test. À l'aide de la transaction **FS00**, affichez le compte puis sélectionnez l'onglet DONNEES DE PILOTAGE. Assurez-vous que la zone de catégorie de TVA est vierge.

4. Si vous le souhaitez, vous pouvez utiliser la transaction FB03 (comme décrit dans la section 2.3.6) pour afficher la pièce (Figure 4.7).

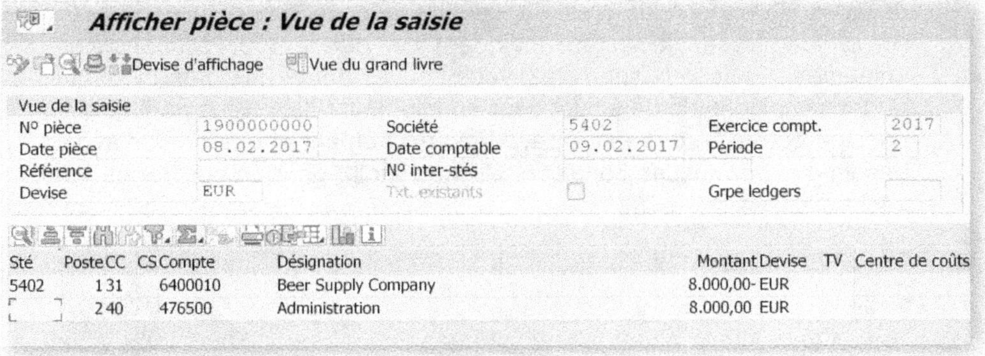

Figure 4.7 : Comptabiliser une facture fournisseur, FB60, étape 4

Transaction F-43 – Facture – Général

Dans cet exemple, nous comptabiliserons une pièce de compte fournisseur qui sera ventilée entre deux fournisseurs différents et qui fera apparaître plusieurs comptes de charge ou de produit de contrepartie.

1. À l'aide du menu SAP Easy Access, suivez le chemin suivant : COMPTABILITE FINANCIERE • FOURNISSEURS • ÉCRITURE • FACTURE / DONNEES GENERALES

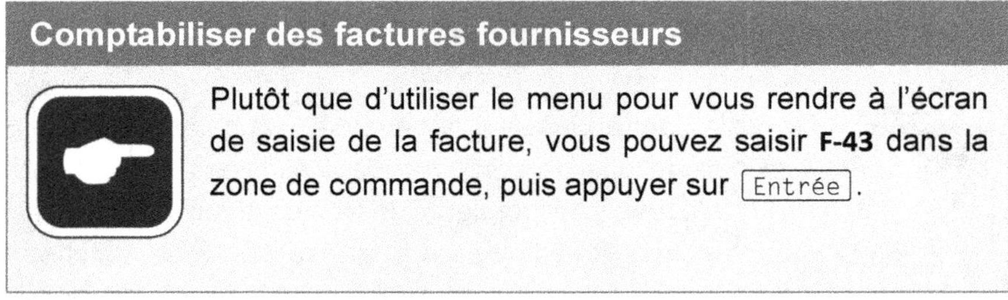

Comptabiliser des factures fournisseurs

Plutôt que d'utiliser le menu pour vous rendre à l'écran de saisie de la facture, vous pouvez saisir **F-43** dans la zone de commande, puis appuyer sur `Entrée`.

2. Saisissez les détails de la pièce comme montré Figure 4.8, puis appuyez sur `Entrée`. Les zones dans lesquelles les données ont été saisies pour notre exemple sont mises en évidence. Appuyez sur `Entrée` pour passer tout éventuel message d'avertissement relatif aux périodes comptables, conditions de paiement ou dates d'échéance.

Comptabiliser pièce: Données d'en-tête

Pièce maintenue Modèle d'imputation Saisie rapide Comptab. avec modèle Options traitement

Date pièce	08.02.2017	Type	kr	Société	5402
Date comptable	09.02.2017	Période	2	Devise/taux	EUR
N° pièce				Date conversion	
Référence				N° intersoc.	
Texte d'en-tête	Test facture fournisseur				
DA partenaire					

Premier poste de la pièce

CC 31 Compte 6400001 Cde CGS CMvt

Figure 4.8 : Comptabiliser une facture fournisseur, F-43, étape 2

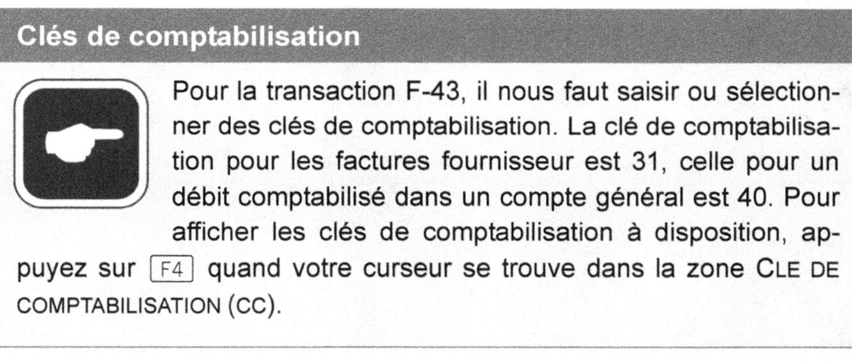

Clés de comptabilisation

Pour la transaction F-43, il nous faut saisir ou sélectionner des clés de comptabilisation. La clé de comptabilisation pour les factures fournisseur est 31, celle pour un débit comptabilisé dans un compte général est 40. Pour afficher les clés de comptabilisation à disposition, appuyez sur F4 quand votre curseur se trouve dans la zone CLE DE COMPTABILISATION (CC).

3. Sur l'écran suivant, nous saisissons le montant de la facture et les conditions de paiement (Figure 4.9). En bas de l'écran, nous saisissons le deuxième fournisseur à intégrer à la facture.

4. Sur l'écran s'affichant alors, nous saisissons les données sur le deuxième fournisseur (Figure 4.10). En bas de l'écran, nous pouvons entrer un fournisseur ou la clé de comptabilisation 40, puis l'écriture de contrepartie à passer au(x) compte(s) de charge ou de produit. Nous pouvons également profiter de l'option SAISIE RAPIDE en haut de l'écran. Plutôt que de saisir le poste suivant, cliquez sur Saisie rapide.

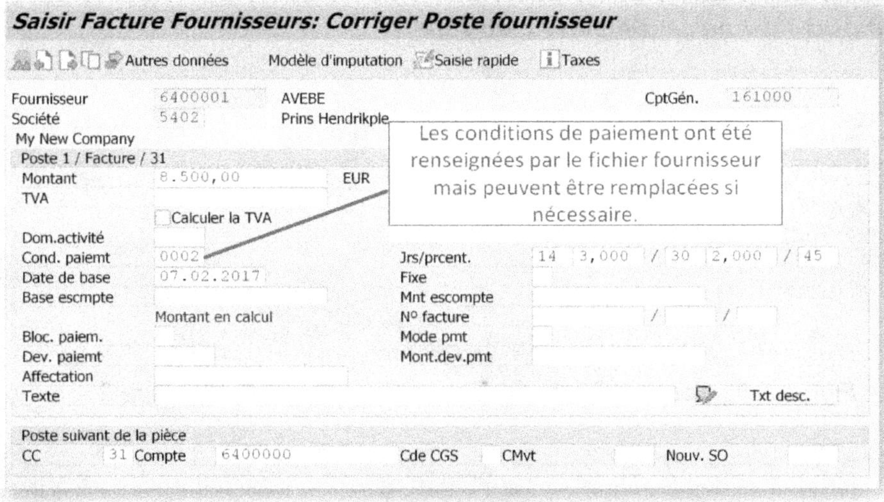

Figure 4.9 : Comptabiliser une facture fournisseur, F-43, étape 3

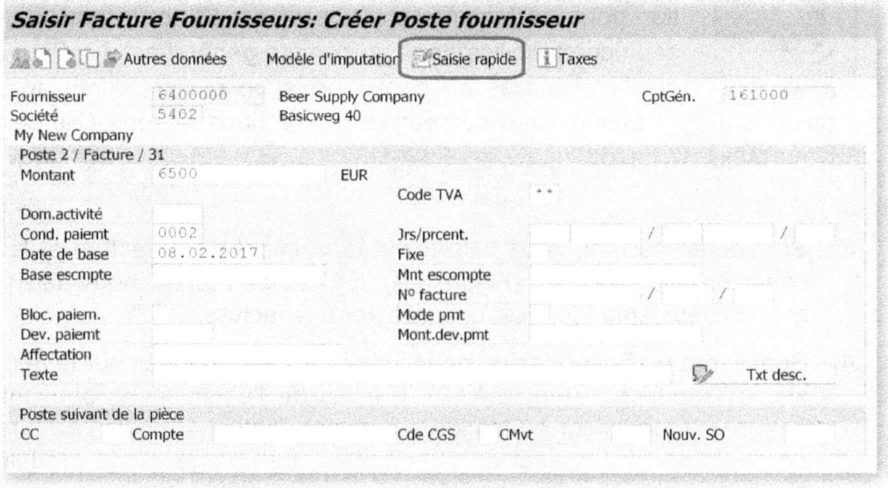

Figure 4.10 : Comptabiliser une facture fournisseur, F-43, étape 4

5. Saisissez les données sur le poste pour les comptes de charge ou de produit de contrepartie, puis cliquez sur [icône Enregistrer] pour comptabiliser l'écriture (Figure 4.11).

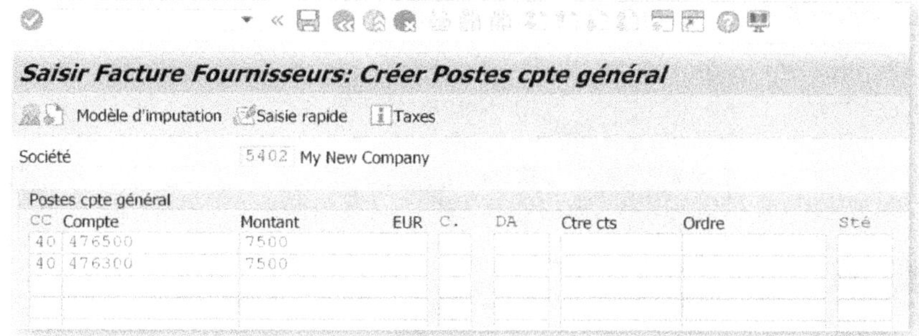

Figure 4.11 : Comptabiliser une facture fournisseur, F-43, étape 5

6. Si vous le souhaitez, vous pouvez utiliser la transaction FB03 (comme décrit dans la section 2.3.6) pour afficher la pièce (Figure 4.12).

Afficher pièce : Vue de la saisie

Devise d'affichage | Vue du grand livre

Vue de la saisie

N° pièce	1900000001	Société	5402	Exercice compt.	2017
Date pièce	08.02.2017	Date comptable	09.02.2017	Période	2
Référence		N° inter-stés			
Devise	EUR	Txt. existants		Grpe ledgers	

Sté	Poste	CC	CS	Compte	Désignation	Montant	Devise	TV	Centre de coûts
5402	1	31		6400001	AVEBE	8.500,00-	EUR		
	2	31		6400000	Beer Supply Company	6.500,00-	EUR		
	3	40		476500	Administration	7.500,00	EUR		
	4	40		476300	Services externes	7.500,00	EUR		

Figure 4.12 : Comptabiliser une facture fournisseur, F-43, étape 6

4.3.2 FB65/F-41 : Comptabiliser un avoir

Quand nous enregistrons un avoir reçu de notre fournisseur, nous passons une écriture au débit du compte fournisseur et, en général, une écriture au crédit d'un compte de charge ou de produit. Comme avec la comptabilisation de factures fournisseurs, le système SAP propose deux transactions pour comptabiliser les avoirs au crédit des comptes fournisseurs : FB65 et F-41.

Transaction FB65 : Avoir

1. À l'aide du menu SAP Easy Access, suivez le chemin suivant : COMPTABILITE FINANCIERE • FOURNISSEURS • ÉCRITURE • AVOIR (FB65)

> **Comptabiliser des avoirs fournisseurs**
>
> Plutôt que de passer par le menu pour afficher l'écran de saisie des avoirs, vous pouvez saisir **FB65** dans la zone de commande, puis appuyer sur [Entrée].

2. Saisissez les données sur la pièce, comme montré Figure 4.13, puis cliquez sur [icône]. Appuyez sur [Entrée] pour passer tout éventuel message d'avertissement relatif aux périodes comptables, conditions de paiement ou dates d'échéance. Les zones dans lesquelles les informations ont été saisies pour notre exemple sont mises en évidence.

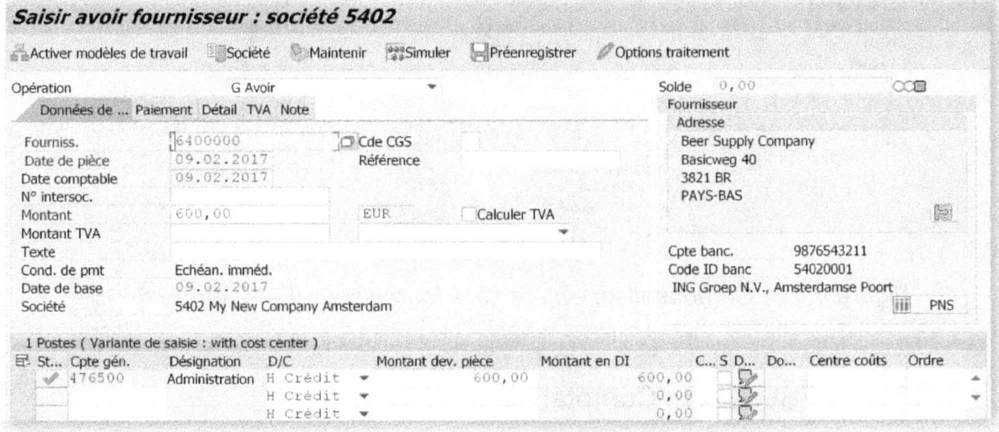

Figure 4.13 : Comptabiliser un avoir fournisseur, FB65, étape 2

3. Si vous le souhaitez, vous pouvez utiliser la transaction FB03 (comme décrit dans la section 2.3.6) pour afficher la pièce (Figure 4.14).

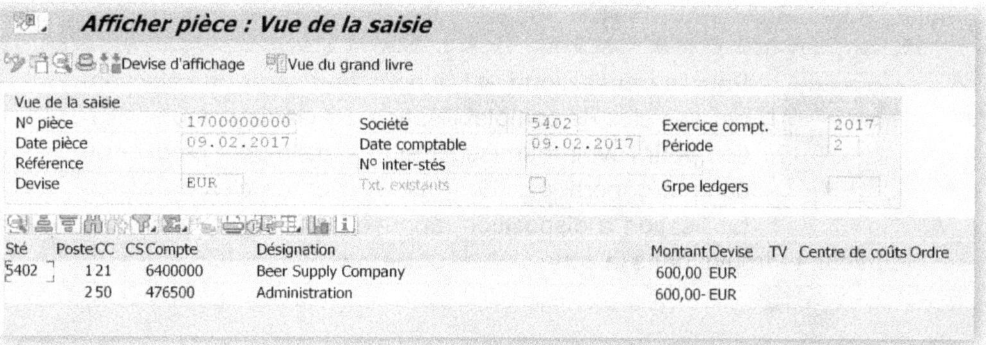

Figure 4.14 : Comptabiliser un avoir fournisseur, FB65, étape 3

Transaction F-41 : Avoir – général

1. À l'aide du menu SAP Easy Access, suivez le chemin suivant : COMPTABILITE FINANCIERE • FOURNISSEURS • ÉCRITURE • AVOIR / DONNEES GENERALES (F-41)
2. Saisissez les données sur la pièce, comme montré Figure 4.15, puis cliquez sur ✔. Appuyez sur [Entrée] pour passer tout éventuel message d'avertissement relatif aux périodes comptables, conditions de paiement ou dates d'échéance.

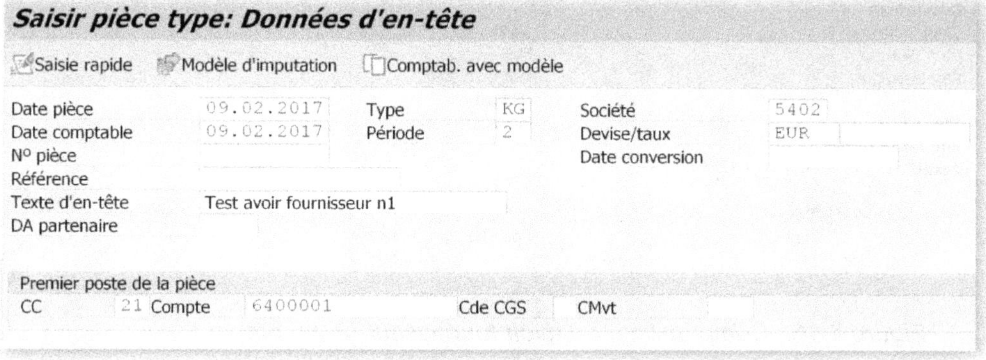

Figure 4.15 : Comptabiliser un avoir fournisseur, F-41, étape 2

Clés de comptabilisation

Pour la transaction F-41, il nous faut saisir ou sélectionner des clés de comptabilisation. La clé de comptabilisation pour l'avoir fournisseur est 21, celle pour créditer un compte général est 50. Pour afficher les clés de comptabilisation à disposition, appuyez sur `F4` quand votre curseur se trouve dans la zone CLE DE COMPTABILISATION (CC).

3. Saisissez le montant de l'avoir (Figure 4.16). En bas de l'écran, saisissez la clé de comptabilisation et le compte général de contrepartie pour l'avoir. Appuyez sur `Entrée` pour passer tout éventuel message d'avertissement relatif aux périodes comptables, conditions de paiement ou dates d'échéance.

Saisir pièce type Créer Poste fournisseur

Autres données Modèle d'imputation Saisie rapide Taxes

Fournisseur 6400001 AVEBE CptGén. 161000
Société 5402 Prins Hendrikplein 20
My New Company

Poste 1 / Avoir / 21
Montant 400 EUR
TVA
Calculer la TVA Code TVA **
Dom.activité
Cond. paiemt Jrs/prcent. / /
Date de base 09.02.2017 Fixe
Base escmpte Mnt escompte
N° facture / /
Bloc. paiem. Mode pmt
Affectation
Texte Txt desc.

Poste suivant de la pièce
CC 50 Compte 476500 Cde CGS CMvt

Figure 4.16 : Comptabiliser un avoir fournisseur, F-41, étape 3

4. Saisissez le montant à inscrire au compte général de contrepartie, puis cliquez sur 💾 pour comptabiliser l'avoir (Figure 4.17).

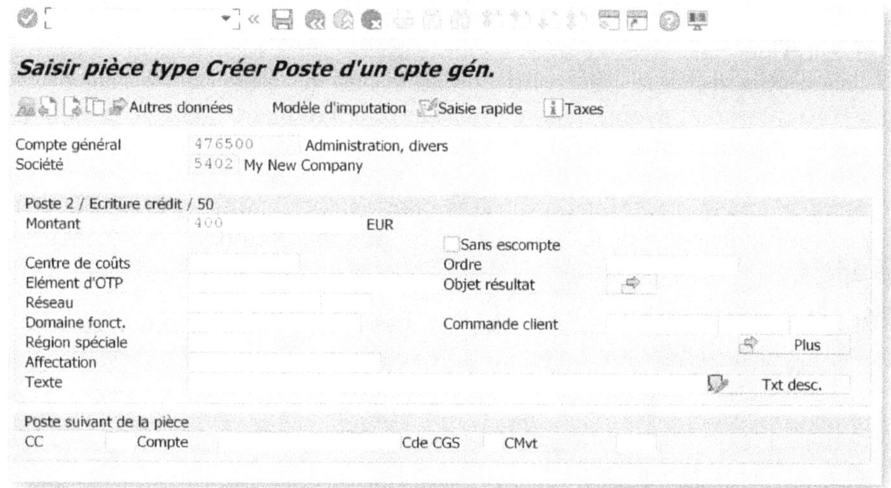

Figure 4.17 : Comptabiliser un avoir fournisseur, F-41, étape 4

5. Si vous le souhaitez, vous pouvez utiliser la transaction FB03 (comme décrit dans la section 2.3.6) pour afficher la pièce (Figure 4.18) :

Figure 4.18 : Comptabiliser un avoir fournisseur, F-41, étape 5

4.3.3 FV60/F-63/FV65/F-66 : Préenregistrer des pièces fournisseurs

Comme nous l'avons vu dans le cas des pièces de compte général (voir section 2.3.3), les pièces fournisseurs peuvent être saisies, puis préenregistrées pour être comptabilisées plus tard. Le préenregistrement des pièces fournisseurs propose plusieurs options, tout comme la comptabilisation des factures et avoirs fournisseurs. Une fois qu'une pièce est préenregistrée, elle peut être comptabilisée à l'aide de la transaction FBV0 que nous avons déjà rencontrée pour les pièces de compte général, et qui est illustrée de la Figure 2.37 à la Figure 2.41.

Nous allons explorer les possibilités offertes par la transaction FV60 pour le préenregistrement ou la modification des factures dans les étapes ci-après.

1. À l'aide du menu SAP Easy Access, suivez le chemin suivant : COMPTABILITE FINANCIERE • FOURNISSEURS • ÉCRITURE • PREENREGISTREMENT • PREENREGISTER OU TRAITER FACTURE (FV60)

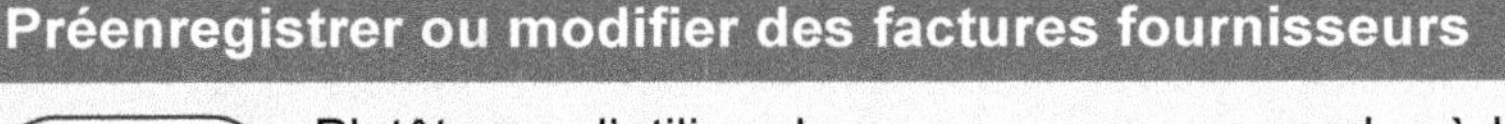

Plutôt que d'utiliser le menu pour vous rendre à l'écran de préenregistrement des factures fournisseurs, vous pouvez saisir **FV60** dans la zone de commande, puis appuyer sur `Entrée`.

2. Saisissez les données sur la pièce, puis sélectionnez Sauvegarder complètement (Figure 4.19).

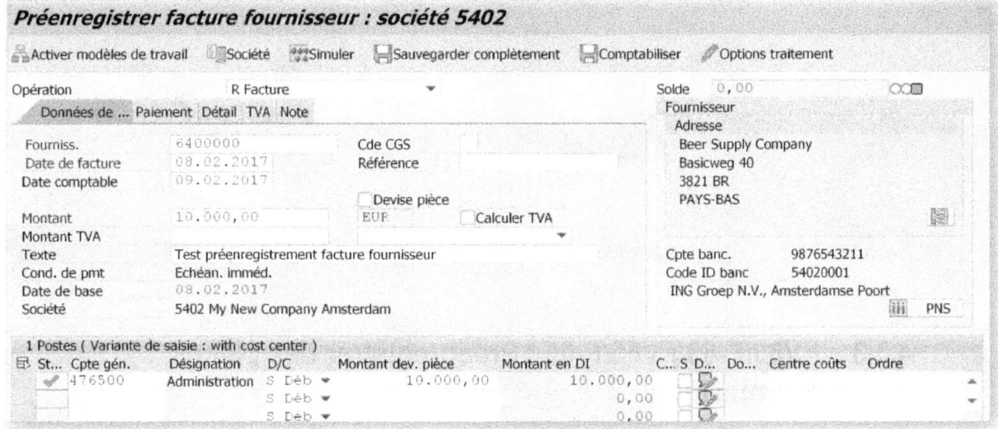

Figure 4.19 : Préenregistrer ou modifier une facture fournisseur, FV60, étape 2

3. Pour comptabiliser la facture, suivez les étapes décrites dans la section 2.3.3 FV50/FV50L : Pièces préenregistrées. Utilisez la transaction FBV0, puis saisissez le numéro de pièce et appuyez sur `Entrée` ou servez-vous de la fonction de liste de pièces pour localiser la pièce recherchée (Figure 4.20).

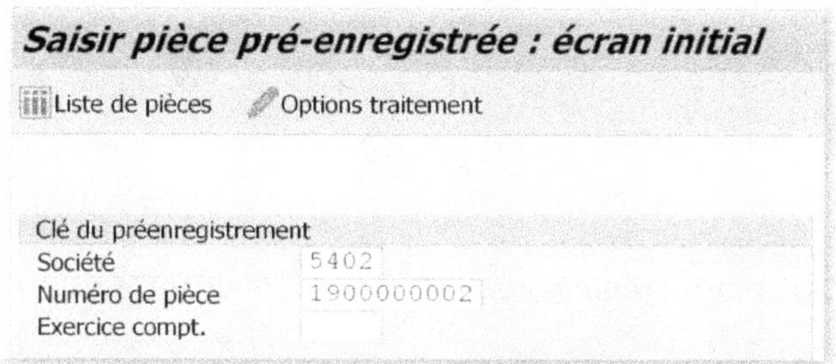

Figure 4.20 : Préenregistrer ou modifier une facture fournisseur, FV60, étape 3

4. Sur l'écran de modification des pièces préenregistrées, cliquez sur 🖫 (Figure 4.21).

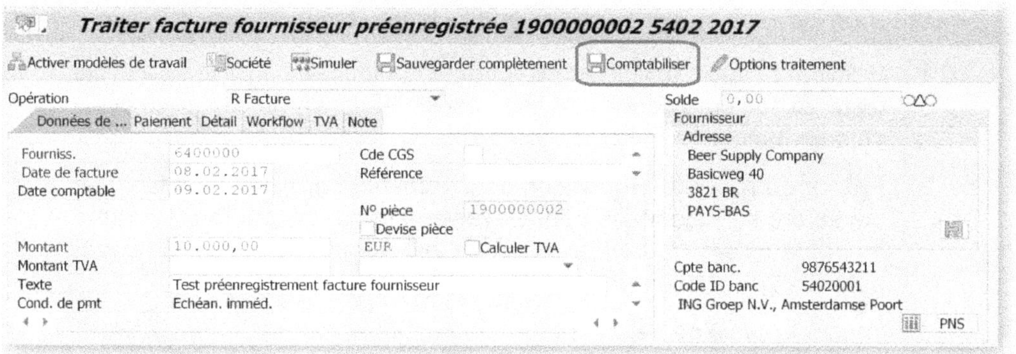

Figure 4.21 : Préenregistrer ou modifier une facture fournisseur, FV60, étape 4

5. Si vous le souhaitez, vous pouvez utiliser la transaction FB03 (comme décrit dans la section 2.3.6) pour afficher la pièce (Figure 4.22).

Figure 4.22 : Préenregistrer ou modifier une facture fournisseur, FV60, étape 5

4.3.4 F110 : Lancer un cycle de paiement

Un cycle de paiement permet de créer des paiements pour plusieurs sociétés, fournisseurs et factures en fonction des besoins de l'entreprise. Créer un cycle de paiement se fait en plusieurs étapes :

1. Préciser la société, les fournisseurs et les factures à payer. Le cycle traite les factures dont l'échéance est située avant ou le jour du cycle de paiement.
2. Passer en revue la proposition de paiement pour valider les factures qui seront sélectionnées pour un règlement par chèque ou tout autre mode de paiement dont le traitement est demandé, et pour procéder à tous les ajustements nécessaires.
3. Lancer le cycle de paiement.
4. Imprimer les chèques ou transmettre les informations de paiement aux banques pour les transferts électroniques de fonds.

Pour notre cycle de paiement test, nous effectuerons toutes les étapes hormis celle de l'impression des chèques ou de transmission des informations de paiement.

1. À l'aide du menu SAP Easy Access, suivez le chemin suivant : COMPTABILITE FINANCIERE • FOURNISSEURS • TRAITEMENTS PERIODIQUES • PAIEMENTS (F110)

Créer des cycles de paiement

Plutôt que d'utiliser le menu pour vous rendre à l'écran d'opération de paiement automatique, vous pouvez saisir **F110** dans la zone de commande, puis appuyer sur `Entrée`.

2. Saisissez une date d'exécution et un identifiant pour le cycle de paiement et cliquez sur l'onglet PARAMETRE (Figure 4.23).

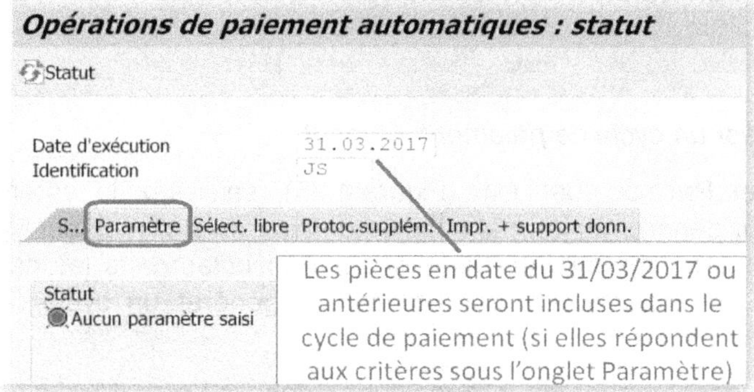

Figure 4.23 : Créer un cycle de paiement, étape 2

3. Saisissez les paramètres du cycle de paiement, puis sélectionnez l'onglet PROTOC.SUPPLÉM. (Figure 4.24).

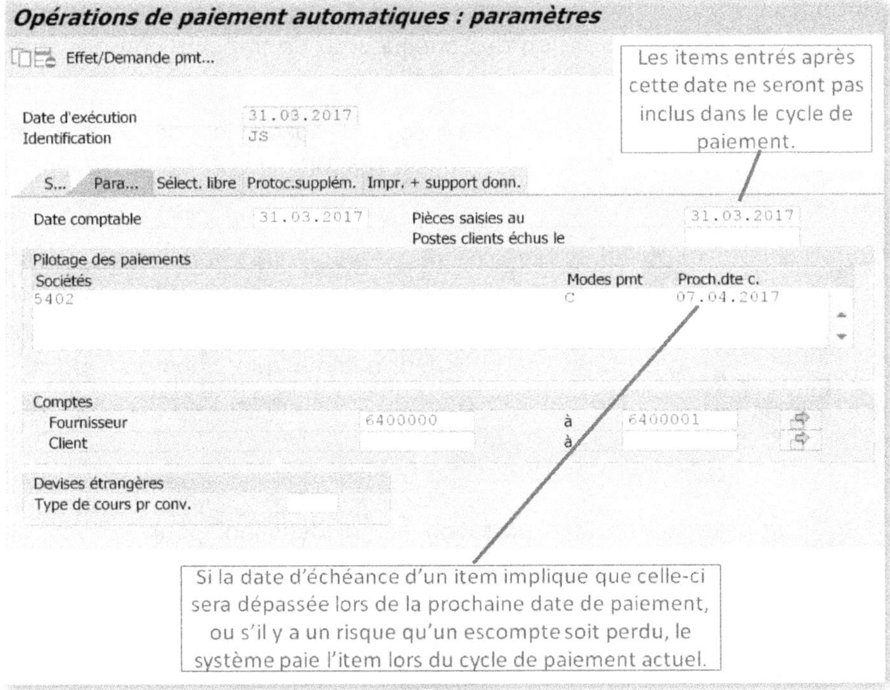

Figure 4.24 : Créer un cycle de paiement, étape 3

4. Dans l'onglet PROTOC.SUPPLÉM. (Figure 4.25), saisissez le critère souhaité pour générer un journal supplémentaire, puis cliquez sur 💾. Les journaux supplémentaires peuvent s'avérer utiles dans les cas où des erreurs apparaissent au moment de générer un cycle de paiement.

5. Lorsque le message apparaît, cliquez sur ⬅ dans la barre d'outils en haut de l'écran pour revenir à l'écran initial.

6. Figure 4.26, remarquez le changement au niveau du statut : les paramètres ont été saisis. Sélectionnez l'icône PROPOSITION. Appuyez sur `Entrée` pour passer les éventuels messages d'avertissement indiquant que les dates du cycle de paiement se situent dans le passé.

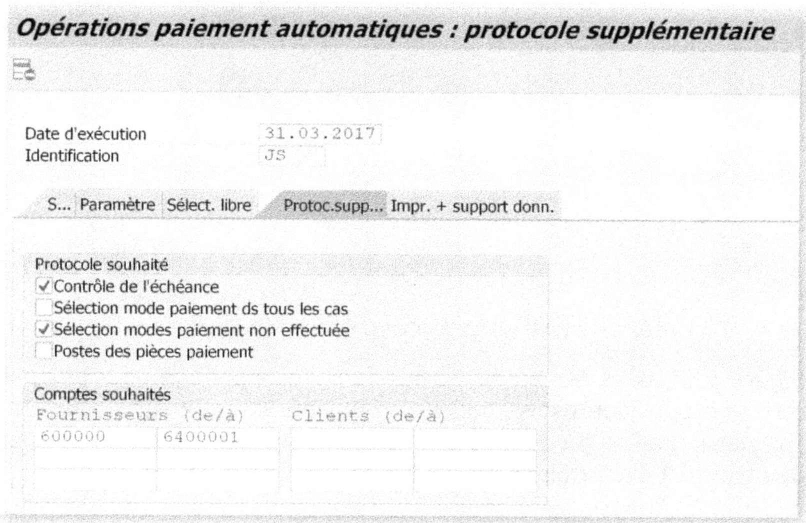

Figure 4.25 : Créer un cycle de paiement, étape 4

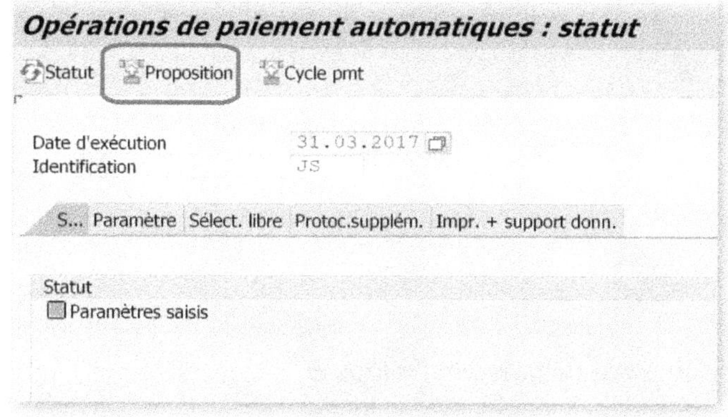

Figure 4.26 : Créer un cycle de paiement, étape 6

7. Saisissez une date de début ou, comme dans notre exemple, choisissez de lancer immédiatement la proposition (Figure 4.27). Cliquez sur ✔ pour poursuivre.

Figure 4.27 : Créer un cycle de paiement, étape 7

8. Figure 4.28, vous remarquerez que le statut a changé pour indiquer qu'une proposition est en cours d'exécution. Cliquez sur l'icône STATUT plusieurs fois jusqu'à ce que le statut indique que la proposition de paiement est terminée.

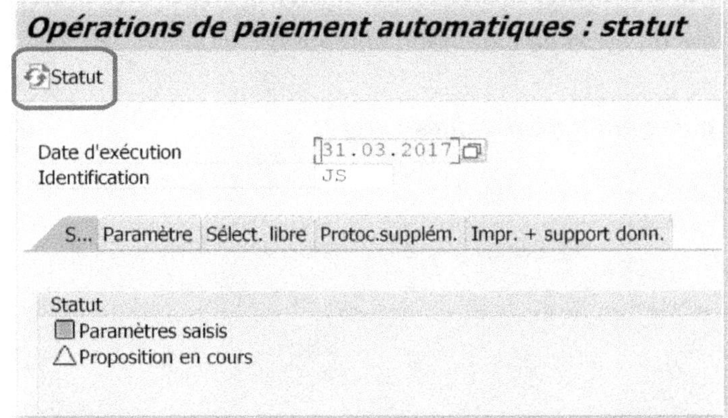

Figure 4.28 : Créer un cycle de paiement, étape 8

9. Quand le statut indique qu'une proposition de paiement a été créée, sélectionnez Proposition pour voir les messages se rapportant au cycle de paiement (Figure 4.29).

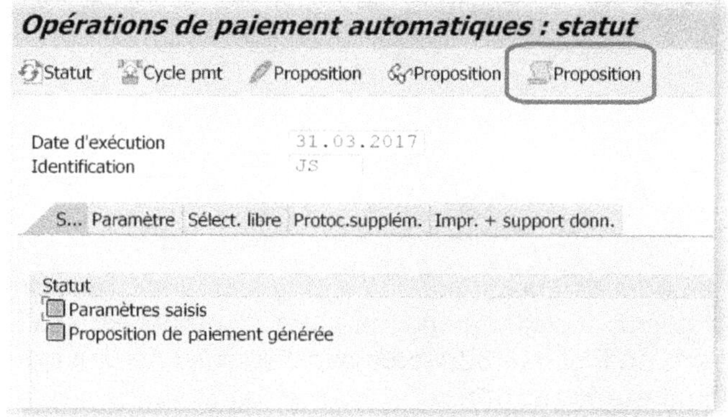

Figure 4.29 : Créer un cycle de paiement, étape 9

10. Après avoir lu le journal (Figure 4.30), cliquez sur puis sélectionnez Proposition pour apporter des modifications aux items proposés et les inclure dans notre cycle de paiement.

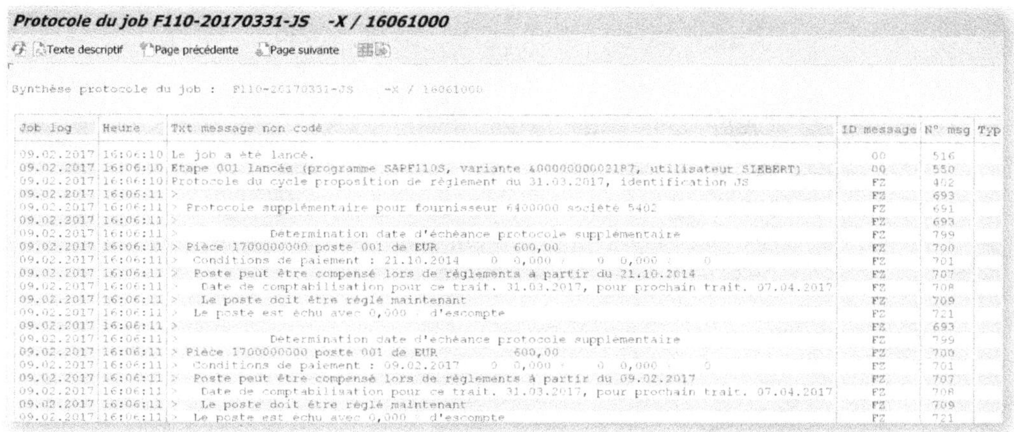

Protocole du job F110-20170331-JS -X / 16061000

Texte descriptif | Page précédente | Page suivante

Synthèse protocole du job : F110-20170331-JS -X / 16061000

Job log	Heure	Txt message non codé	ID message	N° msg	Typ
09.02.2017	16:06:10	Le job a été lancé.	00	516	
09.02.2017	16:06:10	Etape 001 lancée (programme SAPF110S, variante &0000000002187, utilisateur SIEBERT)	00	550	
09.02.2017	16:06:10	Protocole du cycle proposition de règlement du 31.03.2017, identification JS	FZ	402	
09.02.2017	16:06:11	>	FZ	693	
09.02.2017	16:06:11	> Protocole supplémentaire pour fournisseur 6400000 société 5402	FZ	691	
09.02.2017	16:06:11	>	FZ	693	
09.02.2017	16:06:11	> Determination date d'échéance protocole supplémentaire	FZ	799	
09.02.2017	16:06:11	> Pièce 1700000000 poste 001 de EUR 600,00	FZ	700	
09.02.2017	16:06:11	> Conditions de paiement : 21.10.2014 0 0,000 / 0 0,000 / 0	FZ	701	
09.02.2017	16:06:11	> Poste peut être compensé lors de règlements à partir du 21.10.2014	FZ	707	
09.02.2017	16:06:11	> Date de comptabilisation pour ce trait. 31.03.2017, pour prochain trait. 07.04.2017	FZ	708	
09.02.2017	16:06:11	> Le poste doit être réglé maintenant	FZ	709	
09.02.2017	16:06:11	> Le poste est échu avec 0,000 % d'escompte	FZ	721	
09.02.2017	16:06:11	>	FZ	693	
09.02.2017	16:06:11	> Determination date d'échéance protocole supplémentaire	FZ	799	
09.02.2017	16:06:11	> Pièce 1700000000 poste 001 de EUR 600,00	FZ	700	
09.02.2017	16:06:11	> Conditions de paiement : 09.02.2017 0 0,000 / 0 0,000 / 0	FZ	701	
09.02.2017	16:06:11	> Poste peut être compensé lors de règlements à partir du 09.02.2017	FZ	707	
09.02.2017	16:06:11	> Date de comptabilisation pour ce trait. 31.03.2017, pour prochain trait. 07.04.2017	FZ	708	
09.02.2017	16:06:11	> Le poste doit être réglé maintenant	FZ	709	
09.02.2017	16:06:11	> Le poste est échu avec 0,000 % d'escompte	FZ	721	

Figure 4.30 : Créer un cycle de paiement, étape 10

11. Vous pouvez choisir de modifier des pièces pour un comptable spécifique ou pour tous les comptables (Figure 4.31). Cliquez sur ✔ pour poursuivre.

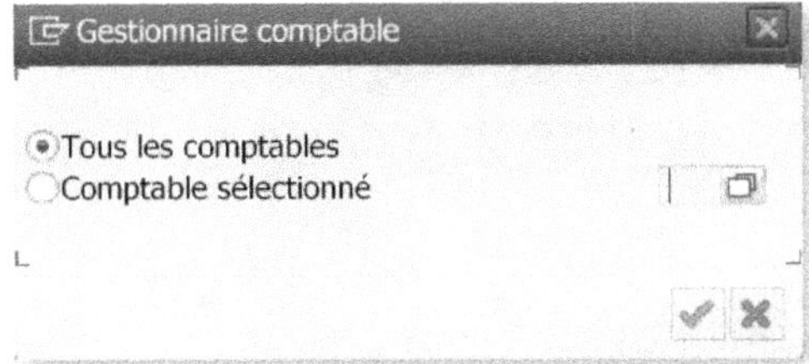

Figure 4.31 : Créer un cycle de paiement, étape 11

12. Le total des paiements à régler à chaque fournisseur inclus dans la proposition est affiché Figure 4.32. Après avoir sélectionné une ligne fournisseur, cliquez sur SÉLECTION.

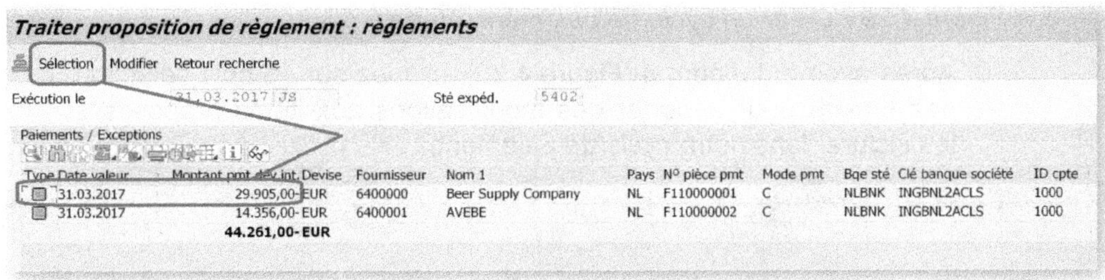

Type	Date valeur	Montant pmt dev.int.	Devise	Fournisseur	Nom 1	Pays	Nº pièce pmt	Mode pmt	Bqe sté	Clé banque société	ID cpte
	31.03.2017	29.905,00-	EUR	6400000	Beer Supply Company	NL	F110000001	C	NLBNK	INGBNL2ACLS	1000
	31.03.2017	14.356,00-	EUR	6400001	AVEBE	NL	F110000002	C	NLBNK	INGBNL2ACLS	1000
		44.261,00-	**EUR**								

Figure 4.32 : Créer un cycle de paiement, étape 12

13. Figure 4.33, nous pouvons voir que les paiements pour le fournisseur 6400000 font figurer une déduction pour un avoir de 600,00 EUR. Modifions le paiement pour exclure cette déduction. Sélectionnez l'item, puis cliquez sur MODIFIER.

Traiter proposition de règlement : postes non soldés

Modifier Bloquer tout Retour recherche

Exécution le 31.03.2017 JS Sté expéd. 5402

Groupe sélectionné

Fournisseur 6400000 Devise EUR Mode paiement C

Client Domaine activ. Banque société NLBNK 1000

Postes payés

Société	Montant DI	Référence	Nº pièce	Ex.	Poste	Cpte succursale	M	Devise	Bqe sté	TypB	Err	Typ	Date comptable
5402	600,00		1700000000	2014	1			EUR				KG	21.10.2014
5402	600,00		1700000000	2017	1			EUR				KG	09.02.2017
5402	6.500,00-		1900000001	2017	2			EUR				KR	09.02.2017
5402	10.000,00-		1900000002	2017	1			EUR				KR	09.02.2017
5402	3.000,00-		1900000005	2014	1			EUR				KR	17.11.2014
5402	4.000,00-		1900000006	2014	1			EUR				KR	18.11.2014
5402	6.200,00-		1900000007	2014	1			EUR				KR	10.12.2014
5402	1.600,00-		1900000008	2014	1			EUR				KR	12.12.2014

Figure 4.33 : Créer un cycle de paiement, étape 13

14. Sélectionnez BLOC. PAIEM. A, cliquez sur ☑ (Figure 4.34), puis choisissez ⟳ dans la barre d'outils.

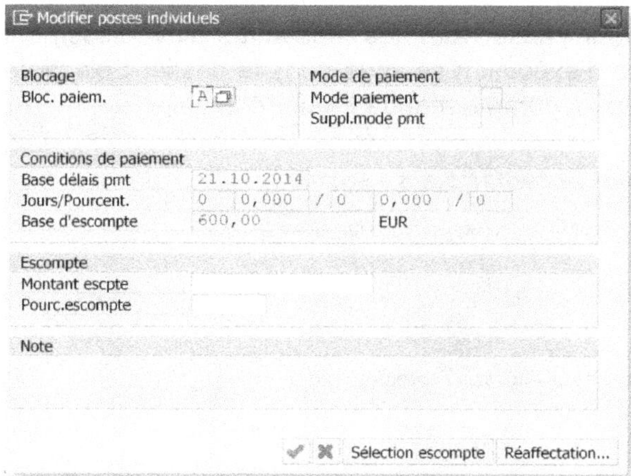

Figure 4.34 : Créer un cycle de paiement, étape 14

15. Figure 4.35, vous remarquerez que l'avoir est à présent désélectionné et que le montant à décaisser a augmenté de 600,00 EUR. Cliquez sur ⟳, puis sélectionnez Oui quand le système vous demande d'enregistrer les modifications.

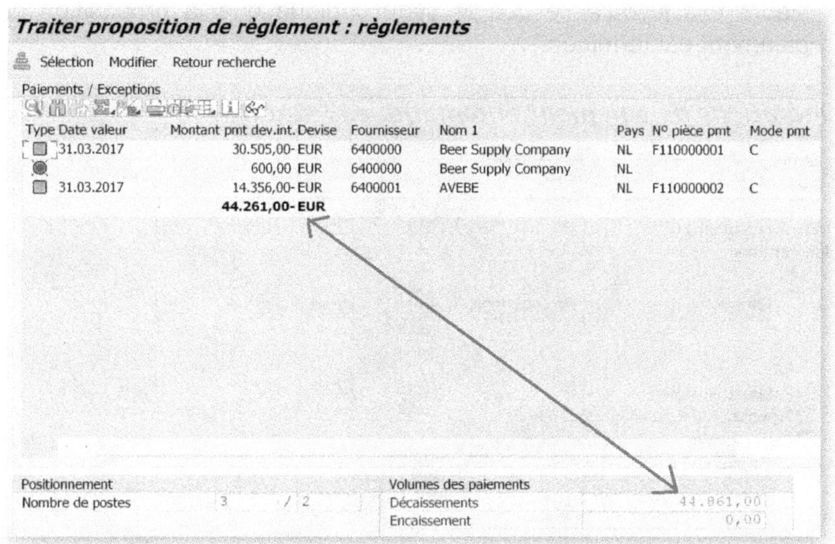

Figure 4.35 : Créer un cycle de paiement, étape 15

16. Nous voyons dans l'onglet STATUT Figure 4.36 que notre proposition de paiement a été modifiée. À présent, nous pouvons cliquer sur l'icône CYCLE PMT pour lancer le cycle de paiement. Appuyez à nouveau sur `Entrée` pour passer tous les messages d'avertissement informant que la date d'exécution se situe dans le passé. Sélectionnez LANCEMENT IMMEDIAT, comme montré Figure 4.27.

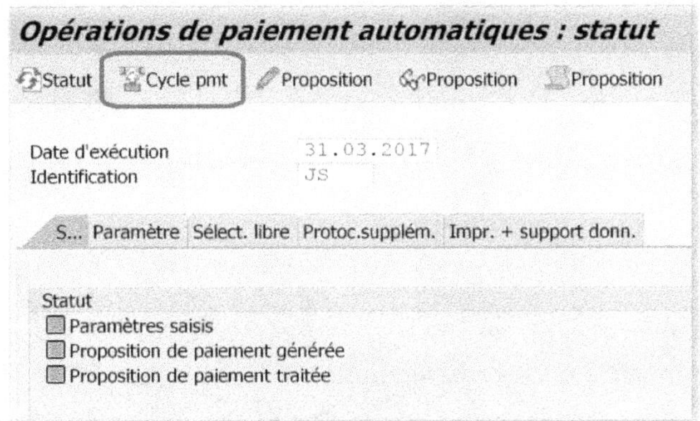

Figure 4.36 : Créer un cycle de paiement, étape 16

17. Un message indiquant que le programme de paiement est en cours d'exécution s'affiche (Figure 4.37). Cliquez sur l'icône STATUT plusieurs fois jusqu'à ce que le statut indique que la proposition de paiement est terminée.

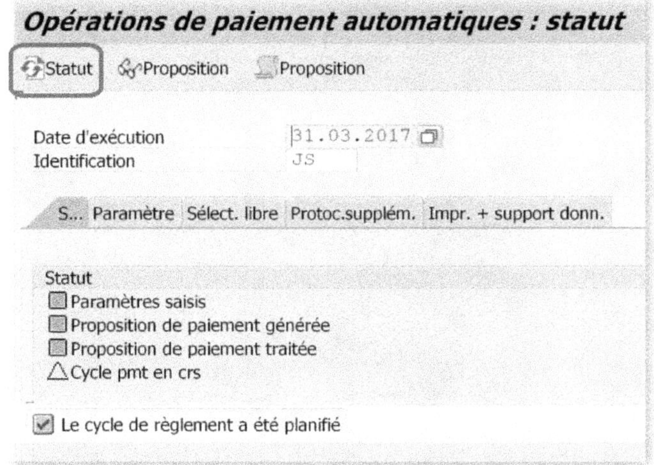

Figure 4.37 : Créer un cycle de paiement, étape 17

18. Une fois le cycle de paiement terminé, vous verrez apparaître un message informant que les écritures de paiement ont été exécutées (Figure 4.38).

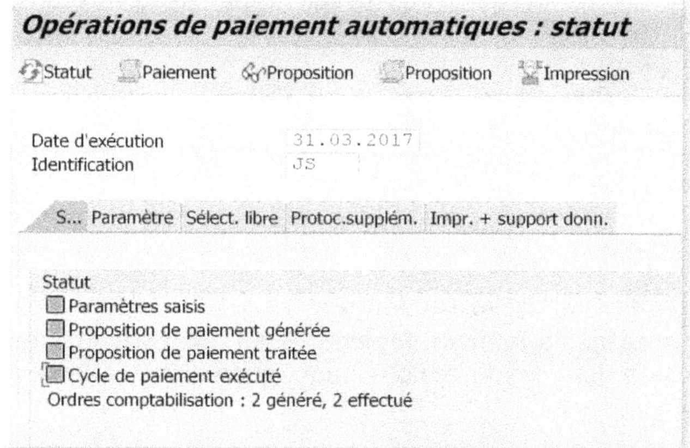

Figure 4.38 : Créer un cycle de paiement, étape 18

19. Si vous le souhaitez, vous pouvez utiliser la transaction FB03 (comme décrit dans la section 2.3.6) pour afficher la pièce (Figure 4.39).

Vue de la saisie

N° pièce	2000000000	Société	5402	Exercice compt.	2017
Date pièce	31.03.2017	Date comptable	31.03.2017	Période	3
Référence		N° inter-stés			
Devise	EUR	Txt. existants		Grpe ledgers	

Sté	Poste	CC	CS	Compte	Désignation	Montant	Devise	TV	Centre de coûts
5402	1		50	276000	Remises reçues	195,00-	EUR		
	2		25	6400000	Beer Supply Company	30.700,00	EUR		
	3		50	110002	Compte courant - p	30.505,00-	EUR		

Vue de la saisie

N° pièce	2000000001	Société	5402	Exercice compt.	2017
Date pièce	31.03.2017	Date comptable	31.03.2017	Période	3
Référence		N° inter-stés			
Devise	EUR	Txt. existants		Grpe ledgers	

Sté	Poste	CC	CS	Compte	Désignation	Montant	Devise	TV	Centre de coût
5402	1		50	276000	Remises reçues	444,00-	EUR		
	2		25	6400001	AVEBE	14.800,00	EUR		
	3		50	110002	Compte courant - p	14.356,00-	EUR		

Figure 4.39 : Créer un cycle de paiement, étape 19

4.3.5 F-53 : Comptabiliser des décaissements

Nous avons vu comment configurer un cycle de paiement pour des groupes de fournisseurs et factures. Vous pouvez utiliser la transaction F-53 pour traiter un décaissement manuel simple.

Dans l'exemple suivant, nous enregistrerons un versement pour la facture 1900000002 du fournisseur 6400000.

1. À l'aide du menu SAP Easy Access, suivez le chemin suivant : COMPTABILITE FINANCIERE • FOURNISSEURS • ÉCRITURE • DECAISSEMENTS • CMPTB. (F-53)
2. Saisissez les données sur le versement (Figure 4.40). Comme nous connaissons le numéro de la pièce à payer, nous pourrons indiquer un numéro de pièce dans les sélections supplémentaires. Sélectionnez TRAITER PNS.

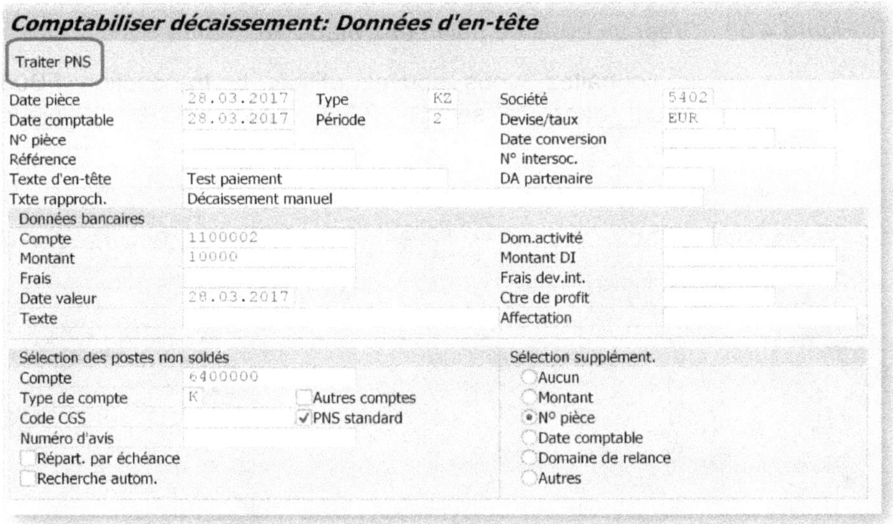

Figure 4.40 : Comptabiliser un décaissement, F-53, étape 2

3. Saisissez le numéro de pièce, puis cliquez sur TRAITER PNS (Figure 4.41).

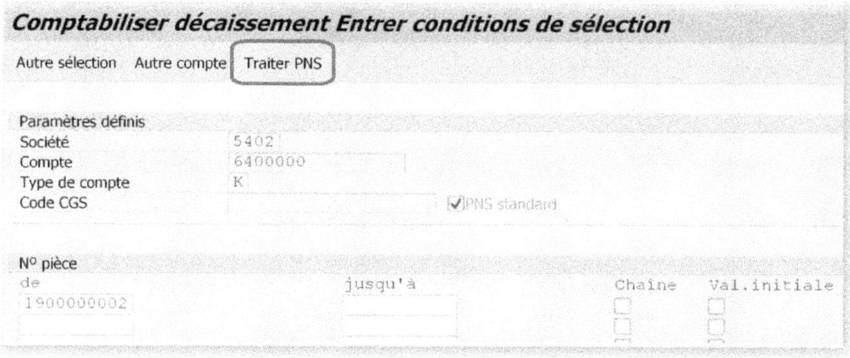

Comptabiliser décaissement Entrer conditions de sélection

Autre sélection Autre compte Traiter PNS

Paramètres définis
Société 5402
Compte 6400000
Type de compte K
Code CGS PNS standard

N° pièce
de jusqu'à Chaîne Val.initiale
1900000002

Figure 4.41 : Comptabiliser un décaissement, F-53, étape 3

4. Comme le montant affecté aux pièces est égal au montant du décaissement, cliquez sur 💾 pour comptabiliser le décaissement (Figure 4.42).

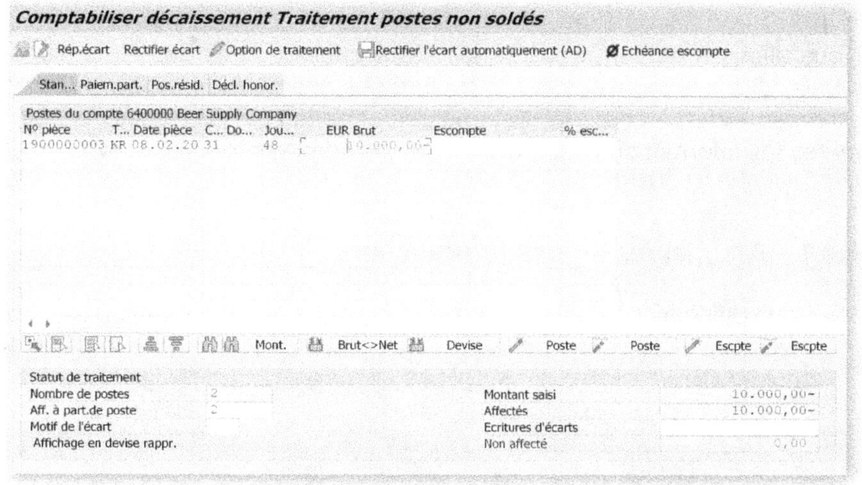

Figure 4.42 : Comptabiliser un décaissement, F-53, étape 4

5. Si vous le souhaitez, vous pouvez utiliser la transaction FB03 (comme décrit dans la section 2.3.6) pour afficher la pièce (Figure 4.43).

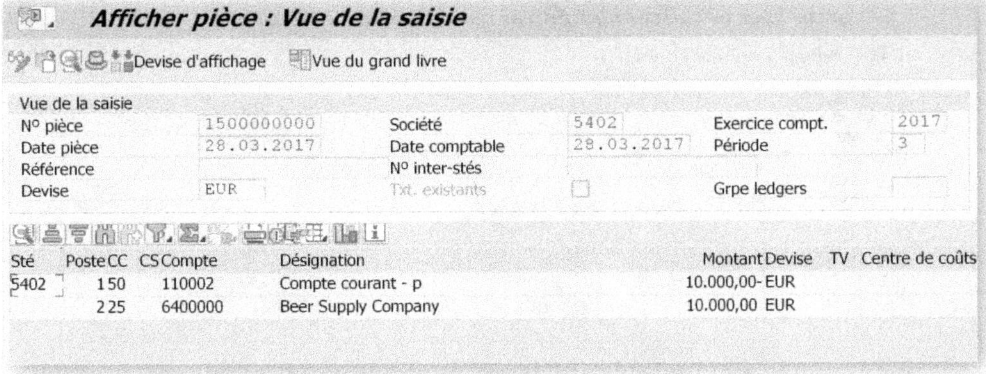

Figure 4.43 : Comptabiliser un décaissement, F-53, étape 5

4.4 États comptabilité fournisseurs SAP (AP)

Nous allons à présent nous pencher sur quelques-uns des états disponibles. Une fois que vous aurez exploré ces exemples, vous devriez être en mesure de parcourir le système d'information AP SAP pour recueillir toutes les informations nécessaires sur les comptes fournisseurs.

4.4.1 Afficher les soldes fournisseurs

1. Pour afficher les soldes fournisseurs, dans le menu SAP Easy Access, suivez le chemin suivant : COMPTABILITE FINANCIERE • FOURNISSEURS • COMPTE • AFFICHER SOLDES (FK10N)

Afficher les soldes fournisseurs

Plutôt que d'utiliser le menu pour vous rendre à l'écran d'affichage des soldes, vous pouvez saisir **FK10N** dans la zone de commande, puis appuyer sur `Entrée`.

2. Saisissez un numéro de fournisseur, une société et un exercice comptable, puis cliquez sur pour lancer l'exécution de l'état (Figure 4.44).

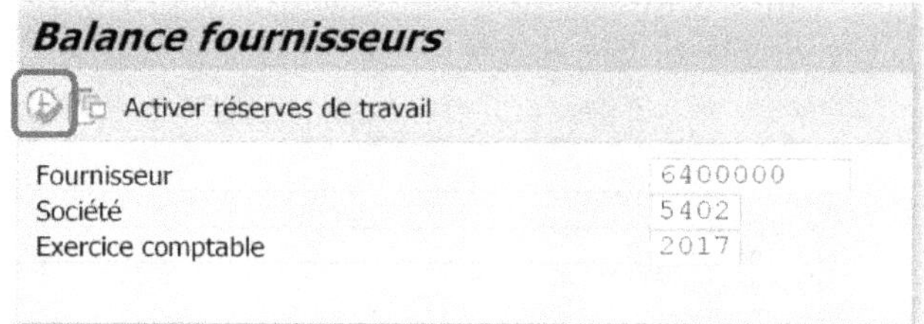

Figure 4.44 : Afficher les soldes fournisseurs, étape 2

3. Les soldes fournisseurs sont affichés par exercice comptable (Figure 4.45). Vous pouvez faire un double-clic sur un montant afin d'afficher les postes détaillés.

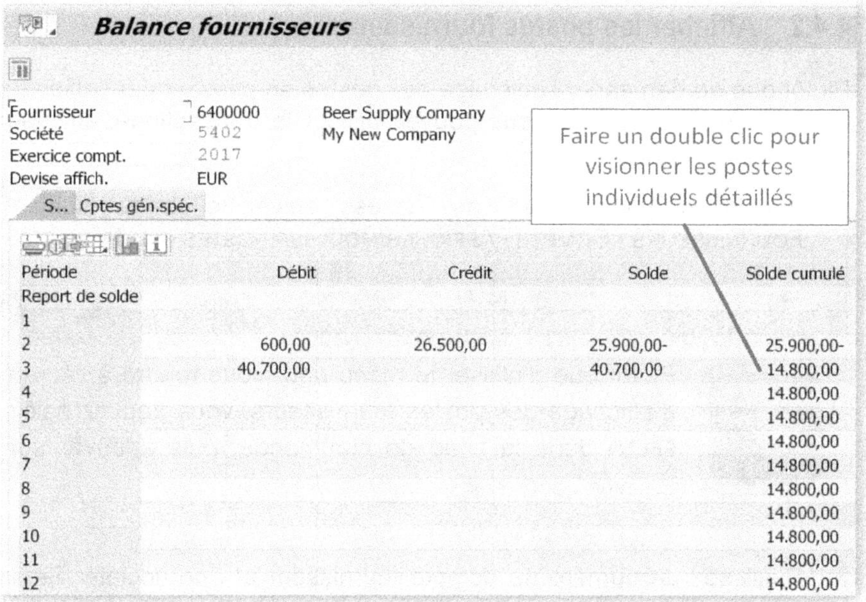

Période	Débit	Crédit	Solde	Solde cumulé
Report de solde				
1				
2	600,00	26.500,00	25.900,00-	25.900,00-
3	40.700,00		40.700,00	14.800,00
4				14.800,00
5				14.800,00
6				14.800,00
7				14.800,00
8				14.800,00
9				14.800,00
10				14.800,00
11				14.800,00
12				14.800,00

Figure 4.45 : Afficher les soldes fournisseurs, étape 3

4. Les postes utilisés pour le solde s'affichent (Figure 4.46).

Liste des postes individuels fournisseurs

Sélections   Litige

6400000

St	N° pièce	Typ	Date pièce	Mtant en DI	Dev.I	Numéro facture BIP	Echéance	Texte
	1500000000	KZ	28.03.2017	10.000,00	EUR	1500000000	28.03.2017	Décaissement manuel
	1900000003	KR	08.02.2017	10.000,00-	EUR	1900000003	08.02.2017	Test préenregistrement facture fournisseur
	1700000000	KG	09.02.2017	600,00	EUR	1700000000	09.02.2017	
	1900000001	KR	08.02.2017	6.500,00-	EUR	1900000001	25.03.2017	
	1900000002	KR	08.02.2017	10.000,00-	EUR	1900000002	08.02.2017	Test préenregistrement facture fournisseur
	2000000000	ZP	31.03.2017	30.700,00	EUR	2000000000	31.03.2017	
				14.800,00	**EUR**			
				14.800,00	**EUR**			
				14.800,00	**EUR**			

Figure 4.46 : Afficher les soldes fournisseurs, étape 4

4.4.2 Afficher les postes fournisseurs

Plutôt que de demander l'affichage des postes en passant par l'affichage des soldes fournisseurs, vous pouvez utiliser la transaction d'affichage des postes individuels.

1. À l'aide du menu SAP Easy Access, suivez le chemin suivant : FOURNISSEURS • COMPTE • AFFICHER/MODIFIER POSTES (FBL1N).

Afficher les postes fournisseurs

Plutôt que d'utiliser le menu pour vous rendre à l'écran d'affichage des postes fournisseurs, vous pouvez saisir **FBL1N** dans la zone de commande, puis appuyer sur [Entrée].

2. Saisissez un numéro de compte fournisseur et une société. Sélectionnez le type de poste à afficher. Figure 4.47, nous choisissons d'afficher tous les postes comptabilisés pour le fournisseur 6400001.

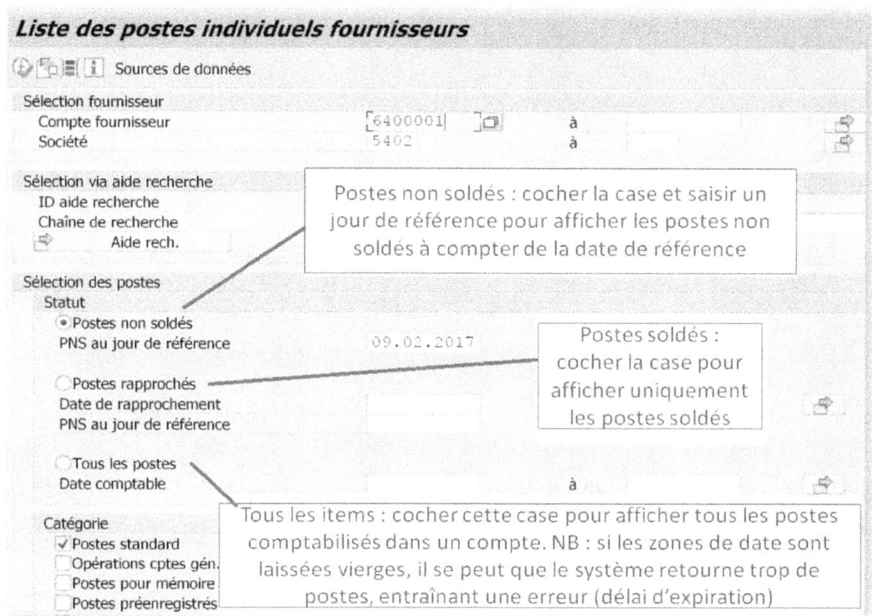

Figure 4.47 : Afficher les postes fournisseurs, étape 2

3. Les postes fournisseurs s'affichent (Figure 4.48).

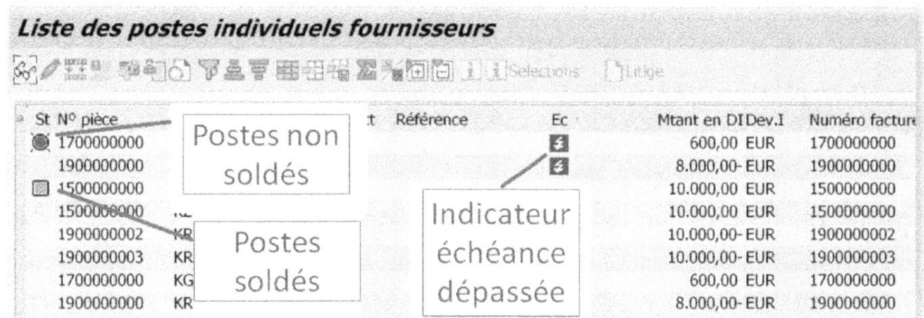

Figure 4.48 : Afficher les postes fournisseurs, étape 3

4. Pour afficher les détails, faites un double-clic sur un poste. Figure 4.49, vous remarquerez que pour notre pièce, nous pouvons voir les détails, dont la pièce de rapprochement, c'est-à-dire la pièce de paiement ZP comptabilisée avec notre cycle de paiement vu à la section 4.3.4.

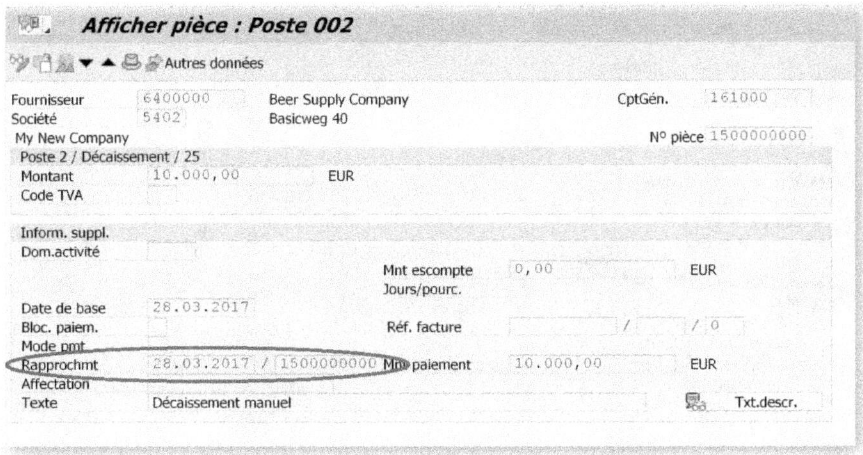

Figure 4.49 : Afficher les postes fournisseurs, étape 4

5. Cliquez sur pour afficher des informations supplémentaires sur la saisie de la pièce (Figure 4.50).

Figure 4.50 : Afficher les postes fournisseurs, étape 5

6. Cliquez sur (voir Figure 4.49) pour afficher la vue de la pièce comptabilisée, comme nous l'avons vu avec la transaction FB03 (Figure 4.51).

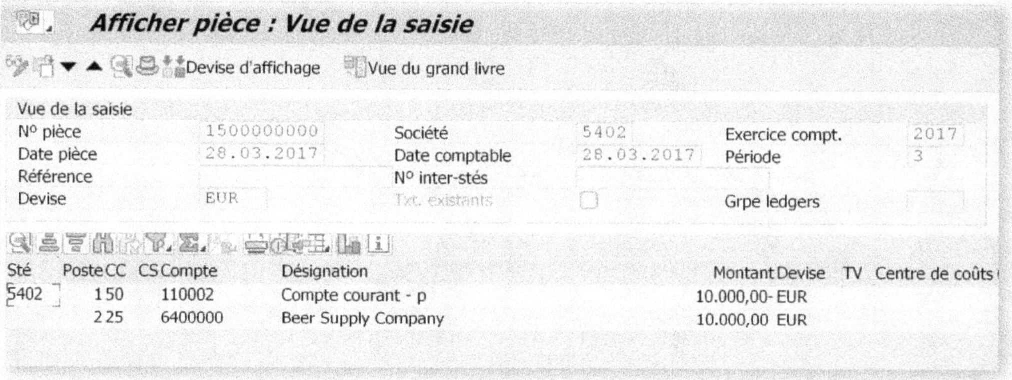

Figure 4.51 : Afficher les postes fournisseurs, étape 6

4.4.3 Accéder au système d'information AP SAP

Dans cette section, nous n'aborderons qu'un seul des états AP proposé par SAP, mais nous vous encourageons à vous servir des techniques apprises ici ainsi que de celles du système d'information AR pour consulter les nombreux rapports disponibles.

Pour accéder à ces états, une fois dans le menu SAP Easy Access, naviguez jusqu'au système d'information Comptabilité fournisseurs (Figure 4.52). COMPTABILITÉ FINANCIÈRE • FOURNISSEURS • SYSTÈME D'INFORMATION

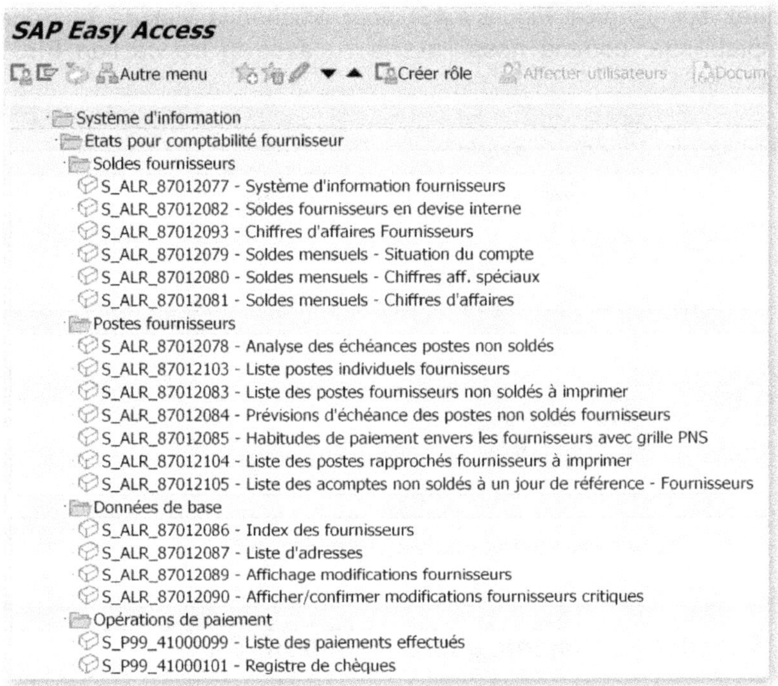

Figure 4.52 : Système d'information de la comptabilité fournisseurs

Analyse de la date d'échéance pour les postes non soldés

1. Sélectionnez l'état S_ALR_87012078 dans le système d'information en effectuant un double-clic.

Analyse de la date d'échéance pour les postes non soldés

Plutôt que d'afficher l'état en passant par le système d'information, vous pouvez saisir **S_ALR_87012078** dans la zone de commande, puis appuyer sur `Entrée`.

2. Saisissez un critère de sélection, puis cliquez sur ⊕ pour lancer la génération de l'état. Figure 4.53, nous saisissons uniquement la société, de façon à ce que l'état affiche tous les fournisseurs présentant des postes non soldés dans la société.

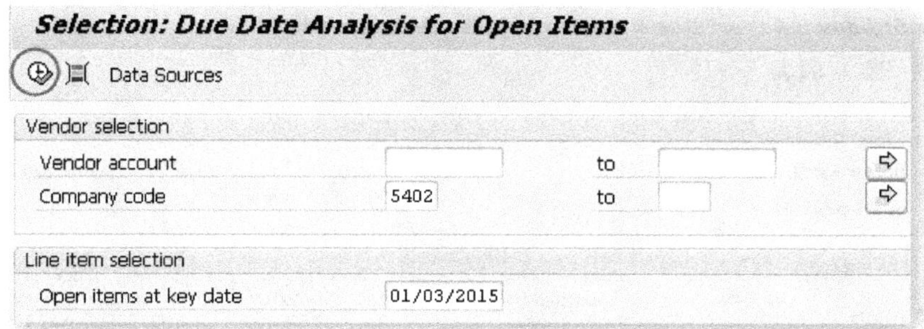

Figure 4.53 : Analyse de la date d'échéance pour les postes non soldés, étape 2

3. Une fois l'état généré (Figure 4.54), des données par fournisseur s'affichent dans la partie supérieure, tandis qu'un récapitulatif des postes non soldés apparaît dans la partie inférieure.

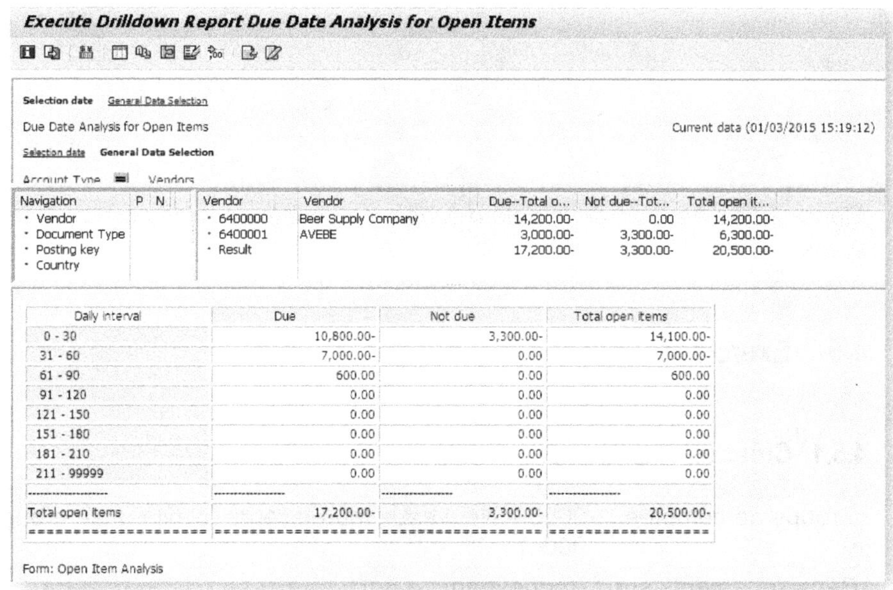

Vendor	Vendor	Due--Total o...	Not due--Tot...	Total open it...
6400000	Beer Supply Company	14,200.00-	0.00	14,200.00-
6400001	AVEBE	3,000.00-	3,300.00-	6,300.00-
Result		17,200.00-	3,300.00-	20,500.00-

Daily interval	Due	Not due	Total open items
0 - 30	10,800.00-	3,300.00-	14,100.00-
31 - 60	7,000.00-	0.00	7,000.00-
61 - 90	600.00	0.00	600.00
91 - 120	0.00	0.00	0.00
121 - 150	0.00	0.00	0.00
151 - 180	0.00	0.00	0.00
181 - 210	0.00	0.00	0.00
211 - 99999	0.00	0.00	0.00
Total open items	17,200.00-	3,300.00-	20,500.00-

Figure 4.54 : Analyse de la date d'échéance pour les postes non soldés, étape 3

4. Faites un double-clic sur DOCUMENT TYPE dans le volet de navigation de gauche. Remarquez que le rapport est à présent ventilé par type de pièce (Figure 4.55).

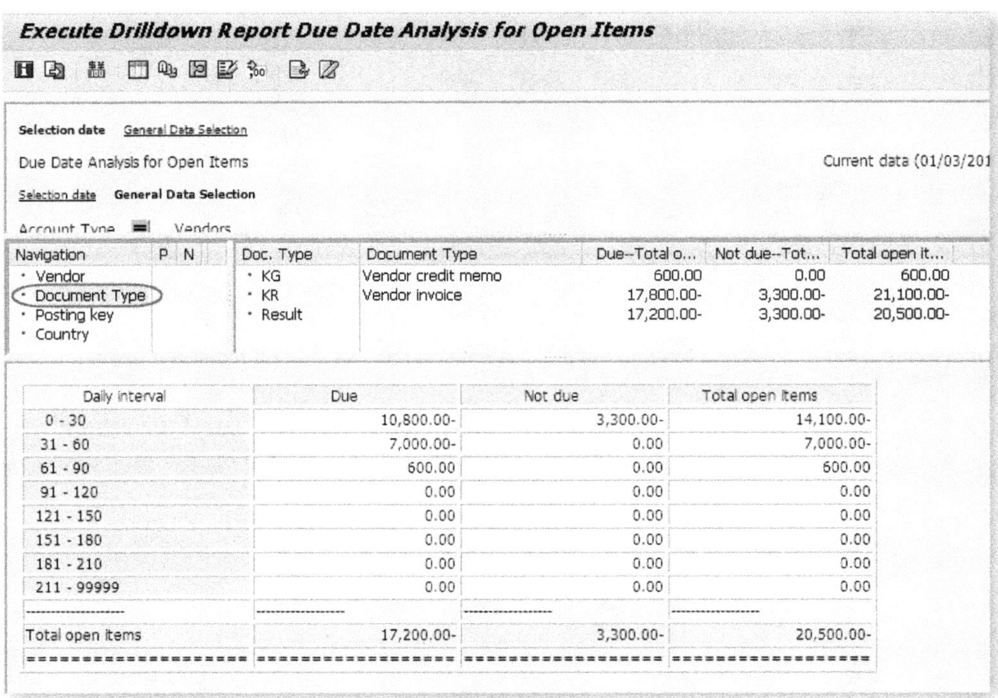
Execute Drilldown Report Due Date Analysis for Open Items

Selection date General Data Selection

Due Date Analysis for Open Items Current data (01/03/201

Selection date General Data Selection

Account Type Vendors

Navigation	P	N
Vendor		
Document Type		
Posting key		
Country		

Doc. Type	Document Type	Due--Total o...	Not due--Tot...	Total open it...
KG	Vendor credit memo	600.00	0.00	600.00
KR	Vendor invoice	17,800.00-	3,300.00-	21,100.00-
Result		17,200.00-	3,300.00-	20,500.00-

Daily interval	Due	Not due	Total open items
0 - 30	10,800.00-	3,300.00-	14,100.00-
31 - 60	7,000.00-	0.00	7,000.00-
61 - 90	600.00	0.00	600.00
91 - 120	0.00	0.00	0.00
121 - 150	0.00	0.00	0.00
151 - 180	0.00	0.00	0.00
181 - 210	0.00	0.00	0.00
211 - 99999	0.00	0.00	0.00
Total open items	17,200.00-	3,300.00-	20,500.00-

Figure 4.55 : Analyse de la date d'échéance pour les postes non soldés, étape 4

4.5 Exercices

4.5.1 Créez un fournisseur

Groupe de comptes	0066 – Nouveaux fournisseurs (similaire au groupe 0004)
Renseignements sur le fournisseur	Hoogeveen Prins Hendrikstraat 24 7902 BZ Hoogeveen Pays-Bas
Compte collectif	161000

4.5.2 Comptabilisez une facture fournisseur

Fournisseur	Deventer
Facture n°1 Date Référence Montant Contrepartie GC	 Datée d'aujourd'hui Nouvelle facture 1 7 000 EUR 476500

4.5.3 Affichez les postes d'un fournisseur

5 Configuration pour démarrer dans SAP FI

Ce chapitre explique la configuration de base nécessaire pour réaliser les exercices proposés dans cet ouvrage.

Nous ne donnons pas d'instructions étape par étape ; en revanche, nous indiquons les chemins de menus et/ou les codes de transaction de la configuration de base ainsi que les valeurs utilisées lors de la création des exercices.

Sauf mention contraire, tous les chemins de menus mentionnés partent du menu Customizing, auquel on peut accéder en lançant la transaction SPRO.

5.1 Créer une société

5.1.1 Copier une société

STRUCTURE DE L'ENTREPRISE • DÉFINITION • COMPTABILITÉ FINANCIÈRE • TRAITER, COPIER, SUPPRIMER, CONTRÔLER SOCIÉTÉ (OX02)

Société	5402
Nom	Ma société
Localité	Amsterdam
Pays	NL
Devise	EUR
Rue/N°	Surinmestraatt 27
Code postal	2585 GJ
Localité	La Haye
Pays	NL
Boîte postale	90922
Code postal	2595 GJ

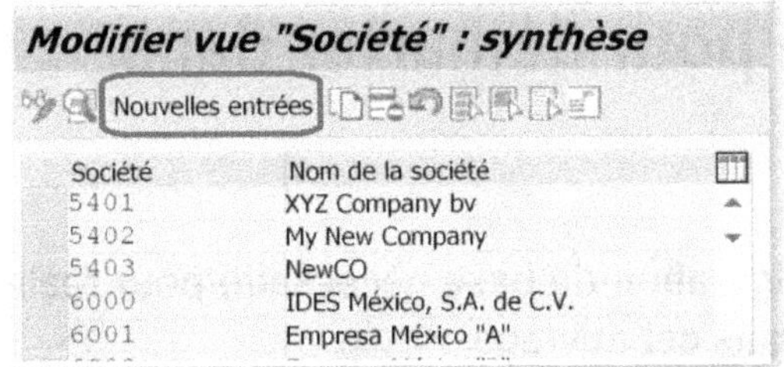

Figure 5.1 : Copier une société, étape 1

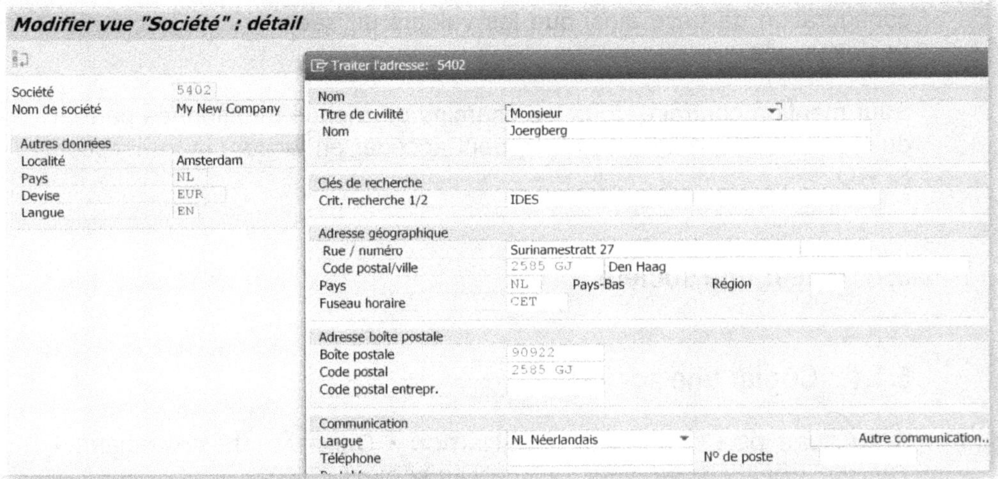

Figure 5.2 : Copier une société, étape 2

5.1.2 Affecter des données globales

COMPTABILITÉ FINANCIÈRE (NOUVEAU) • OPTIONS DE BASE COMPTABILITÉ FINANCIÈRE (NOUVELLE) • DONNÉES GLOBALES DE LA SOCIÉTÉ • APPOSER LE CODE PRODUCTIF SUR LA SOCIÉTÉ (OBY6)

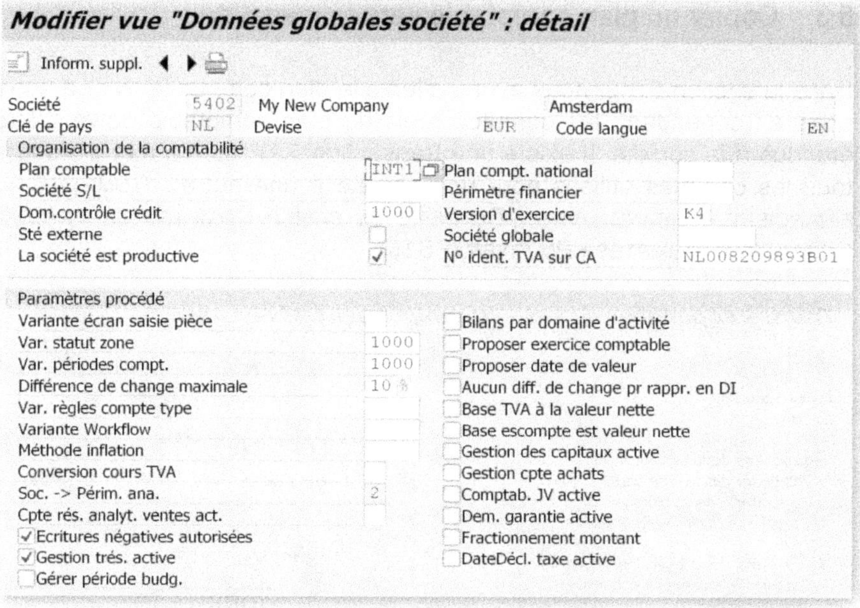

Modifier vue "Données globales société" : détail

Inform. suppl.

Société	5402	My New Company	Amsterdam	
Clé de pays	NL	Devise	EUR	Code langue EN

Organisation de la comptabilité

Plan comptable	INT1	Plan compt. national	
Société S/L		Périmètre financier	
Dom.contrôle crédit	1000	Version d'exercice	K4
Sté externe	☐	Société globale	
La société est productive	✓	N° ident. TVA sur CA	NL008209893B01

Paramètres procédé

Variante écran saisie pièce		☐ Bilans par domaine d'activité
Var. statut zone	1000	☐ Proposer exercice comptable
Var. périodes compt.	1000	☐ Proposer date de valeur
Différence de change maximale	10 %	☐ Aucun diff. de change pr rappr. en DI
Var. règles compte type		☐ Base TVA à la valeur nette
Variante Workflow		☐ Base escompte est valeur nette
Méthode inflation		☐ Gestion des capitaux active
Conversion cours TVA		☐ Gestion cpte achats
Soc. -> Périm. ana.	2	☐ Comptab. JV active
Cpte rés. analyt. ventes act.		☐ Dem. garantie active
✓ Ecritures négatives autorisées		☐ Fractionnement montant
✓ Gestion trés. active		☐ DateDécl. taxe active
☐ Gérer période budg.		

Figure 5.3 : Données globales pour une société test

5.2 Affecter une société à un périmètre analytique

CONTRÔLE DE GESTION • CONTRÔLE DE GESTION - DONNÉES GÉNÉRALES • ORGANISATION • GÉRER PÉRIMÈTRE ANALYTIQUE (OKKP)

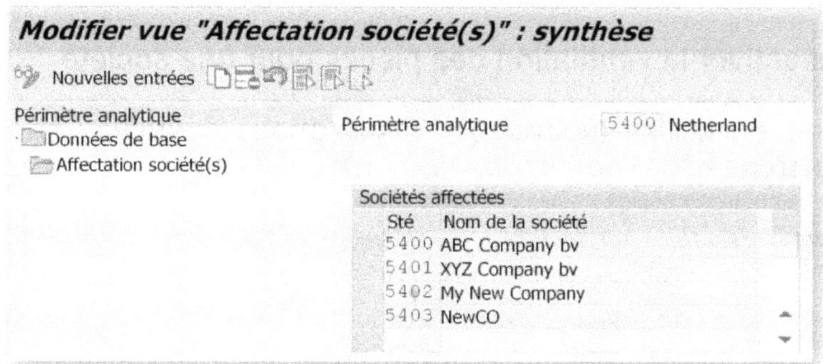

Figure 5.4 : Affecter une société au périmètre analytique 5400

5.3 Copier un plan comptable vers une société

Dans la section 5.1.2, nous avons affecté le plan comptable INT1 à notre société ; cependant, les comptes réels du plan comptable doivent être étendus à la société. Il existe une transaction SAP qui permet d'étendre tous les comptes utilisés pour une société à une autre : COMPTABILITÉ FINANCIÈRE • GRAND LIVRE • DONNÉES DE BASE • COMPTES GÉNÉRAUX • COPIER PLAN COMPTES • ENVOYER (FS15)

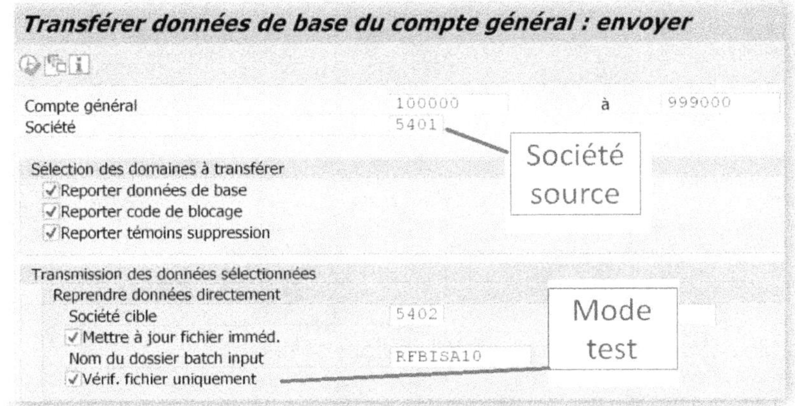

Figure 5.5 : Copier un plan comptable vers une société

5.4 Préparer la saisie d'une pièce de compte général

5.4.1 Désactiver la ventilation des pièces pour une société

COMPTABILITÉ FINANCIÈRE (NOUVEAU) • TRANSACTIONS COMMERCIALES • VENTILATION D'UNE PIÈCE • ACTIVER VENTILATION D'UNE PIÈCE

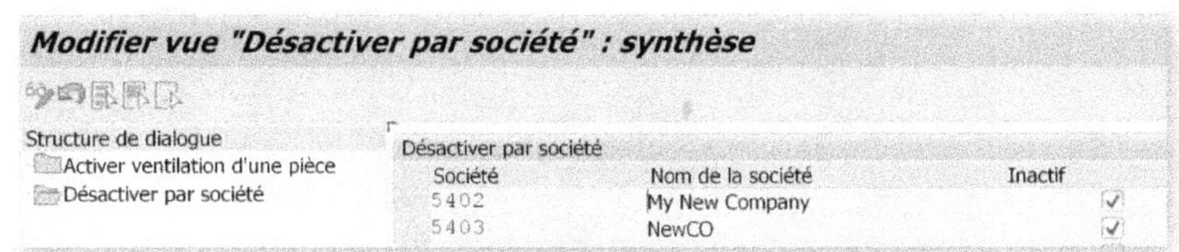

Figure 5.6 : Désactiver la ventilation des pièces

5.4.2 Affecter des tranches de numéros aux pièces

COMPTABILITÉ FINANCIÈRE (NOUVEAU) • OPTIONS DE BASE COMPTABILITÉ FINANCIÈRE (NOUVELLE) • PIÈCE • TRANCHES DE NUMÉROS DES PIÈCES COMPTABLES • PIÈCES SUR L'ÉCRAN DE SAISIE • COPIER D'UNE SOCIÉTÉ À UNE AUTRE (OBH1)

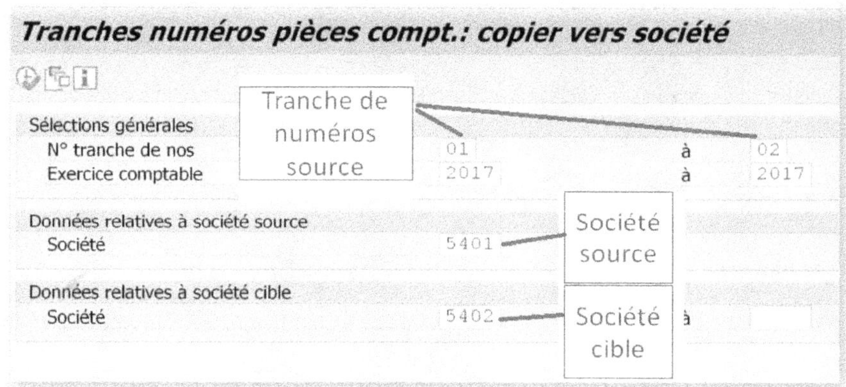

Figure 5.7 : Copier des tranches de numéros de pièces vers une société

5.4.3 Créer une tranche de numéros pour les pièces périodiques

COMPTABILITÉ FINANCIÈRE (NOUVEAU) • OPTIONS DE BASE COMPTABILITÉ FINANCIÈRE (NOUVELLE) • PIÈCE • TRANCHES DE NUMÉROS DES PIÈCES COMPTABLES • PIÈCES SUR L'ÉCRAN DE SAISIE • DÉFINIR LES TRANCHES DE NUMÉROS DE PIÈCES DE L'ÉCRAN DE SAISIE

Gestion intervalles : Pièce comptable, sous-objet 5402

N°	Ann.	Du numéro	Au numéro	N° actuel	Ext
X1	2017	9000000000	9100000000	0	☐
01	2006	0100000000	0199999999	0	☐
01	2014	0100000000	0199999999	100000002	☐
01	2015	0100000000	0199999999	0	☐
01	2017	0100000000	0199999999	100000005	☐
02	2006	0200000000	0299999999	0	☑

Figure 5.8 : Créer des tranches de numéros pour les pièces périodiques

5.4.4 Définir des classes de tolérances

COMPTABILITÉ FINANCIÈRE (NOUVEAU) • COMPTABILITÉ GÉNÉRALE (NOUVELLE) • TRANSACTIONS COMMERCIALES • RAPPROCHEMENT DES POSTES NON SOLDÉS • DIFFÉRENCES LORS DU RAPPROCHEMENT • DÉFINIR CLASSES DE TOLÉRANCE POUR LES EMPLOYÉS (OBA4)

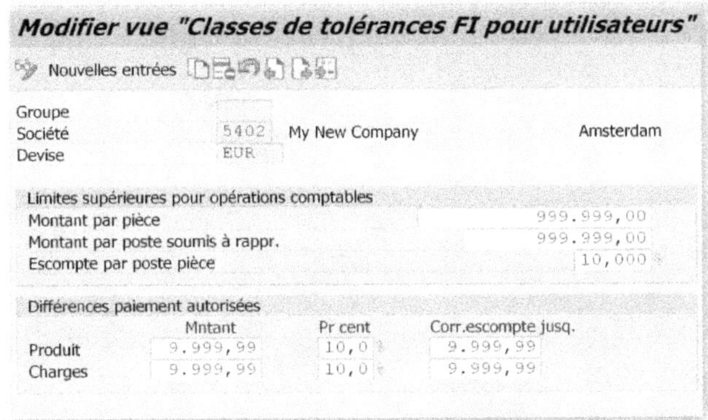

Modifier vue "Classes de tolérances FI pour utilisateurs"

Nouvelles entrées

Groupe
Société 5402 My New Company Amsterdam
Devise EUR

Limites supérieures pour opérations comptables

Montant par pièce	999.999,00
Montant par poste soumis à rappr.	999.999,00
Escompte par poste pièce	10,000 %

Différences paiement autorisées

	Mntant	Pr cent	Corr.escompte jusq.
Produit	9.999,99	10,0 %	9.999,99
Charges	9.999,99	10,0 %	9.999,99

Figure 5.9 : Définir des classes de tolérances

La zone GROUPE peut ne pas être renseignée si tous les utilisateurs ont les mêmes niveaux de tolérances.

5.4.5 Ouvrir des périodes comptables

COMPTABILITÉ FINANCIÈRE (NOUVEAU) • OPTIONS DE BASE • LIVRES • EXERCICE COMPTABLE ET PÉRIODES COMPTABLES • GÉRER UNE VERSION D'EXERCICE (GÉRER UN EXERCICE ÉCOURTÉ) (OB52)

Modifier vue "Périodes comptables : définir périodes" : synthèse

Nouvelles entrées

Var. périodes compt. 1000

Périodes comptables : définir périodes

T	Du compte	Au compte	De pér. 1	Exer	A pér. 1	Exer	GrAu	De pér. 2	Ex.	A pér. 2	Ex.
+			1	2011	12	2017		1	2014	12	2016
A		ZZZZZZZZZZ	1	2011	12	2017		1	2014	12	2016
D		ZZZZZZZZZZ	1	2011	12	2017		1	2014	12	2016
K		ZZZZZZZZZZ	1	2011	12	2017		1	2014	12	2016
M		ZZZZZZZZZZ	1	2011	12	2017		1	2014	12	2016
S		ZZZZZZZZZZ	1	2011	12	2017		1	2014	12	2016
V			1	2011	12	2017		1	2014	12	2016

Figure 5.10 : Ouvrir des périodes comptables

5.5 Préparer la saisie de pièces clients

5.5.1 Créer un groupe de comptes clients

COMPTABILITÉ FINANCIÈRE (NOUVEAU) • COMPTABILITÉ CLIENTS ET FOURNISSEURS • COMPTES CLIENTS • DONNÉES DE BASE • PRÉPARER LA CRÉATION DES DONNÉES DE BASE CLIENTS • DÉFINIR GROUPE DE COMPTES AVEC MISE EN ÉCRAN (CLIENTS)

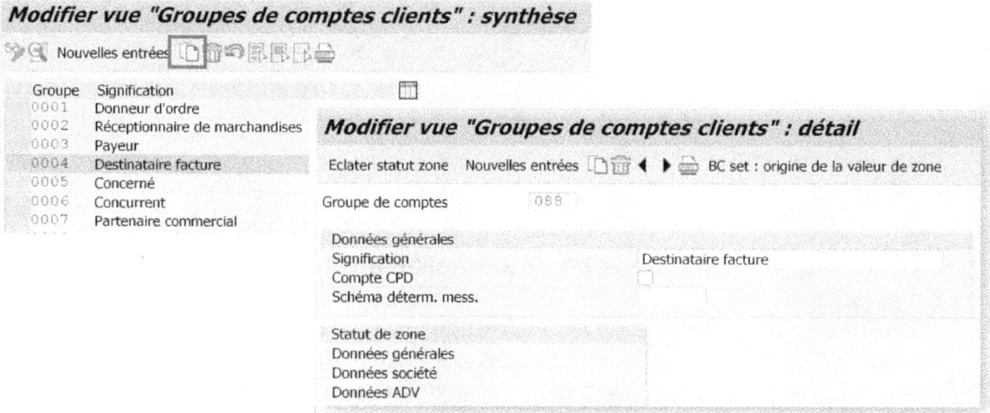

Figure 5.11 : Créer un groupe de comptes clients

5.5.2 Créer des tranches de numéros clients

COMPTABILITÉ FINANCIÈRE (NOUVEAU) • COMPTABILITÉ CLIENTS ET FOURNISSEURS • COMPTES CLIENTS • DONNÉES DE BASE • PRÉPARER LA CRÉATION DES DONNÉES DE BASE CLIENTS • CRÉER DES TRANCHES DE NUMÉROS POUR LES COMPTES CLIENTS (XDN1)

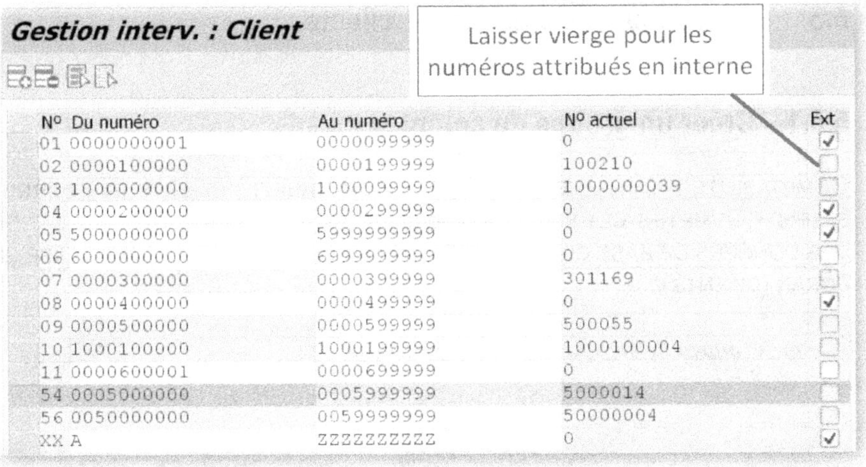

Gestion interv. : Client

Laisser vierge pour les numéros attribués en interne

N°	Du numéro	Au numéro	N° actuel	Ext
01	0000000001	0000099999	0	☑
02	0000100000	0000199999	100210	☐
03	1000000000	1000099999	1000000039	☐
04	0000200000	0000299999	0	☑
05	5000000000	5999999999	0	☑
06	6000000000	6999999999	0	☐
07	0000300000	0000399999	301169	☐
08	0000400000	0000499999	0	☑
09	0000500000	0000599999	500055	☐
10	1000100000	1000199999	1000100004	☐
11	0000600001	0000699999	0	☐
54	0005000000	0005999999	5000014	☐
56	0050000000	0059999999	50000004	☐
XX	A	ZZZZZZZZZZ	0	☑

Figure 5.12 : Créer des tranches de numéros clients

5.5.3 Affecter une tranche de numéros à un groupe de clients

COMPTABILITÉ FINANCIÈRE (NOUVEAU) • COMPTABILITÉ CLIENTS ET FOURNISSEURS • COMPTES CLIENTS • DONNÉES DE BASE • PRÉPARER LA CRÉATION DES DONNÉES DE BASE CLIENTS • AFFECTER DES TRANCHES NOS AUX GROUPES DE COMPTES P. CLIENTS

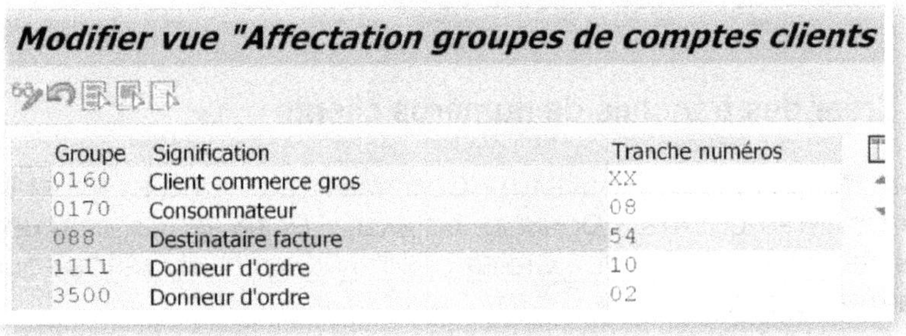

Modifier vue "Affectation groupes de comptes clients

Groupe	Signification	Tranche numéros
0160	Client commerce gros	XX
0170	Consommateur	08
088	Destinataire facture	54
1111	Donneur d'ordre	10
3500	Donneur d'ordre	02

Figure 5.13 : Affecter une tranche de numéros à un groupe de clients

5.5.4 Gérer des conditions de paiement

COMPTABILITÉ FINANCIÈRE (NOUVEAU) • COMPTABILITÉ CLIENTS ET FOURNISSEURS • TRANSACTIONS COMMERCIALES • SORTIE DE FACTURE / DÉCAISSEMENT DE L'AVOIR • GÉRER LES CONDITIONS DE PAIEMENT

Modifier vue "Conditions de paiement" : détail

Nouvelles entrées

Cond. paiement 0025 Texte ADV
Jr limite 0 Propre explic. Conditions pour les clients de la société 5402

Type de compte
✓ Client
✓ Fournisseur

Calcul de la date de base
Jour fixe
Mois supplémentaires

Proposition bloc. pmt/mode pmt
Clé de blocage
Mode paiement

Proposition pour date base
● Aucune proposition ○ Date comptable
○ Date pièce ○ Date de saisie

Conditions de paiement
☐ Paiement versements ☐ Ecrit. pér. : compléter par fiche

Condition	Pourcentage	Nombre jours	/	Jour fixe	Mois supplémentaires
1.	5,000 %	5			
2.	2,000 %	30			
3.		60			

Figure 5.14 : Gérer des conditions de paiement

5.5.5 Motif d'écarts lors de paiements

COMPTABILITÉ FINANCIÈRE (NOUVEAU) • COMPTABILITÉ CLIENTS ET FOURNISSEURS • TRANSACTIONS COMMERCIALES • ENCAISSEMENT • PARAMÉTRAGES DE BASE DE L'ENCAISSEMENT • ÉCARTS DE PAIEMENT (OBBE)

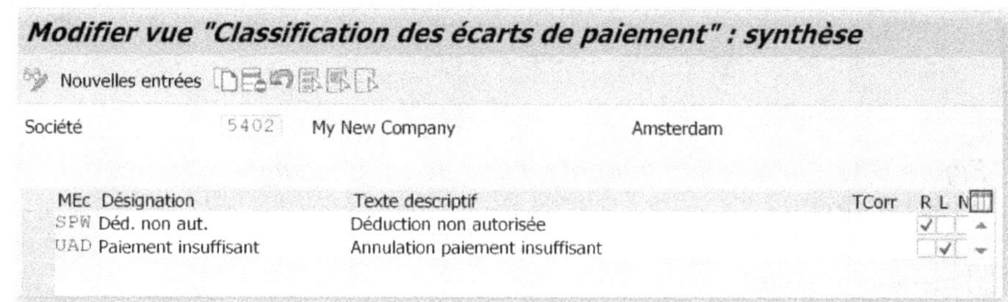

Figure 5.15 : Motif d'écarts lors de paiements

5.5.6 Imputations par défaut

COMPTABILITÉ FINANCIÈRE (NOUVEAU) • COMPTABILITÉ CLIENTS ET FOURNISSEURS • TRANSACTIONS COMMERCIALES • ENCAISSEMENT • PARAMÉTRAGES DE BASE DE L'ENCAISSEMENT • CONSIGNER LES COMPTES POUR ESCOMPTES DE RÈGLEMENT ACCORDÉS (OBXI)

Config. comptabilité Afficher : écritures automatiques

Clé de comptabilisation

Plan comptable	INT1	Plan comptable international
Opération	BIL	Report de solde

Affectation des comptes

Type compte...	Compte
X	900000

Figure 5.16 : Imputation par défaut pour les remises clients

COMPTABILITÉ FINANCIÈRE (NOUVEAU) • COMPTABILITÉ CLIENTS ET FOURNISSEURS • TRANSACTIONS COMMERCIALES • ENCAISSEMENT • PARAMÉTRAGES DE BASE DE L'ENCAISSEMENT • CONSIGNER LES COMPTES POUR TROP-PERÇUS ET MOINS-PERÇUS (OBXL)

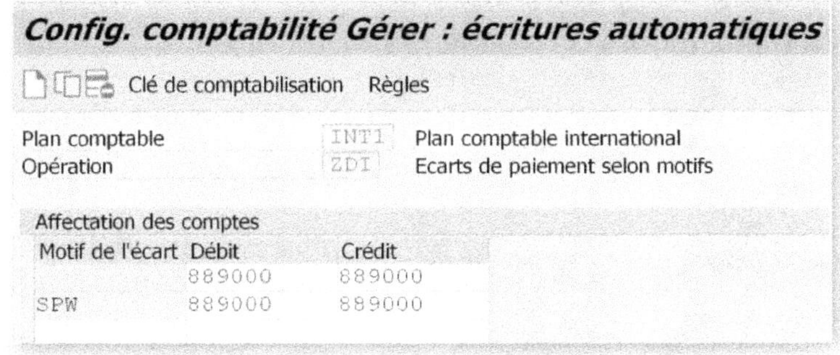

Figure 5.17 : Imputation par défaut des trop-perçus/moins-perçus par code de motif

5.5.7 Définir des tranches de numéros de pièces pour les factures clients

COMPTABILITÉ FINANCIÈRE (NOUVEAU) • OPTIONS DE BASE COMPTABILITÉ FINANCIÈRE (NOUVELLE) • PIÈCE • TYPES DE PIÈCES • DÉFINIR LES TYPES DE PIÈCES DE L'ÉCRAN DE SAISIE (OBA7)

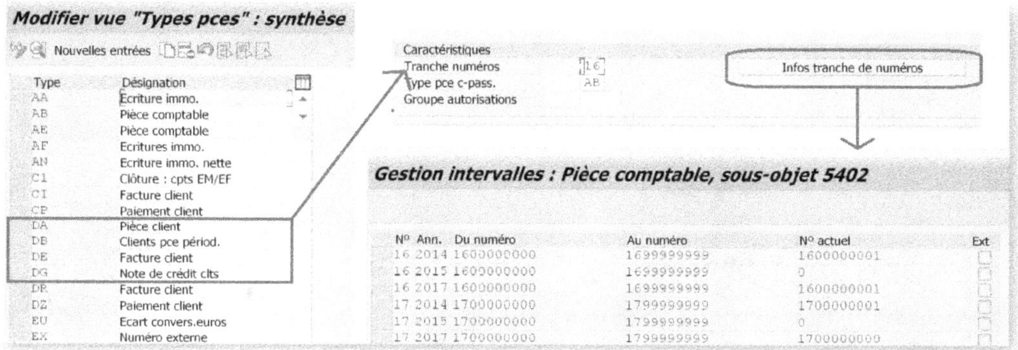

Figure 5.18 : Définir des tranches de numéros pour les factures clients

5.6 Préparer la saisie de pièces fournisseurs

5.6.1 Créer une banque société

COMPTABILITÉ FINANCIÈRE (NOUVEAU) • COMPTABILITÉ BANCAIRE • COMPTES BANCAIRES • DÉFINIR LES BANQUES SOCIÉTÉ (FI12)

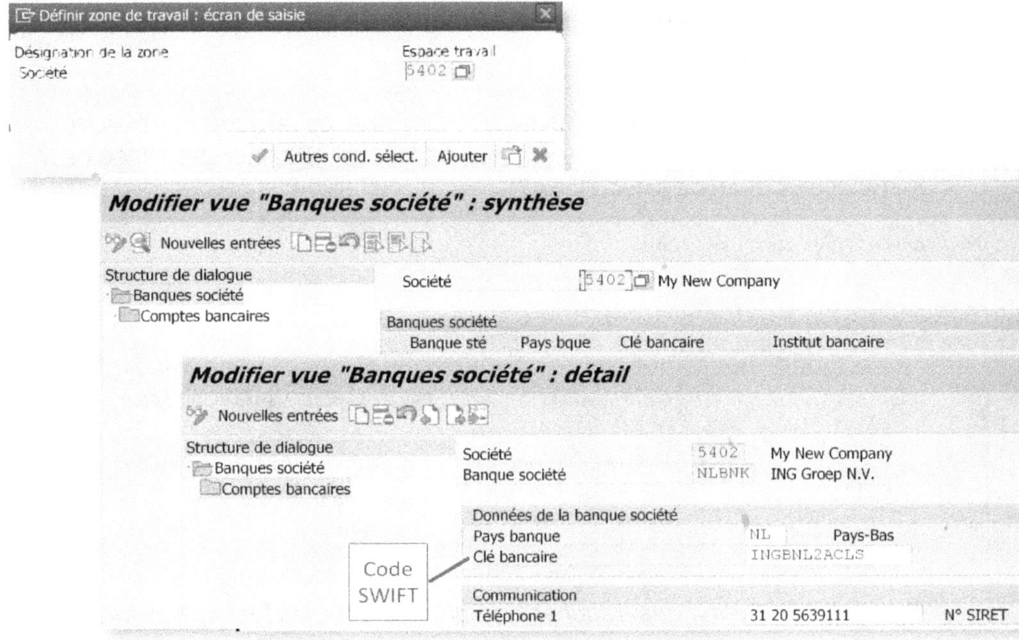

Figure 5.19 : Créer une banque société

5.6.2 Configurer des sociétés pour les opérations de paiement

COMPTABILITÉ FINANCIÈRE (NOUVEAU) • COMPTABILITÉ CLIENTS ET FOURNISSEURS • TRANSACTIONS COMMERCIALES • DÉCAISSEMENT • DÉCAISSEMENT AUTOMATIQUE • SÉLECTION MODE DE PAIEMENT/BANQUE PR PROGR. DE PAIEMENT • CONFIGURER TOUTES LES SOCIÉTÉS PR OPÉRATIONS DE PAIEMENT

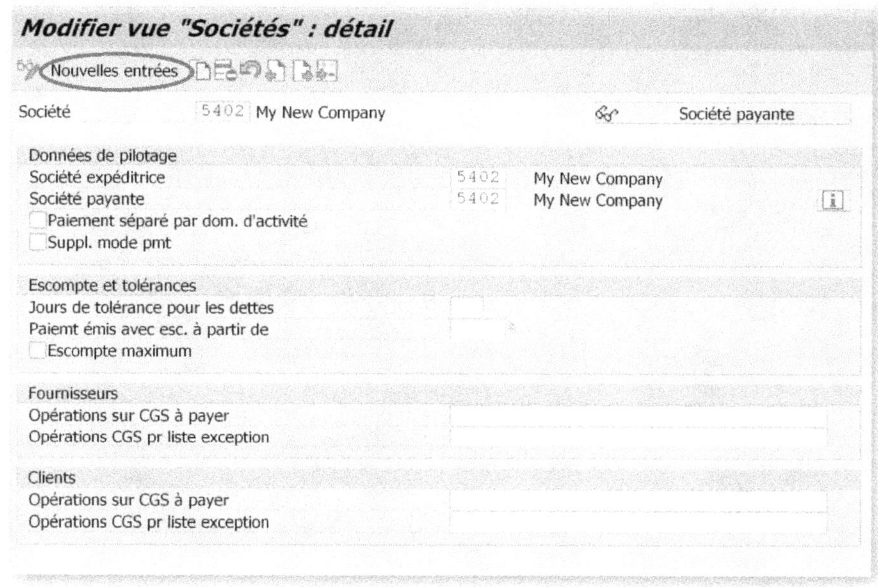

Figure 5.20 : Configurer des sociétés pour les opérations de paiement

5.6.3 Configurer une société payante pour les opérations de paiement

COMPTABILITÉ FINANCIÈRE (NOUVEAU) • COMPTABILITÉ CLIENTS ET FOURNISSEURS • TRANSACTIONS COMMERCIALES • DÉCAISSEMENT • DÉCAISSEMENT AUTOMATIQUE • SÉLECTION MODE DE PAIEMENT/BANQUE PR PROGR. DE PAIEMENT • CONFIGURER SOCIÉTÉS PAYANTES PR OPÉRATIONS DE PAIEMENT

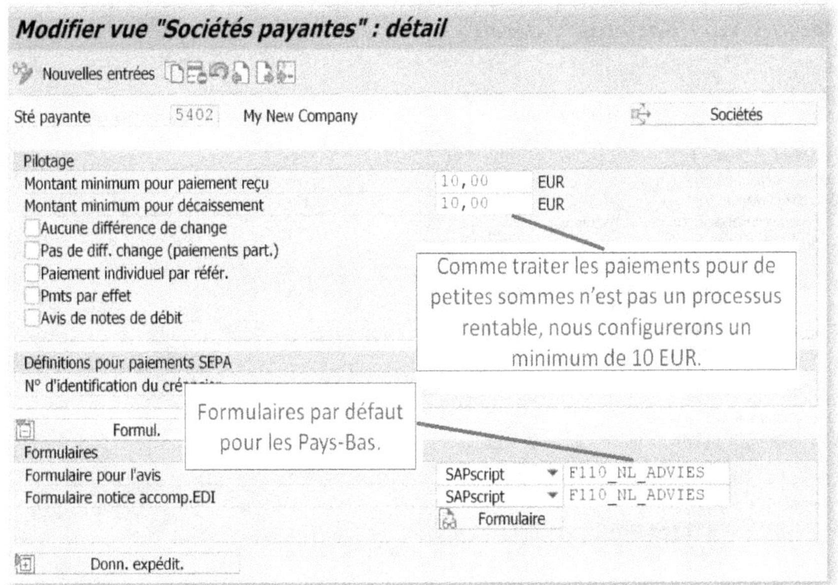

Figure 5.21 : Configurer une société payante pour les opérations de paiement

5.6.4 Configurer des modes de paiement par pays

COMPTABILITÉ FINANCIÈRE (NOUVEAU) • COMPTABILITÉ CLIENTS ET FOURNISSEURS • TRANSACTIONS COMMERCIALES • DÉCAISSEMENT • DÉCAISSEMENT AUTOMATIQUE • SÉLECTION MODE DE PAIEMENT/BANQUE PR PROGR. DE PAIEMENT • CONFIGURER MODES DE PAIEMT PAR PAYS PR OPÉRATIONS DE PAIEMT

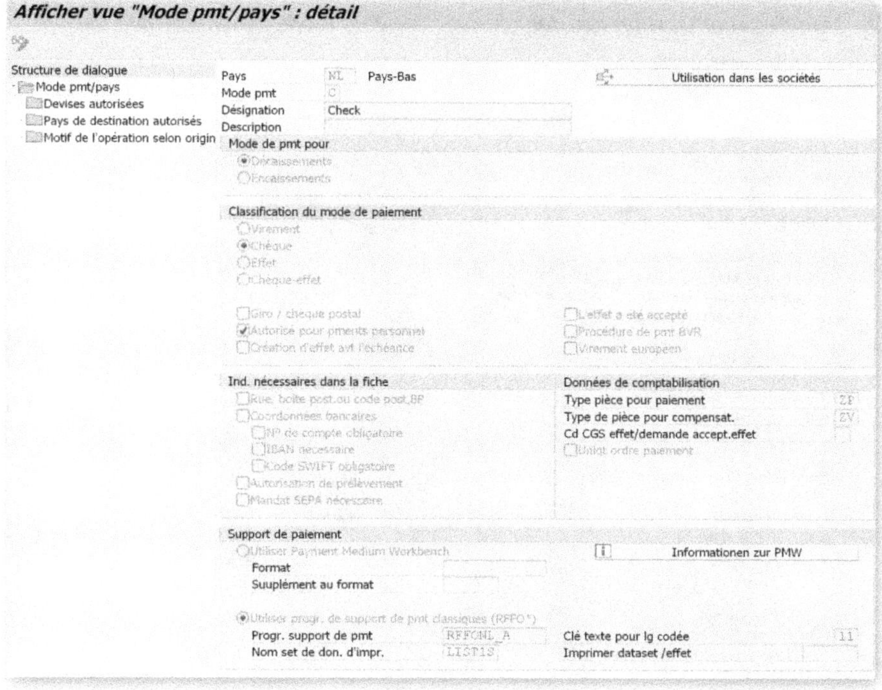

Figure 5.22 : Configurer des modes de paiement par pays

5.6.5 Configurer des modes de paiement par société

COMPTABILITÉ FINANCIÈRE (NOUVEAU) • COMPTABILITÉ CLIENTS ET FOURNISSEURS • TRANSACTIONS COMMERCIALES • DÉCAISSEMENT • DÉCAISSEMENT AUTOMATIQUE • SÉLECTION MODE DE PAIEMENT/BANQUE PR PROGR. DE PAIEMENT • CONFIGURER MODES DE PAIEMT PAR SOCIÉTÉ PR OPÉRATIONS DE PAIEMT

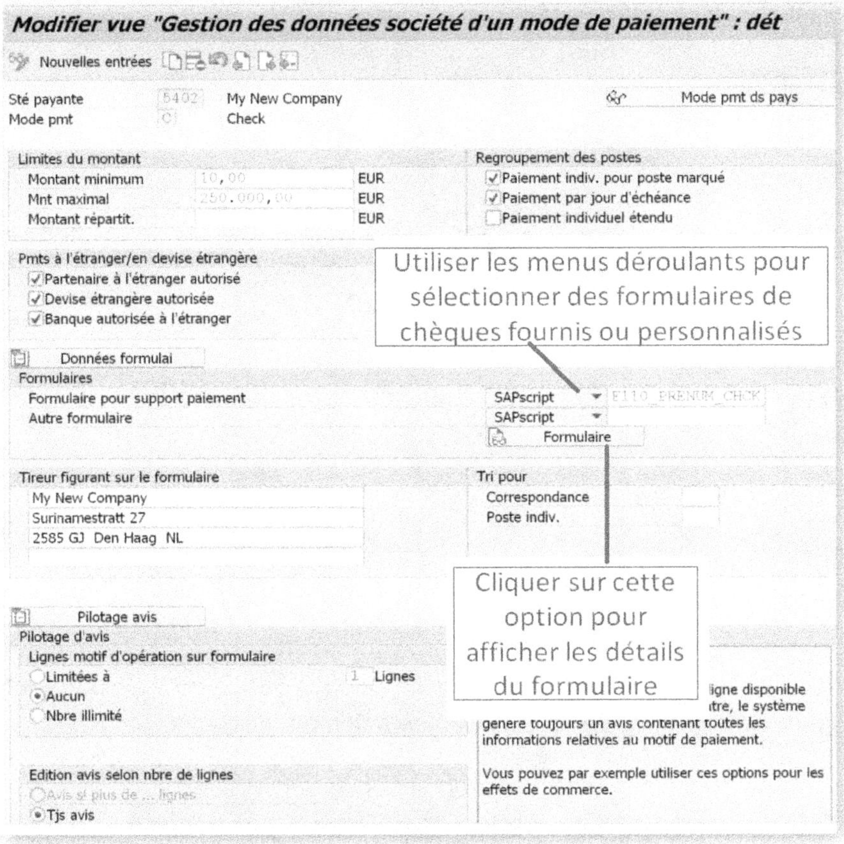

Figure 5.23 : Configurer un mode de paiement par société

5.6.6 Configurer la détermination de la banque pour les opérations de paiement

COMPTABILITÉ FINANCIÈRE (NOUVEAU) • COMPTABILITÉ CLIENTS ET FOURNISSEURS • TRANSACTIONS COMMERCIALES • DÉCAISSEMENT • DÉCAISSEMENT AUTOMATIQUE • SÉLECTION MODE DE PAIEMENT/BANQUE PR PROGR. DE PAIEMENT • CONFIGURER DÉTERMIN. DES BANQUES PR OPÉRATIONS DE PAIEMT

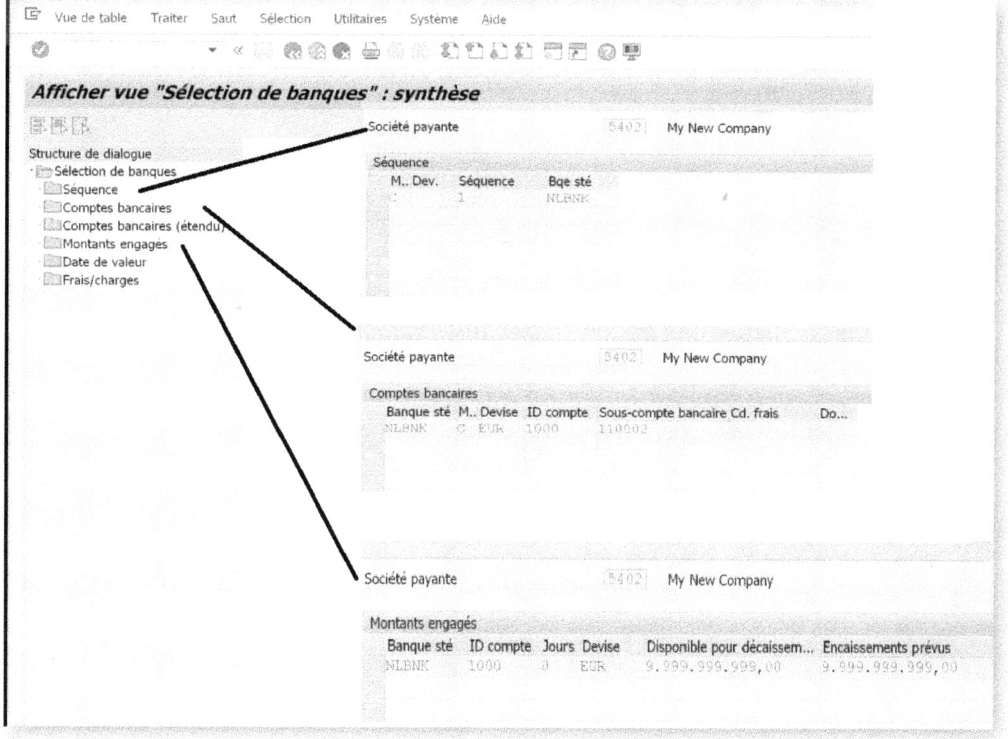

Figure 5.24 : Configurer la détermination de la banque pour les opérations de paiement

5.6.7 Créer des tranches de numéros fournisseurs

COMPTABILITÉ FINANCIÈRE (NOUVEAU) • COMPTABILITÉ CLIENTS ET FOURNISSEURS • COMPTES FOURNISSEURS • DONNÉES DE BASE • PRÉPARER LA CRÉATION DES DONNÉES DE BASE FOURNISSEURS • CRÉER DES TRANCHES DE NUMÉROS POUR LES COMPTES FOURNISSEURS (XKN1)

Gestion interv. : Fournisseur

Nº	Du numéro	Au numéro	Nº actuel	Ext
01	0000000001	0000099999	0	☑
02	0000100000	0000199999	100257	☐
03	0000200000	0000299999	200059	☐
04	0000300000	0000399999	0	☑
06	6000000000	6999999999	0	☐
08	0000600000	0000699999	600014	☐
09	0000500000	0000599999	500000	☐
61	0006400000	0006999999	6400014	☐
66	0060000000	0069999999	60000004	☐
EB	1000000000	1000009999	0	☐
XX	A	ZZZZZZZZZZ	0	☑

Figure 5.25 : Créer des tranches de numéros fournisseurs

5.6.8 Définir des groupes de comptes fournisseurs

COMPTABILITÉ FINANCIÈRE (NOUVEAU) • COMPTABILITÉ CLIENTS ET FOURNISSEURS • COMPTES FOURNISSEURS • DONNÉES DE BASE • PRÉPARER LA CRÉATION DES DONNÉES DE BASE FOURNISSEURS • DÉFINIR GROUPE DE COMPTES AVEC MISE EN ÉCRAN (FOURNISSEURS)

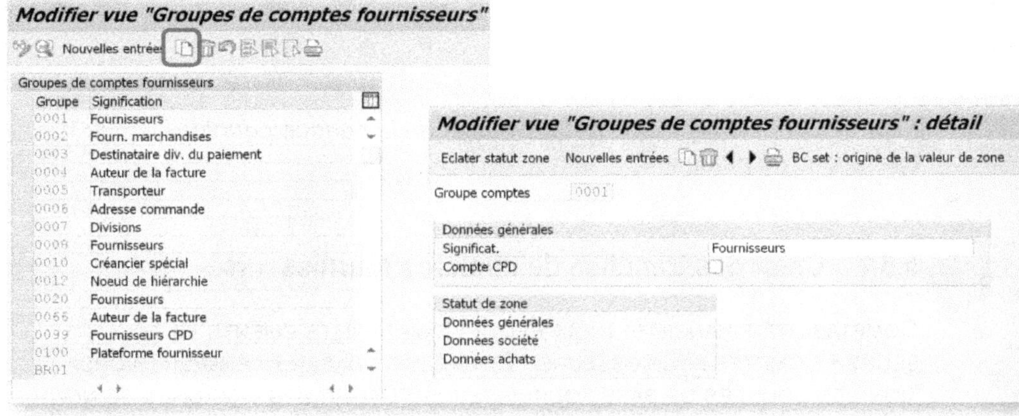

Figure 5.26 : Définir des groupes de comptes fournisseurs

5.6.9 Affecter une tranche de numéros à un groupe de comptes fournisseurs

COMPTABILITÉ FINANCIÈRE (NOUVEAU) • COMPTABILITÉ CLIENTS ET FOURNISSEURS • COMPTES FOURNISSEURS • DONNÉES DE BASE • PRÉPARER LA CRÉA-

TION DES DONNÉES DE BASE FOURNISSEURS • AFFECTER DES TRANCHES NOS AUX GROUPES DE COMPTES P. FOURNIS.

Modifier vue "Affectation groupes de comptes fournisseurs

Groupe	Signification	Tranche numéros
0007	Divisions	XX
0008	Fournisseurs	64
0010	Créancier spécial	02
0012	Noeud de hiérarchie	01
0020	Fournisseurs	04
0066	Auteur de la facture	66
0099	Fournisseurs CPD	01
0100	Plateforme fournisseur	XX

Figure 5.27 : Affecter une tranche de numéros à un groupe de comptes fournisseurs

5.6.10 Tranches de numéros de pièces AP

COMPTABILITÉ FINANCIÈRE (NOUVEAU) • OPTIONS DE BASE COMPTABILITÉ FINANCIÈRE (NOUVELLE) • PIÈCE • TYPES DE PIÈCES • DÉFINIR LES TYPES DE PIÈCES DE L'ÉCRAN DE SAISIE (OBA7)

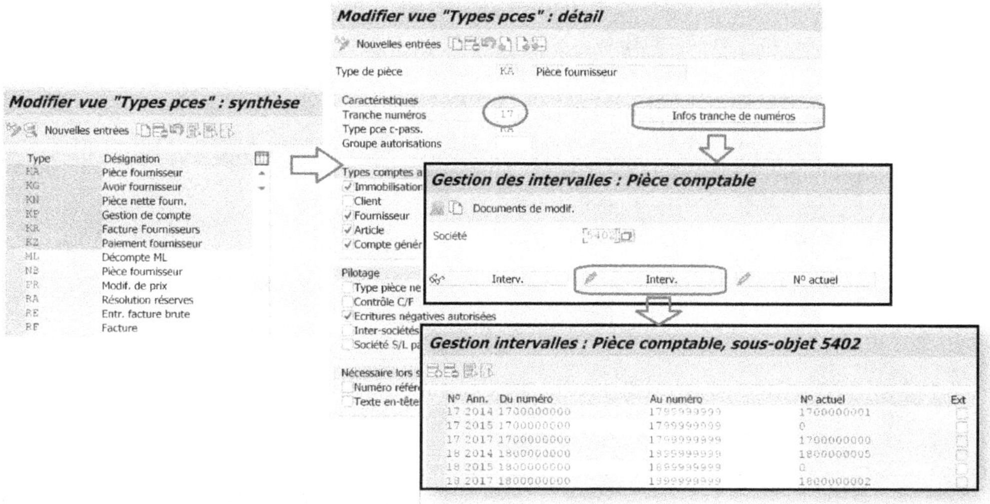

Figure 5.28 : Tranches de numéros de pièces AP

5.6.11 Détermination de compte pour les remises et écarts de paiement

Opération FBKP

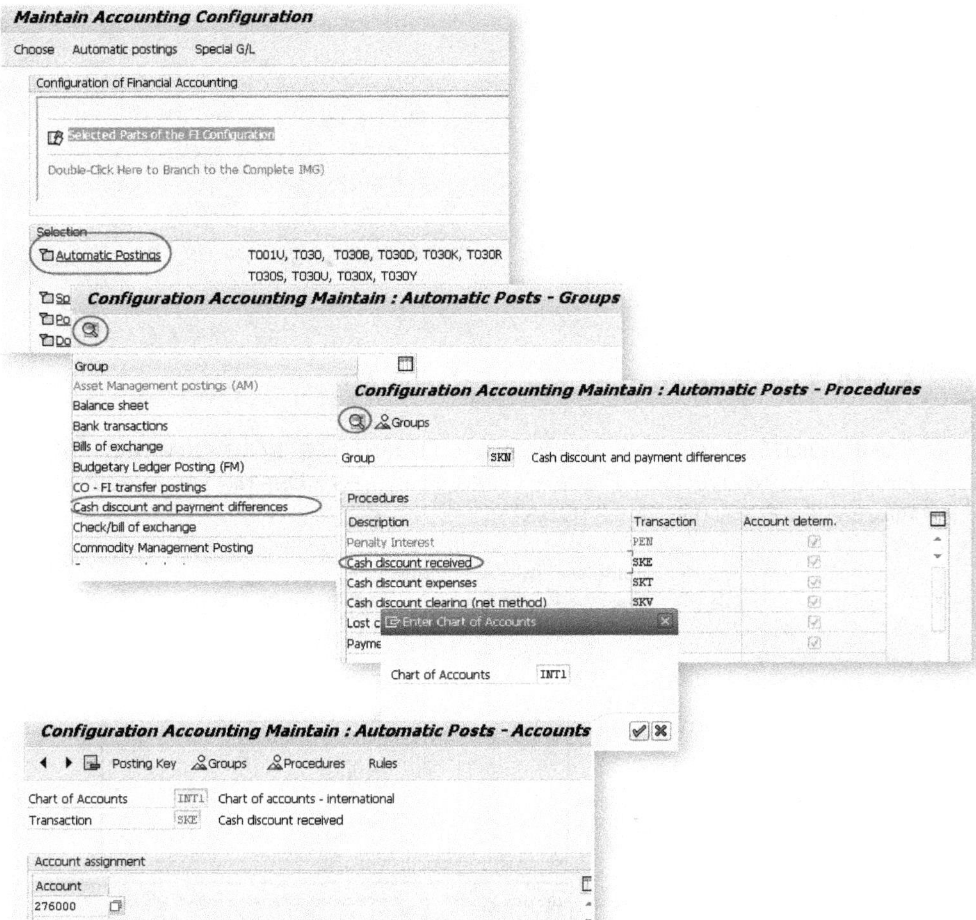

Figure 5.29 : Détermination de compte pour les remises et écarts de paiement

Vous venez de finir ce livre.

Annexe – Solutions des exercices

Dans ce chapitre, vous trouverez les solutions aux exercices des chapitres 1 à 4.

Solutions pour le chapitre 1

1.6.1 Connectez-vous au client IDES, développez le menu, puis répondez aux questions suivantes

1. Indiquez trois codes de transaction permettant de comptabiliser une pièce de compte général.

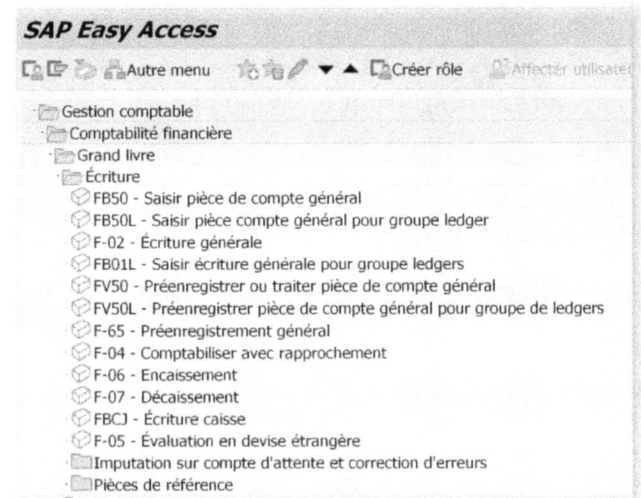

Figure 1 : Solution du 1.6.1-1

2. Indiquez trois codes de transaction permettant de comptabiliser une pièce comptable dans la comptabilité fournisseurs (FI-AP).

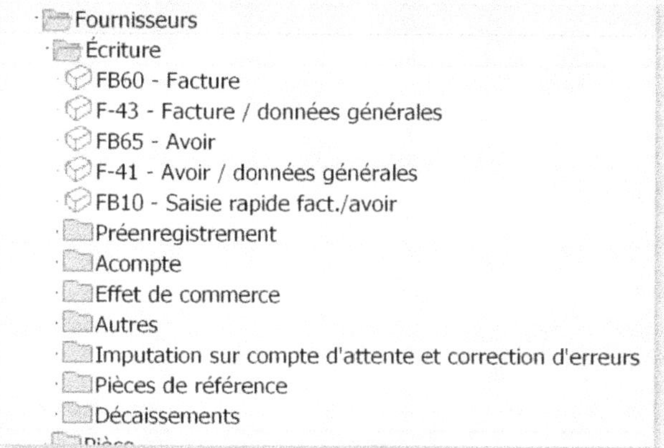

Figure 2 : Solution du 1.6.1-2

3. Indiquez trois codes de transaction permettant de comptabiliser une pièce comptable dans la comptabilité clients (FI-AR).

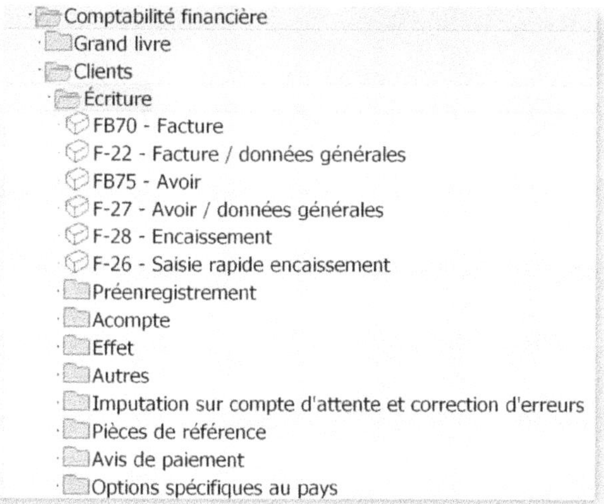

Figure 3 : Solution du 1.6.1-3

1.6.2 Ajoutez la transaction « FB03 – Afficher » au dossier Favoris

1. Déroulez le menu SAP Easy Access de façon à afficher la transaction FB03 :

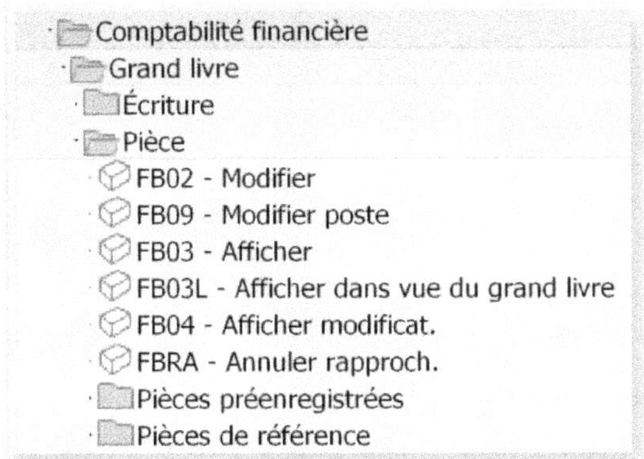

Figure 4 : Solution du 1.6.2-1

2. Faites un clic droit sur FB03, puis sélectionnez AJOUTER AUX FAVORIS.

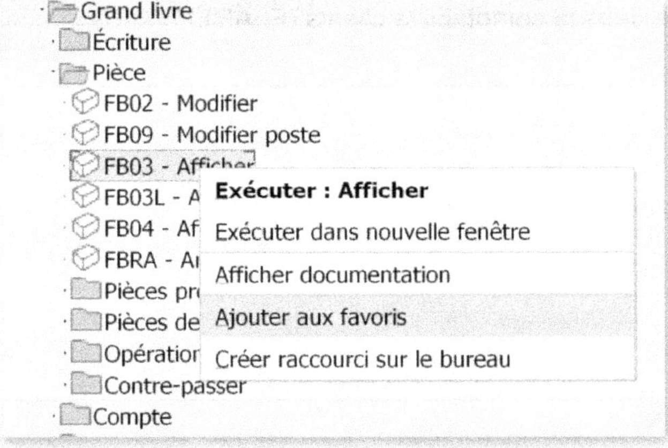

Figure 5 : Solution du 1.6.2-2

3. Remarquez que la transaction se trouve maintenant dans le dossier des favoris.

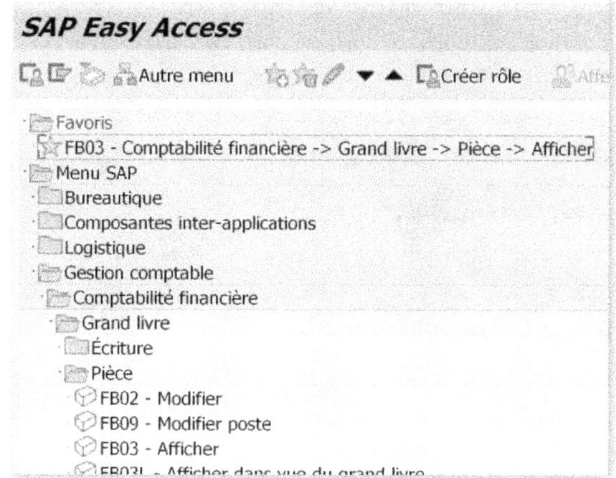

Figure 6 : Solution du 1.6.2-3

1.6.3 Naviguez jusqu'à l'écran « FB50 - Saisir pièce de compte général », puis sortez sans générer d'écriture

1. Déroulez le menu jusqu'à la transaction FB50, puis faites un clic droit pour la sélectionner ou saisissez **FB50** dans la zone de commande, puis cliquez sur .

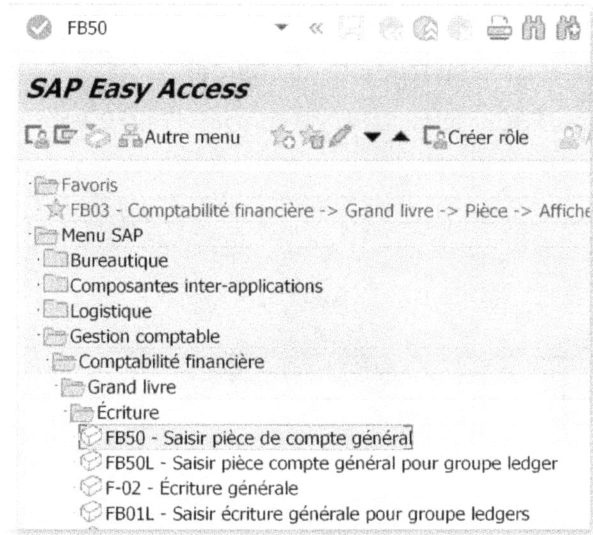

Figure 7 : Solution du 1.6.3-1

2. Cliquez sur l'icône TERMINER pour retourner au menu SAP Easy Access.

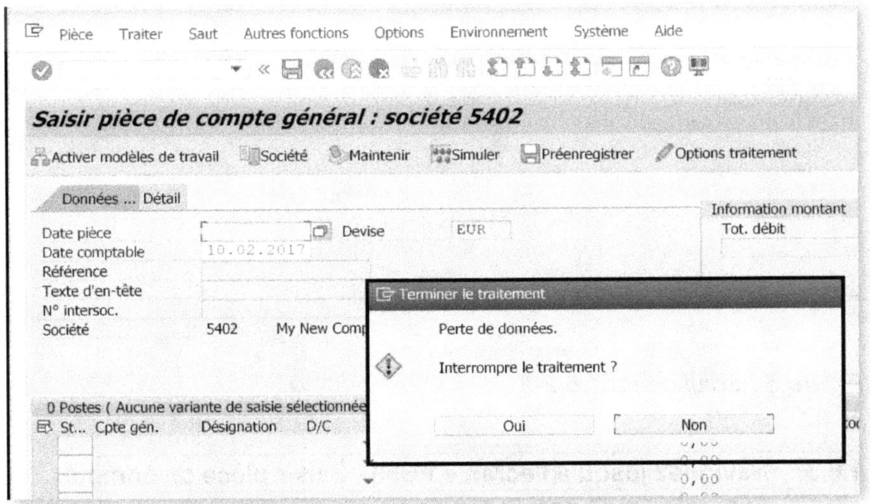

Figure 8 : Solution du 1.6.3-2

Solutions des exercices du chapitre 2

2.4.1 Ajoutez un compte général (compte de charge)

1. Utilisez la transaction FS00 pour copier le compte 474270 vers le compte 474272.

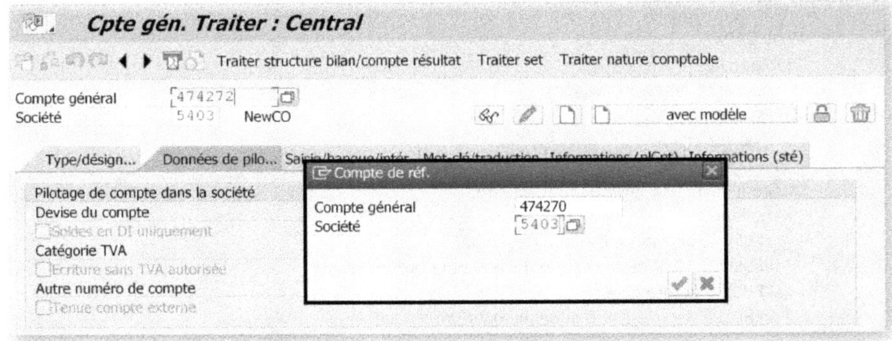

Figure 9 : Solution du 2.4.1-1

2. Saisissez un texte pour le compte, puis enregistrez avec [icône].

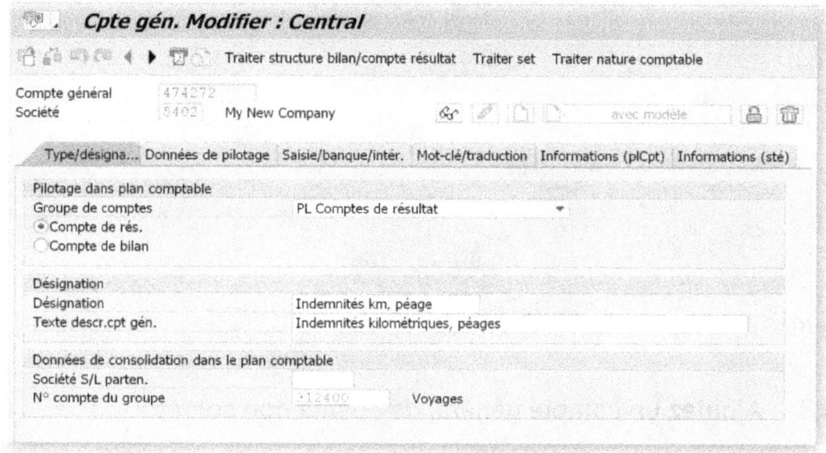

Figure 10 : Solution du 2.4.1-2

2.4.2 Passez une écriture incluant le nouveau compte de charge

1. Utilisez la transaction FB50, puis saisissez les informations concernant la pièce. Cliquez sur [icône] pour comptabiliser l'écriture.

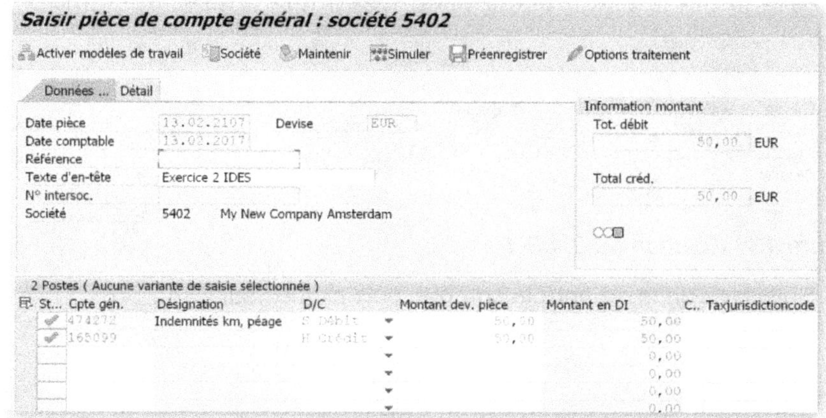

Figure 11 : Solution du 2.4.2-1

2. Utilisez la transaction FB03 pour afficher la pièce.

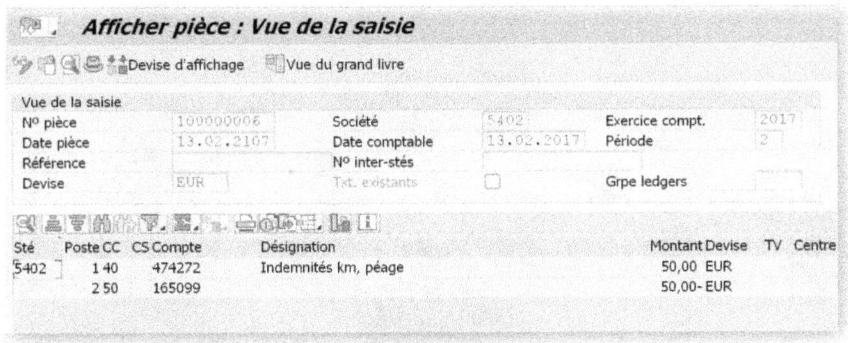

Figure 12 : Solution du 2.4.2-2

2.4.3 Ajoutez un compte général de postes non soldés

1. Utilisez la transaction FS00 pour copier le compte 159100 vers le compte 159105.

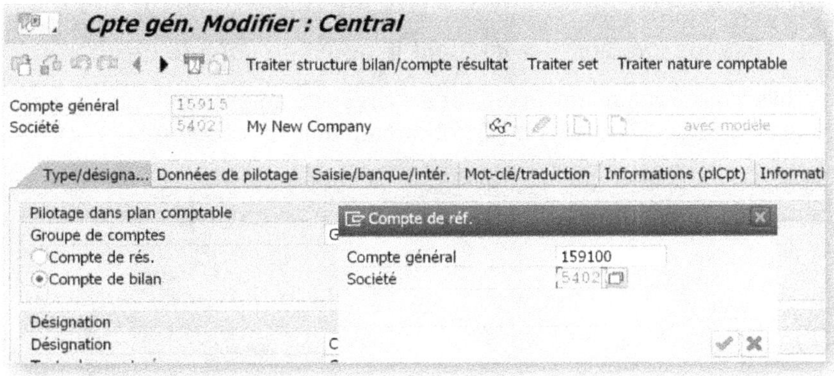

Figure 13 : Solution du 2.4.3-1

2. Saisissez un texte pour le compte, puis cliquez sur [icône Enregistrer].

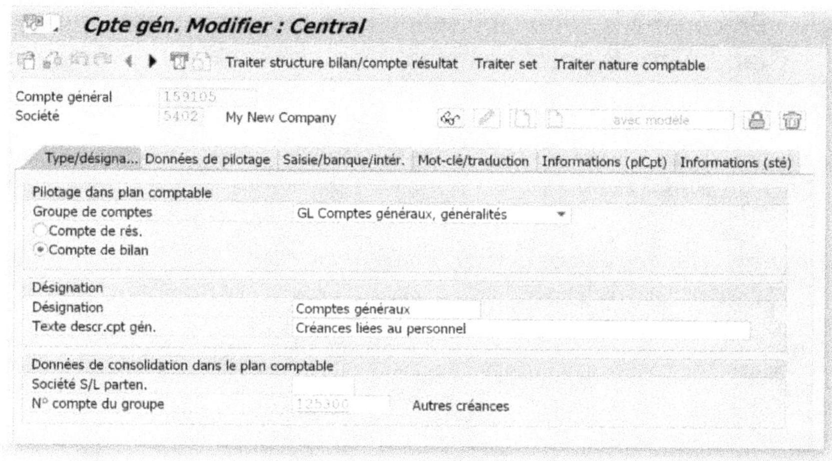

Figure 14 : Solution du 2.4.3-2

2.4.4 Passez une écriture dans le nouveau compte de postes non soldés

1. Utilisez la transaction FB50.
2. Saisissez les données pour l'écriture, puis cliquez sur 💾 pour la comptabiliser.

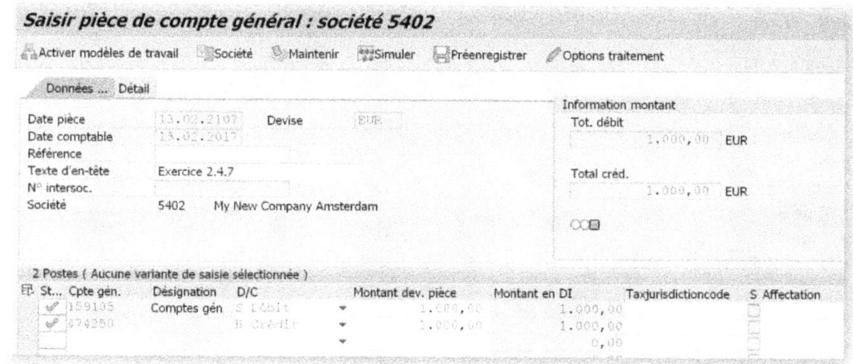

Figure 15 : Solution du 2.4.4-2

2.4.5 Procédez à la comptabilisation avec rapprochement pour rapprocher le poste comptabilisé ci-dessus

1. Utilisez la transaction F-04.
2. Saisissez les informations d'en-tête pour la pièce, puis cliquez sur SELECTIONNER PNS.

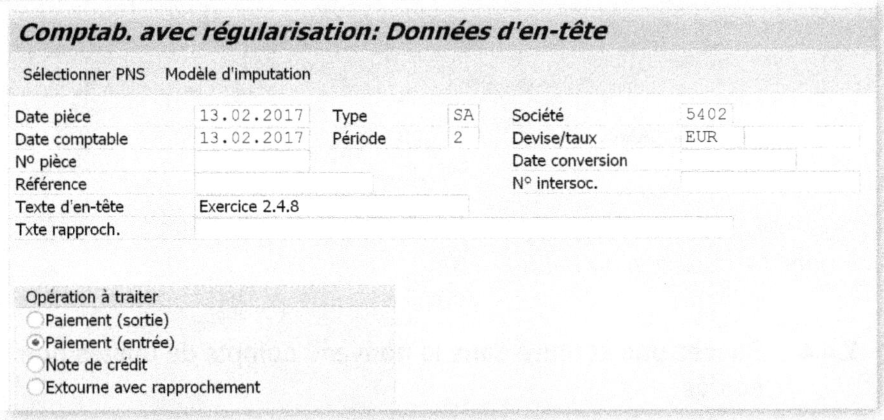

Comptab. avec régularisation: Données d'en-tête

Sélectionner PNS   Modèle d'imputation

Date pièce	13.02.2017	Type	SA	Société	5402
Date comptable	13.02.2017	Période	2	Devise/taux	EUR
Nº pièce				Date conversion	
Référence				Nº intersoc.	
Texte d'en-tête	Exercice 2.4.8				
Txte rapproch.					

Opération à traiter
- ○ Paiement (sortie)
- ◉ Paiement (entrée)
- ○ Note de crédit
- ○ Extourne avec rapprochement

Figure 16 : Solution du 2.4.5 2

3. Cliquez sur NO PIECE puis sur TRAITER PNS.

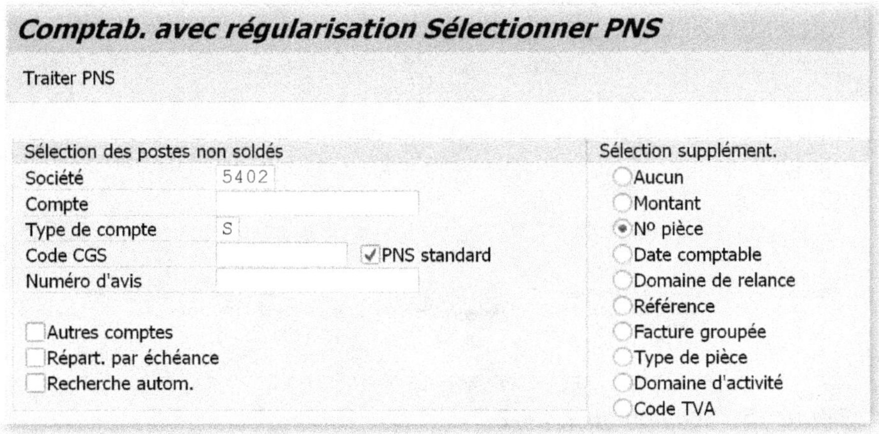

Comptab. avec régularisation Sélectionner PNS

Traiter PNS

Sélection des postes non soldés

Société	5402
Compte	
Type de compte	S
Code CGS	☑ PNS standard
Numéro d'avis	

- ☐ Autres comptes
- ☐ Répart. par échéance
- ☐ Recherche autom.

Sélection supplément.
- ○ Aucun
- ○ Montant
- ◉ Nº pièce
- ○ Date comptable
- ○ Domaine de relance
- ○ Référence
- ○ Facture groupée
- ○ Type de pièce
- ○ Domaine d'activité
- ○ Code TVA

Figure 17 : Solution au 2.4.5-3

4. Saisissez le numéro de pièce de l'étape 2.4.4, puis cliquez sur TRAITER PNS.

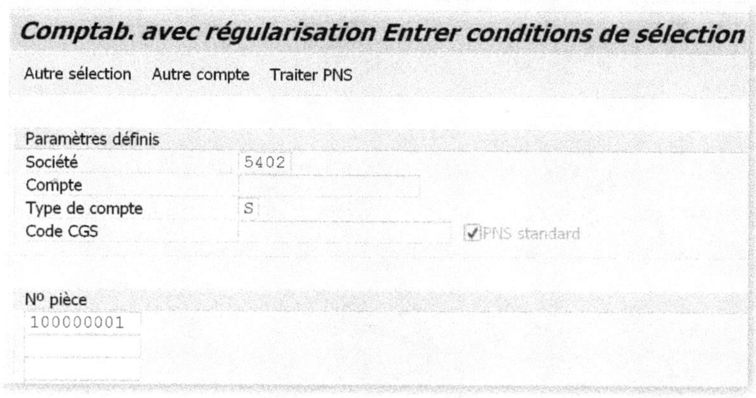

Comptab. avec régularisation Entrer conditions de sélection

Autre sélection Autre compte Traiter PNS

Paramètres définis

Société 5402

Compte

Type de compte S

Code CGS ☑ PNS standard

Nº pièce

100000001

Figure 18 : Solution du 2.4.5-4

5. Cliquez sur RECTIFIER ECART.

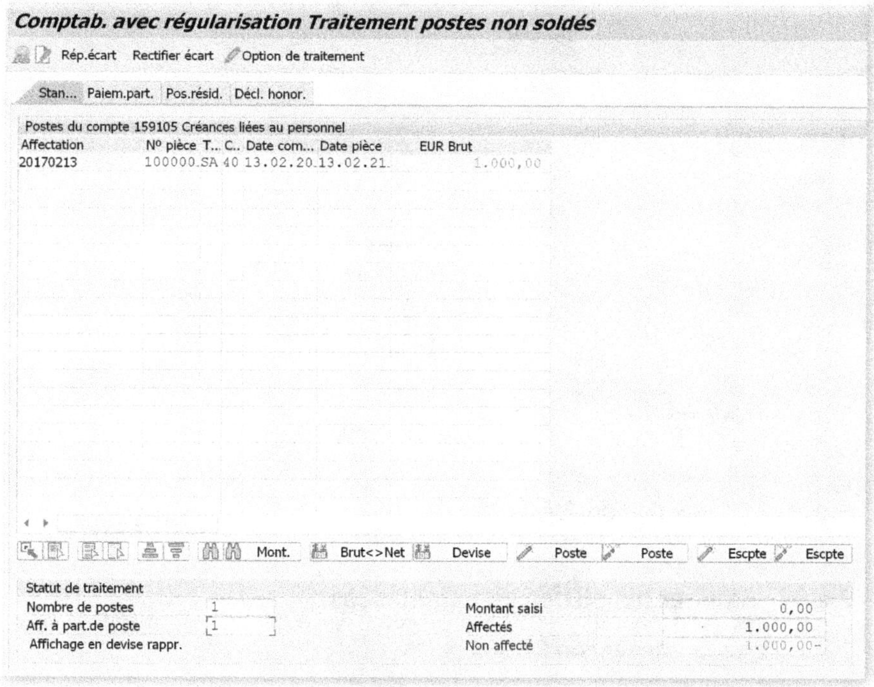

Comptab. avec régularisation Traitement postes non soldés

Rép.écart Rectifier écart Option de traitement

Stan... Paiem.part. Pos.résid. Décl. honor.

Postes du compte 159105 Créances liées au personnel

Affectation	Nº pièce	T...	C...	Date com...	Date pièce	EUR Brut
20170213	100000...	SA	40	13.02.20...	13.02.21...	1.000,00

Mont. Brut<>Net Devise Poste Poste Escpte Escpte

Statut de traitement

Nombre de postes	1	Montant saisi	0,00
Aff. à part.de poste	1	Affectés	1.000,00
Affichage en devise rappr.		Non affecté	1.000,00-

Figure 19 : Solution du 2.4.5-5

6. Saisissez la clé de comptabilisation 40, puis cliquez sur ✔.

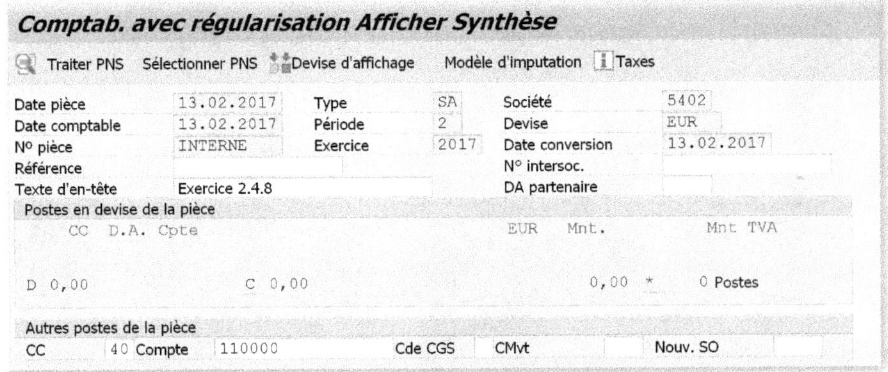

Figure 20 : Solution du 2.4.5-6

7. Saisissez un montant, puis cliquez sur 💾 pour comptabiliser la pièce.

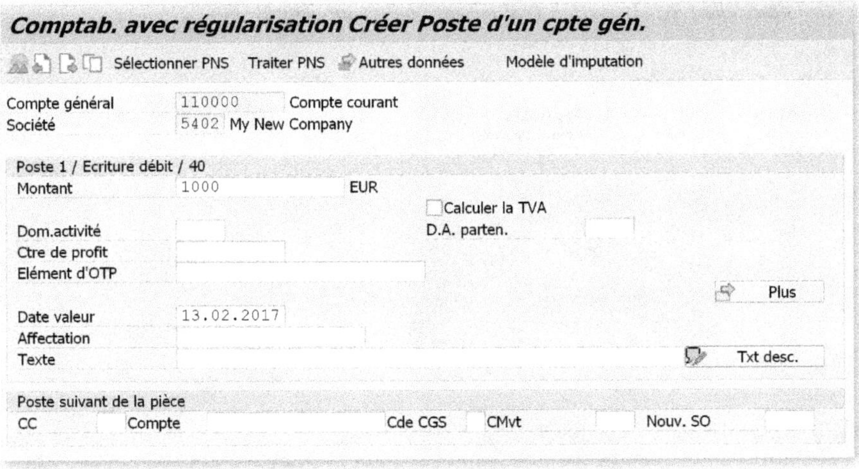

Comptab. avec régularisation Créer Poste d'un cpte gén.
Sélectionner PNS Traiter PNS Autres données Modèle d'imputation
Compte général 110000 Compte courant
Société 5402 My New Company
Poste 1 / Ecriture débit / 40
Montant 1000 EUR
Calculer la TVA
Dom.activité D.A. parten.
Ctre de profit
Elément d'OTP
Plus
Date valeur 13.02.2017
Affectation
Texte Txt desc.
Poste suivant de la pièce
CC Compte Cde CGS CMvt Nouv. SO

Figure 21 : Solution du 2.4.5-7

2.4.6 Affichez les pièces comptabilisées

1. Utilisez la transaction FB03.
2. Saisissez le numéro de la pièce, puis cliquez sur ✅.

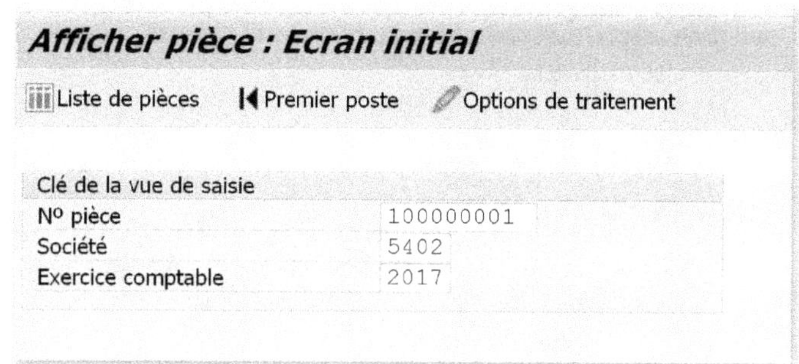

Figure 22 : Solution du 2.4.6-2

3. Cliquez sur l'icône RETOUR et répétez l'étape 2 pour la deuxième pièce.

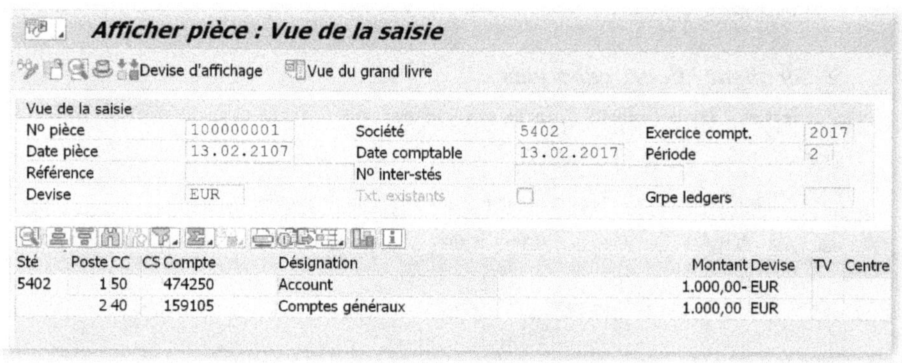

Figure 23 : Solution du 2.4.6-3

4. Cliquez sur RETOUR pour revenir au menu.

Solutions des exercices du chapitre 3

3.5.1 Créez un client

1. Utilisez la transaction FD01. Sélectionnez le nouveau groupe de comptes, puis cliquez sur pour poursuivre.

Figure 24 : Solution du 3.5.1-1

2. Saisissez les renseignements sur le client, puis sélectionnez DONNÉES SOCIÉTÉ.

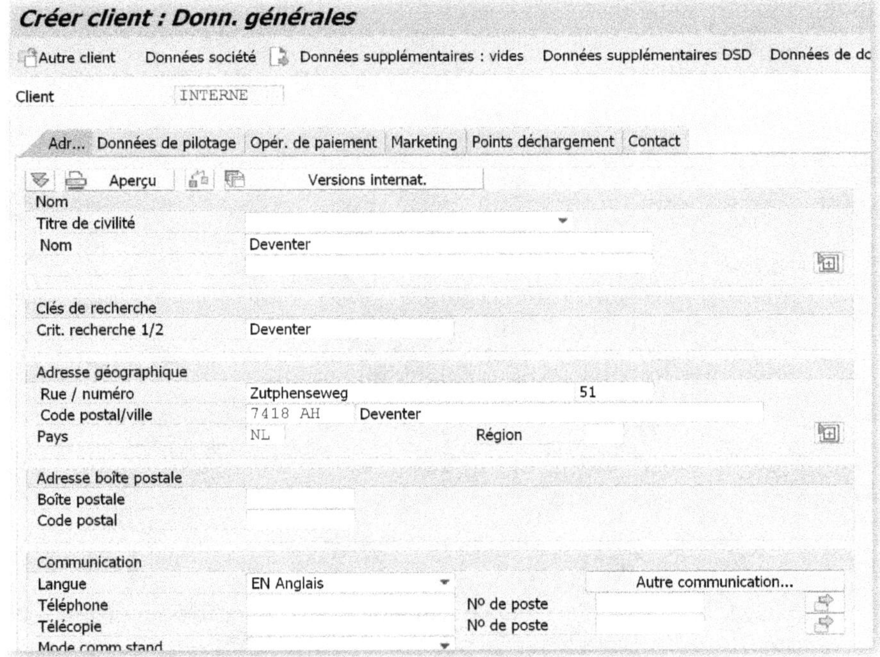

Figure 25 : Solution du 3.5.1-2

3. Saisissez le compte collectif, puis cliquez sur 💾.

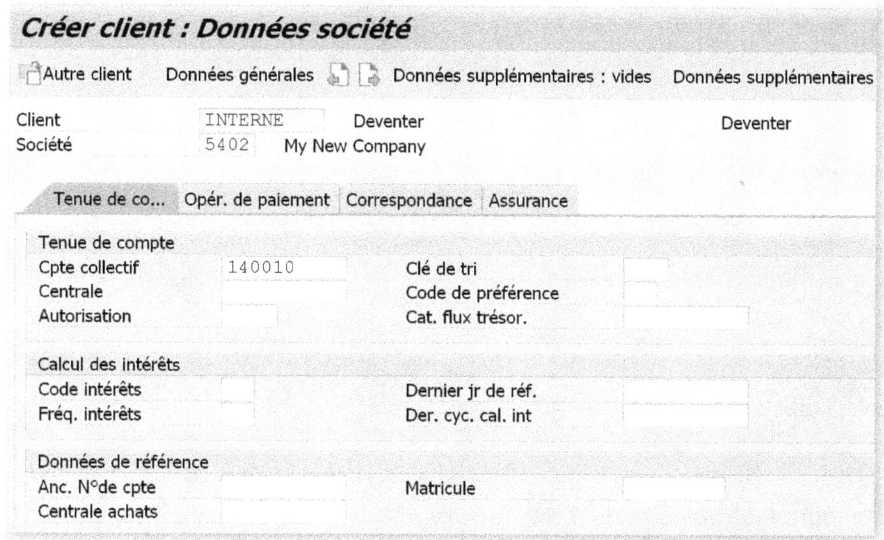

Figure 26 : Solution du 3.5.1-3

4. Prenez note du message retourné avec le numéro client.

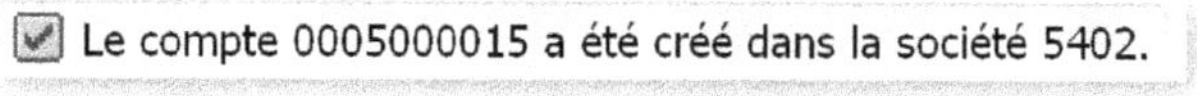

Le compte 0005000015 a été créé dans la société 5402.

Figure 27 : Solution du 3.5.1-4

3.5.2 Comptabilisez deux factures clients

À l'aide de la transaction FB70, saisissez les informations concernant la facture, puis cliquez sur [icône] pour la comptabiliser.

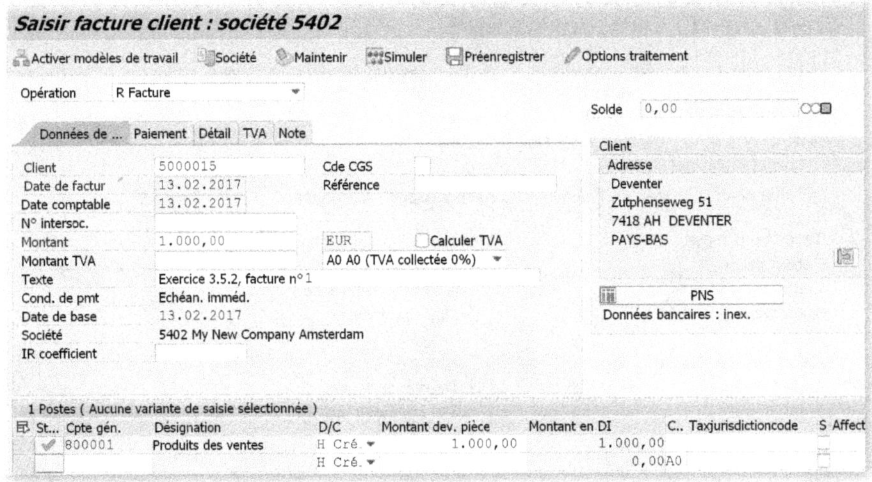

Figure 28 : Solution du 3.5.2, facture n°1

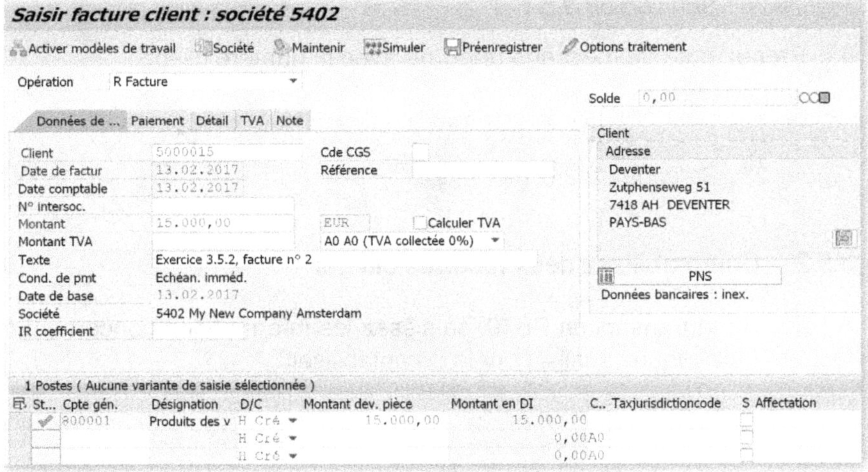

Figure 29 : Solution du 3.5.2, facture n°2

3.5.3 Comptabilisez un reçu pour l'une des factures client créées

1. Lancez la transaction F-28, saisissez les informations concernant la pièce, puis cliquez sur TRAITER PNS.

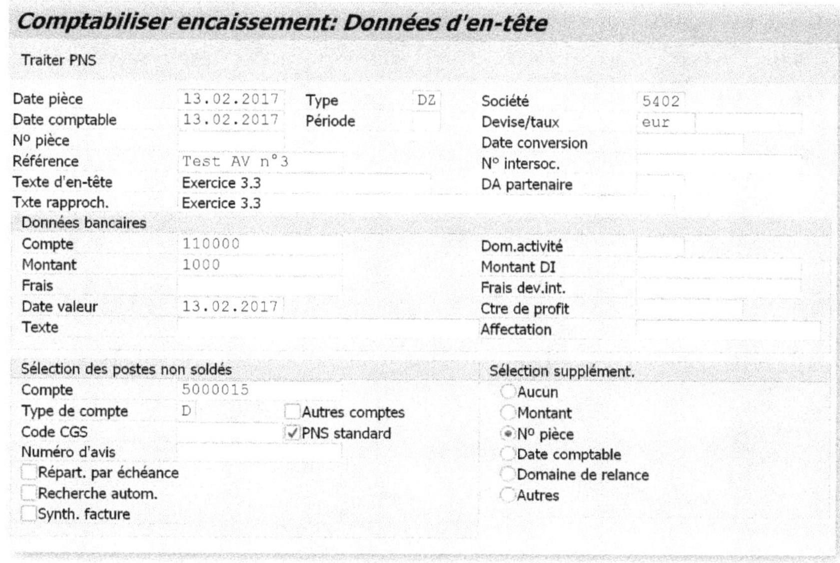

Figure 30 : Solution du 3.5.3-1

2. Saisissez le numéro de pièce à rapprocher, puis cliquez sur TRAITER PNS.

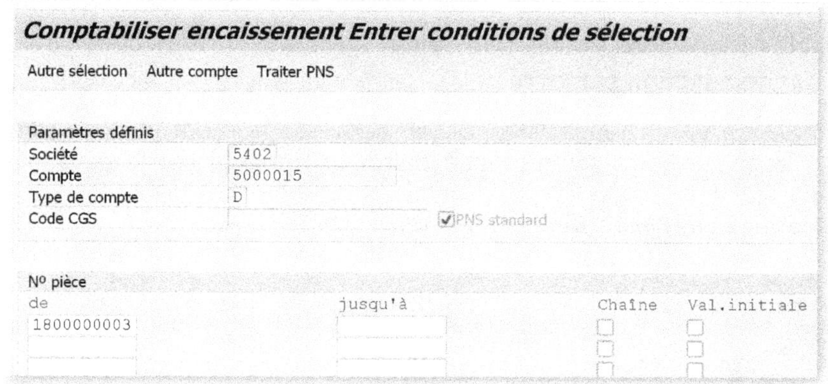

Figure 31 : Solution du 3.5.3-2

3. Cliquez sur 💾 pour comptabiliser la pièce.

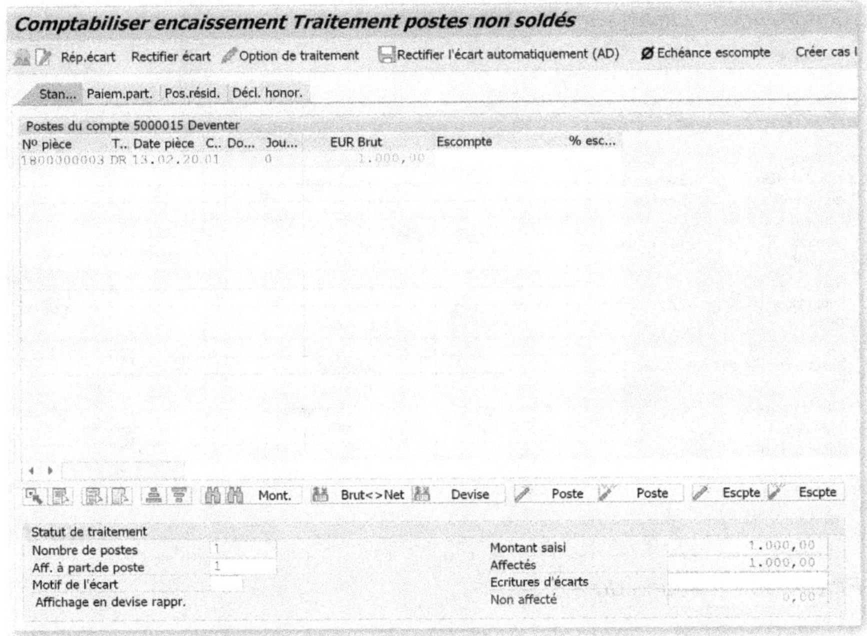

Figure 32 : Solution du 3.5.3-3

3.5.4 Affichez des postes non soldés à l'aide d'états/de codes de transaction standard

1. À l'aide de la transaction FBL5N, saisissez le client et la société, cliquez sur POSTES NON SOLDES, puis sur ⊕ pour lancer l'exécution.

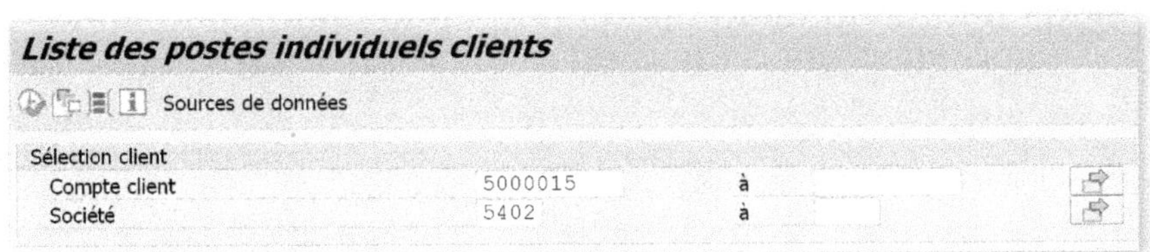

Figure 33 : Solution du 3.5.4-1

2. Les postes client s'affichent. Cliquez sur RETOUR pour revenir au menu.

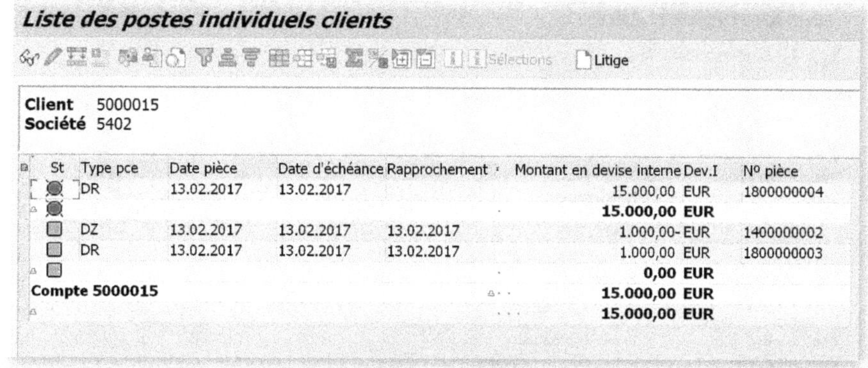

Figure 34 : Solution du 3.5.4-2

Solutions pour le chapitre 4

4.5.1 Créez un fournisseur

1. À l'aide de la transaction FK01, sélectionnez le nouveau groupe de comptes, puis cliquez sur ✓.

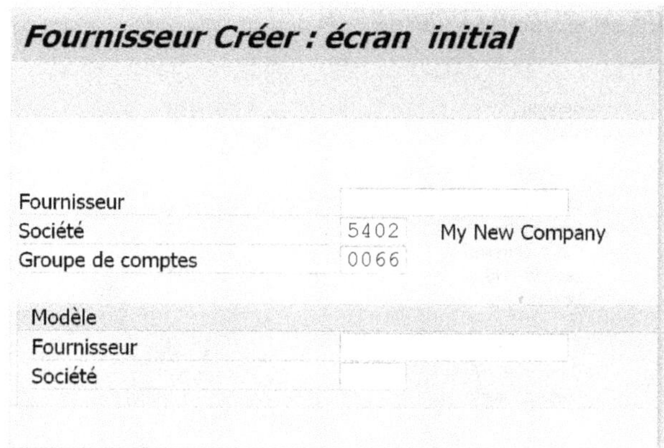

Figure 35 : Solution du 4.5.1-1

2. Saisissez les données, puis cliquez sur l'icône ÉCRAN SUIVANT jusqu'à ce que l'écran DONNEES SOCIETE apparaisse.

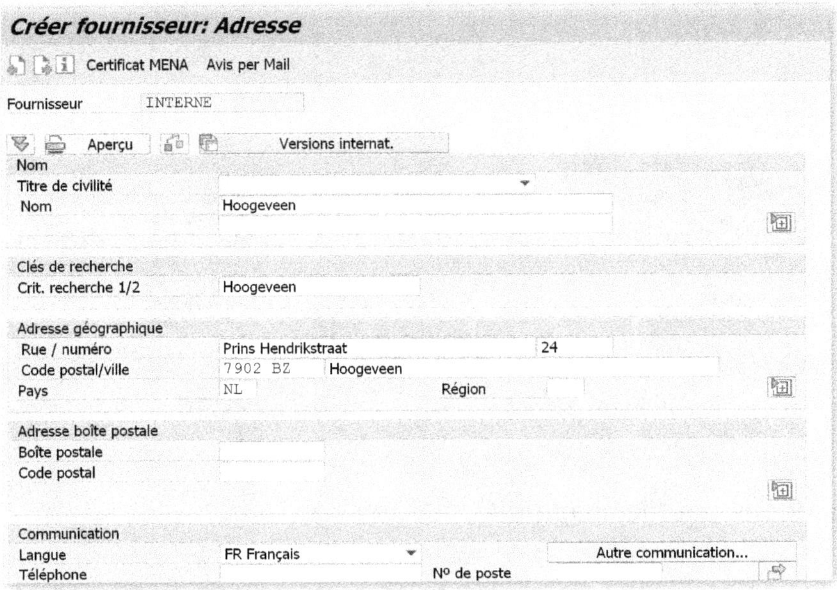

Figure 36 : Solution du 4.5.1-2

3. Saisissez le compte collectif, puis cliquez sur [icône Sauvegarder].

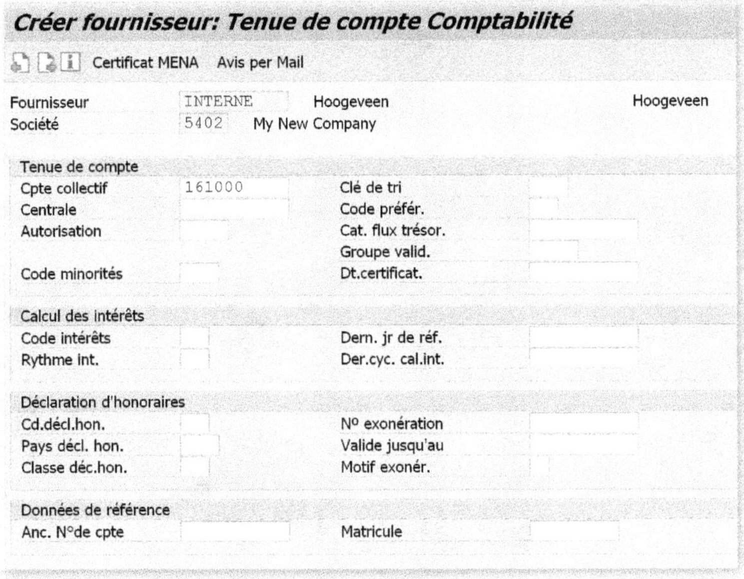

Figure 37 : Solution du 4.5.1-3

4.5.2 Comptabilisez une facture fournisseur

1. À l'aide de la transaction FB60, saisissez les informations concernant la facture, puis cliquez sur pour la comptabiliser.

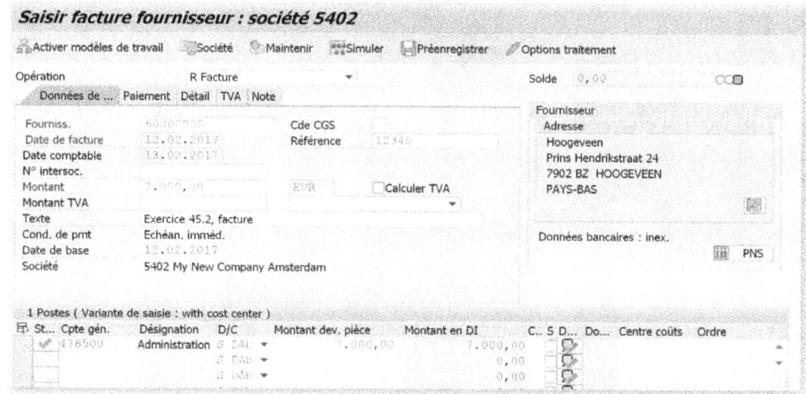

Figure 38 : Solution du 4.5.2-1

4.5.3 Affichez les postes d'un fournisseur

1. À l'aide de la transaction FBL1N, saisissez le fournisseur et la société, cliquez sur POSTES NON SOLDES, puis sur pour lancer l'exécution.

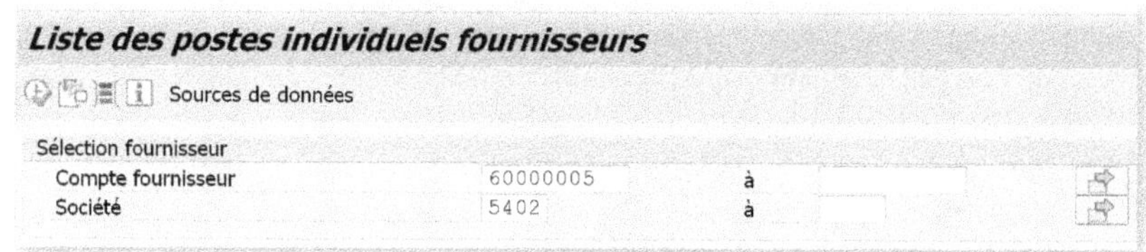

Figure 39 : Solution du 4.5.3-1

2. Les postes fournisseurs s'affichent. Cliquez sur RETOUR pour revenir au menu.

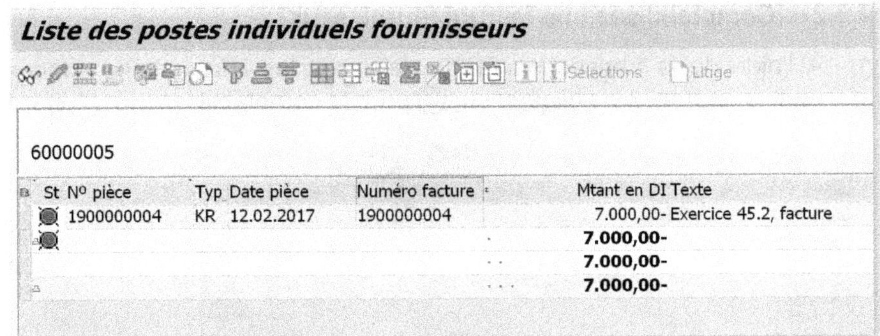

Figure 40 : Solution du 4.5.3-2

A À propos de l'auteure

Ann Cacciottoli est spécialiste chez Deloitte, la plus grande société de prestataires de services privés au monde. Elle propose des solutions SAP depuis plus de 14 ans ; ses domaines de prédilection sont les modules financiers et de contrôle de gestion. Elle réside actuellement à Godfrey, dans l'Illinois (États-Unis). Son travail auprès de ses clients l'a menée en Europe, en Asie et sur tout le territoire des États-Unis.

Ann a toujours eu à cœur de partager ses connaissances et son expérience avec les débutants découvrant SAP.

B Index

C Clause de non-responsabilité

Cette publication contient des références aux produits de SAP SE.

SAP, R/3, SAP NetWeaver, Duet, PartnerEdge, ByDesign, SAP BusinessObjects Explorer, StreamWork et les autres produits et services SAP mentionnés, ainsi que leurs logos respectifs, sont des marques ou marques déposées de SAP SE en Allemagne et dans d'autres pays.

Business Objects and the Business Objects logo, BusinessObjects, Crystal Reports, Crystal Decisions, Web Intelligence, Xcelsius, et les autres produits et services Business Objects mentionnés, ainsi que leurs logos respectifs, sont des marques ou marques déposées de Business Objects Software Ltd. Business Objects est une entreprise du groupe SAP.

Sybase and Adaptive Server, iAnywhere, Sybase 365, SQL Anywhere, et les autres produits et services Sybase mentionnés, ainsi que leurs logos respectifs, sont des marques ou marques déposées de Sybase, Inc. Sybase est une entreprise du groupe SAP.

SAP SE n'est ni l'auteur ni l'éditeur de cette publication, et n'est pas responsable de son contenu. Le groupe SAP ne saurait être tenu responsable d'erreurs ou omissions relatives au matériel. Les seules garanties concernant les produits et services du groupe SAP sont celles présentées dans les déclarations expresses de garantie accompagnant, le cas échéant, lesdits produits et services. Rien de ce qui est contenu dans cet ouvrage ne saurait constituer une garantie supplémentaire.

Les autres livres d'Espresso Tutorials

Sydnie McConnell, Martin Munzel :

Vos premiers pas avec SAP®

- Apprenez à naviguer dans SAP ERP
- Apprenez les bases de SAP: les transactions, entités organisationnelles, données de base
- Suivez des exemples simples qui vous permettront de progresser pas à pas, présentés dans les vidéos explicatives intégrées.
- Découvrez la gamme de produits SAP et les nouvelles tendances d'évolution.

http://5184.espresso-tutorials.com

Ashish Sampat :

Vos premiers pas avec SAP® Contrôle de gestion (CO)

- Réalisez la budgétisation des centres de coût et des coûts de revient par produit, les flux de coûts réels.
- Adoptez les bonnes pratiques pour l'absorption des coûts grâce à la fonction Contrôle des coûts par produit.
- Effectuez les clôtures mensuelles dans SAP Contrôle de gestion.
- Suivez une étude de cas présentant des exemples concrets et intégrant des captures d'écran.

http://5186.espresso-tutorials.com

Dominique Laurent :

SAP® Contrôle des coûts par produit (CO-PC)

- les concepts clés de SAP Calcul du coût de revient par produit
- une pédagogie guidée, pas à pas, démontrant comment effectuer le calcul du coût de revient standard
- des explications sur la manière de définir le prix des articles, d'analyser les écarts au niveau de la fabrication et de fournir les calculs du coût de revient
- la configuration détaillée de SAP CO-PC

http://5189.espresso-tutorials.com

www.ingramcontent.com/pod-product-compliance
Lightning Source LLC
Chambersburg PA
CBHW071115050326
40690CB00008B/1230

* 9 7 8 1 5 4 7 1 2 1 1 1 3 *